Friedrich Förner

Vom Ablaß und Jubeljahr - orthodoxischer und summarischer Bericht

Friedrich Förner

Vom Ablaß und Jubeljahr - orthodoxischer und summarischer Bericht

ISBN/EAN: 9783742894960

Hergestellt in Europa, USA, Kanada, Australien, Japan

Cover: Foto ©Lupo / pixelio.de

Manufactured and distributed by brebook publishing software (www.brebook.com)

Friedrich Förner

Vom Ablaß und Jubeljahr - orthodoxischer und summarischer Bericht

Vom Ablaß vnd Jubeljar
Orthodoxischer vnd Summarischer Bericht:

In welchem nicht allein auß H. Göttlicher der H. Vätter vnd Kirchenlehrer Schrifften/ auch allgemeinen Concilien vnd andern vil mehr Beweisungen/ wider der Lutheraner vnnd Caluinisten falsch erdichte Calumnien/ mit sattem vnd beständigem Grund der Warheit vnwidertreiblich behauptet vnd befestigt wirdt/ Sonder auch die meiste zweifelhafftige Fragpuncten/ so zu Erklärung vnnd Verständnuß andachtes Kirchenschatzes nicht vnersprießlich/ für gemeyne Layen/ so der Theologey vnerfahren/ genugsamlich erläutert seynd.

Nachmals was vom H. Jubeljar zuhalten/ wie vnd was Gestalt man sich dessen theylhafftig machen soll/ mit angehenckter Bullen/ in welcher das zukünfftig Jubileum deß 1600. Jars/ von Päpstlicher Heiligkeit wirdt außgeschrieben vnd publiciert.

Auß vil vnd mancherley Scribenten colligiert
Loci Communium   Durch   *Monachij*
Friderich Forner/ der H. Schrifft Doctorn/ vnd Canonicum bey S. Steffan in Bamberg.

Saluo in omnibus SS^æ. sedis Apostolicæ iudicio.

Mit Röm. Key. May. Freyheit.
Getruckt zu Ingolstatt in der Ederischen Truckerey/
durch Andream Angermayer.

Dem Gestrengen / Edlen / Vhesten Sebastian Newstätter / Stürmer genandt / von vnd zu Schönfeldt / Fürstlichen Würtzburgischen Raht / vnd Amptman zu Haßfurt / meinem besonders großgünstigen Junckern /

Göttlichen Segen vnnd Gnad / beneben aller deß Leibs vnd der Seelen Wolfart / von Gott dem Vatter / durch seinen einig geliebten Sohn / vnsern Heyland Christum Jesum.

Er sich eines dings verfängt / Gestrenger / Edler / Vhester / insonders großgünstiger Juncker / welchem nach Gestalt / Erforderung vnnd Bewandnuß seiner Gelegenheit vor zuseyn / er etwas zu gering / nicht genugsam / vnd vnuermöglich / wird billiches Rechtens / vnbesonnener Præsumption vnnd Vermessenheit / von jedermänniglich bezüchtigt / in Bedenckung / daß er seinen geringschätzigen Kräfften einen vngleichen Last auffgelegt / vnd sich vnderstanden / dessen er / wegen

A ij   vbel

DEDICATORIA.

vbel qualificierter Vntaugligkeit/ gantz vnd gar keines wegs fähig vnd mächtig.

Ich bin zwar willig vnnd bereit vnuerweigerlich zugestehen/welcher massen mir solches auch gar leichtlich kan im Garten wachsen/ vnnd angeregter Schandfleck/etwa von einem zuuil naßweiß vnd eigendunckend Witzigen (wie zu jetziger boßhafftigen Zeit gar leichtlich/ ohn allen Schew freuenlichen Vrtheyls/auch im ersten Anblick eines Dings/ von etlichen Momis vnnd Lästertaschen zugeschehen pflegt) hätte angehenckt werden mögen/ in dem ich mich/von der Catholischen alleinig seligmachenden Religion fürnembster streittiger Puncten einen / so von vnserer Widerpart/ allermeist vnd zum fördersten / gleichwol mit wenigerm Grund als Vngestümmigkeit/befochten wird/als nemlich vom heiligen Ablaß in offentlichen Truck verlauten zulassen vnternomen/ der ich doch an Verstand der Geringste/ an Geschickligkeit vnd Erlernung H. Göttlicher/ vnnd der H. Vätter Schrifften/vnder allen Theologen der Schlechteste vnd Vngeübteste/Vermög meins eignen Gewissens vnlaugbarer Bekundschafftung/ wo ich nit auß hefftigem Antrib etlicher fürnehmer Leut/welche villeicht mehr von mir halten/ als ich in meiner geringfügige Person / soll vnd mag erkennen/mit vnablässigen Anmahnen/ hierzu verursacht worden. Dann sie nicht seltmalen/ so schrifftlich/ so mündlich von mir begehrt/ weil das H. Jubeljar/In welchem vom sichtbarlichen Haupt er rechten wahren Kirchen Gottes hie auff Erden/

DEDICATORIA.

als dises / von Christo seiner vermehlten Gesponß zum besten hinterlassenen Mahlschatzes / obristen Außspender / der H. Ablaß allen Christglaubigen / so sich würcklich darzu qualificiern / reichlich ertheylet wird / künfftiges Jahrs eintrettē thut / ja allbereit publiciert vn̄ außgeschriebē / ich sol ein schrifftlichen Bericht / mit sattem vn̄ beständigē Grund der Warheit auffs Papier bringen / was doch vom Ablaß zuhalten / worauffer gefuest vnd begründet / wie man desselben theylbarlich zugeniessen / in Erwegung fürnemlich / daß vnserer Religion geschworne Feind / meisten theyls die Lutheraner vnd Caluinisten / mit so vnsinnigem / tollen / hirnwütigen Rasen vnd Toben / ohn vnderlaß / in allen jhren Schrifften vnd Predigen / durch erbärmliche Hälung vnnd Vertruckung erkandter / sonnenklärlicher Warheit / auch offentlicher / handgreifflich falscher Calumnien / vnd erdichter Aufflagen eingewandter Darsetzung / wider disen hochfürtrefflichen Schatz / deß H. Regiments Christlicher Kirchen / dermassen vnuerschamt / grimmig vnd grewlich gautzen / bellen / schänden vnd lästern / dz sie vil gutherzige / einfältige / schlechte Christen / so sonst von sich selbsten der Catholischen Religion gantz willig vnd gern beygepflicht / verwandt vnd zugethan / also in jhrem Sinn verwirrt / daß sie bald nicht mehr wissen können / was vom Ablaß zuhalten / vnd Catholischer Weiß vnd Meynung nach zuglauben. Anderst ist jhm nit / als jetzo vermeldt / gestaltsam mir selbsten dergleichen vil zuhanden kommen.

DEDICATORIA.

Hab also vnd hierumb mich jrem wolmeynenden Ansinnen/desto weniger abschlägig erzeigen sollen/weil sie/obangeregte Solicitatorn/fast alle samptlich vnd sonders/etliche wenig aufgenom̃en/ in angefangner/auch meisten theyls geendter/von weyland dem Hochwürdigen Fürsten vnnd Herrn/ Herrn Bischoff Neydharten/Christseligsten löblichsten Andenckens/in disem Keyserlichen Stifft Bamberg/ReligionsReformation/von der Lutheraner/ vnd anderer Secten Jrrsall/sich abweisen lassen/vñ der Einigkeit Orthodoxischer Religion/mit Hertz vnd Gemüt beygethan/auch jetzo dermassen in der wahren Gottesfordcht vnnd Christlichen Andacht eyferig worden/daß sie allen andern Glaubensgenossen/so gleichwol inn Catholischer Religion erborn vnd aufferzogen/mit ihrem Christlobsamen Exempel weit vorleuchten/vñ sich Tag vnd Nacht/ eusserster Vermögligkeit befleissen/die Warheit je länger je besser vnd gründlicher zuerspehen/dadurch sie auch andere Mitbrüder/so noch inn Finsternuß verführlicher Jrthumben/gantz erbärmlich stecken/ an das Liecht rechtmessiger Erkandtnuß der Warheit zuuerleiten sich vndstehen. Derowegen/weiln jhr anlangend Ersuchen befuegt vnd ziemlich/vnd sie in Erwegung ihrer Person/der Gewerung wol würdig/hab ich bey mir statuirn müssen/jhnen/so fern sich meine geringvermögliche Krässten erstrecken/zuwillfahren.

Vnd ob ich gleichwol erhebliche Veranlassung vnnd ehehaffte Vrsachen gehabt/mein Beginnen

DEDICATORIA.

schwinden vnd ersitzen zulassen/ in Bedenckung fürnemlich/ daß auch andere lang vor mir in Teutscher Sprach vom h. Ablaß geschriben/vnder denen nit der geringste/Herr Jacob Feucht/seligster Gedächtnuß/vor Jaren Weyhbischoff allhie zu Bamberg/so hieuon zehen Predigen schrifftlich hinderlassen/ Wie auch nit weniger/der hochgelehrteste/ vmb die gantze Catholische Christenheit/so einander jendertwo/ jedoch vor allen/ fürnemlich zu disen ketzersüchtigen Läuffen/ der meistverdientiste Mañ/Herr Robertus Bellarminus, zuuor der Societet Iesv, jetzo aber der h. Römischen Kirchen Cardinal/ gleichwol wider seinen Willen/ dann mir sein Christliche tugendreiche Demut vñ ware Einfalt sehr wol bekandt/da ich zu Rom etlich lange Jar gewont/ zu welcher Dignitet erwürdigt vñ erhebt (welcher auch zuuorn/allejetziger Zeit schmermende Ketzereyen/ in seinen dreyen Tomis Controuersiarum, also gültig/ also krefftig/ also gründlich widerlegt vnd refutiert/daß sich kein Goliath auß vnsern Philisteern/ das ist/ angezogner Ketzer Mittel/wider jn biß dato auffochmen dörffen/wiewol sich etliche mit geringen/ nichtswürdigen Scartecken/ so weder des Trucks noch des Lesens werth/ herfürthun/ vnnd als die künmutigste Federhansen/ der Katzen die Schellen anknüpffen/ vnd vor andern gesehn seyn wöllen/carpiern/tadeln vnd beschnarchen/nicht Haupt- sondern Nebenpuncten: Keiner aber wil sich ohne forchtgeberenden Schwindel/wider all seine hochgegründte Schrifften samptlich wagen)jetzo lauffenden Jars ein auß-

fürlichen

DEDICATORIA.

fürlichen Tractat vom Ablaß / so mir vnlangst zu handen kom̄en / in Lateinischer Sprach ans Liecht entfliessen lassen. Wie dem allem aber / beschicht jedoch dem gemeinen Mañ / weder mit hochernantes D. Feuchten ermelten Predigē / so wegen angemaßter Kürtze / etwas tunckel vnd zergäntzt / vom Ablaß handlen / vñ souil weniger mit deß H. Bellarmini Lateinischen Buch / denen / die solcher Sprach vnerfahren / auch der Theologey zum wenigsten etlicher massen berichtet / etwas fürträglicher Erspriessung / an wahrer Erkantnuß dises Articels võ H. Ablaß.

Hab derowegen seidhero deß Monats May / so vil mir Zeit vom Reysen vnd andern Verrichtungen vberblieben / diß Tractätlein auß vilen vnderschiedlichen Authorn zu colligiern angewandt / obberührter etlicher guter Freund bittlichen Anlangen zugepahren / vnd so vil in mir Geringstē vnder allen ist / die Christliche Andacht / gegen disem hochheiligen Schatz der Verdiensten vnd Genugthuungen Christi / vñ seiner lieben Heiligen (vmb Erbreitung vnd Vermehrung göttlicher Ehr) zubefördern / vnd damit ich die vbrige Zeit ohn Müssiggang (welcher / vnangesehen / daß er deß Teufels Furirer vnd Vortrab / ich einmal vor Gottes strengen Gericht / nicht wuste zuverantworten) nutzlich zubringen köndte / dise Arbeit auff mich genommen.

Wann aber / Gestrenger / Edler / Vhester Herr Amptmañ / besonders günstiger Juncker / im üblichen Gebrauch vñ Schwang / daß in offentlichen Truck verfertigte Schrifften / sich vmb Patronen / Schutzherrn

DEDICATORIA.

herrn vnd Tutelarn/ wol vnd sittlich hergebrachter Gewonheit gemeß/bearbeiten müssen also hab ich zu solchem E. G. als meinen besonders hochgeliebten vnd grosgünstigen Junckern/von dem mir bißhero/ aller geneigter Will/ vnd meines theyls allermassen vnuerdiente Freundschafft widerfahren/welche zuerwidern/ auch mein eusserst Vermögen schwinden wurd/erkührt vnd gewehlet. Dann damit ich jetzo der Gnad/Gunst/Lieb vnd gutthätigen Willens/ so mir von E. G. Eheleiblichen Söhnen/respectiuè, meinen gnädigen Herren vnd günstigen Junckern/ mit denen ich theyls vil lange Jar in guter Kundschafft hergebracht/welcher Gnad vnd aller Gunst miltreiches Gemüt/ich oder die meinigen inn Warheit nimmermehr zuerstatten Vermögens (wan ich fürnemlich die grosse doch vnuerschuldte Gnad/ so mir von dem hochehrwürdigen Edlen Herrn/ Johan Christoff/ E.G. ältisten Herrn Sohn/Thumdechant zu Bamberg/vnd Probsten daselbst zu S. Jacob/ auch beyder hoher Stifften Mayntz vnnd Würtzburg Thumherrn/rc. meinem gnädigen Herren/ noch täglich ohn vnderlaß/ würcklich erweisen wird/ zu Erwegnuß vnnd Gemüt ziehen wil) mit Darbietung aller meiner die zeit meines Lebens vnderthäniger bereitwilliger Obsequien vnnd Diensten vnangeregt verbleiben laß/ hat mich zu solcher Dedicierung nit wenig verursacht/ vnnd im vorgesetzten Proposito bestärckt/welches zu jetzigen betrübten Zeiten/ da allerley Ketzerey vnnd Irrthumb also mächtig vberhand genommen/ in diser Landsart/

DEDICATORIA.

mehr als ein Wunder zuſehen vnd zuhören/als neinlichen/daß der gantz vralt adeliche ritterliche Stam̃ vnd Geſchlecht der Newſtätter/allezeit bey der Catholiſchen Religion fußgehalten/ vnd kein Mannsperſon/ſo vil mir wißlich/jemals daruon geſetzt: Inmaſſen auch jetzo E. G. ſampt deroſelben hoch vnd ehrngedachten Herrn Söhnen/an denen ſie allbereit noch im blüenden Alter groſſe Ehr auß Gottes ſchickung geſehen/vnd ins künfftig vil mehr durch göttliche Gnad erleben wird / auff welcher Häuptern nunmehro diß lobſam/ Fränckiſch/ Ritterlich Geſchlecht vnnd Stam̃ allein ſtehet / noch darbey gantz Chriſtlich vnnd eyferig beharren. Mag mir gleichwol diß nit hochverwunderlich fürfallen/ dañ wie E. G. in Lateiniſcher/ Italianiſcher/ Frantzöſiſcher/ vnnd anderer Länder Sprachen (inmaſſen der hochwürdigſt/vnd hochgeborne Herr/Herr Hieronymus/Biſchoff zu Adria/vnd Gräff zu Portia/ Päpſtlicher Heiligkeit/ jetzo ablauffenden Jars / geweſener Legat/allhie zu Bamberg /da er auß ermelten Sprachen mit E. G. conuerſierte / mit ſonderbarem verwunderlichem Luſt vñ Frewd angehört) auch jetzo im höchſten Alter/da ſonſten die Gedächtnuß zuſchwinden begünt/ noch vbertrefflich wol erfahrn / frembde Catholiſche Landſchafften inn der Jugend beſucht vnd durchwandert /ſich der Chriſtlichen Gottsforcht je vnnd allwegen hochgefliſſen: Alſo haben auch / E. G. ſampt derſelben hochgeliebter Gemahlin/weyland der Edlen vnd warhafftig recht tugendſamen Frawen Magdalena von

DEDICATORIA.

Rechenberg (so verfloſſens Jar gantz Chriſtſelig/ von diſem Jammerthal abgetretten/ vnnd zur Gemeinſchafft aller lieben Heiligen vnnd Engeln/ wegen jhres Chriſtlichen Gottſeligen Wandels getröſt verhoffelich/ von Gott jrem Schöpffer auffgenommen iſt/ von deme ſie jetzo ſonders zweifels gebürlichen Lohn empfängt/ vmb jhre groſſe Demut/ vnd Barmhertzigkeit gegen den armen Leuten/ denen ſie als ein andere Eliſabetha/ nicht allein mit freygebiger/ miltreicher Darlegung zeitlicher Güter/ ja auch mit ſelbſt eigner perſönlicher Handreichung/ dann ſie/ wie gläubwürdige Perſonen/ die ich ſelbſten gehört/ bekundtſchafften/ den armen Burgers/ Bawers vnnd Bettlersweibern bißweilen in Kindsnö... als ein Hebamm / ohn reſpect jhres Adelichen Stands/ hü..., ... zuſpringen/ ſich gar nit geeüſ...)a!! ... Gedancken dahin gericht/ vnd darinn ... the noch Koſten verſpart/ wie ſie jre Eheleibliche Kinder in Catholiſcher Religion erziehen/ vnd dahin weiſen köndten/ damit ſie frembde Nationen durchwanderend/ viler Völcker verſcheidene Sitten erlerneten/ ſich in rühmlichen Künſten/ Ritterlicher Adelicher Zierd gemeß vbeten/ vnd künfftiger Zeit/ nicht allein jrem Adelichen Stammen ein Lob vnd Ruhm ſeyn/ ja auch der gantzen Chriſtlichen Gemeind diſes Vatterlands Nutz vnd Frommen befördern/ vnd Gottes Ehr vnd Glori hie auff Erden/ zu mercklicher Auffnemmung vnd Erweiterung bringen köndten/ deſſen jetzo theyls ſchon allbereit genugſame/ vnnd nicht wenig fürtreffliche

DEDICATORIA.

Experimenta vnd Andeütungen geben seynd/ welche vnser Hoffnung ermuntern/ noch vil gröſſere zuge=
watten.

    Bin also getröſtlicher Hoffnung vnnd Zuuer=
ſicht/ E. G. als mein groſgünſtiger Juncker/ wer=
de diß geringſchätzige Wercklein/ ſo nur für ſchlechte
einfältige Leut/ jedoch mit vnwidertreiblichem Be=
ſtand der Warheit/ gleichwol mit ohn zimliche Müh
zuſammen gebracht/ als gut es jetzo auß meinem
ſchlechten Verſtand/ vnnd geringem Ingenio flieſſen
mag/ in allen Günſten vnder jhrer Tutel/ Schutz vñ
Patrocinio auff vnd annemmen/ vnd damit es vn=
der deroſelben Adelichen Ritterlichen Namen an
das Liecht herfür trette/ gunſtwilliglichen verſtat=
ten/ welches ich die Zeit meines Lebens/ wo jmmer
möglich/ zubeſchulden/ mehr dann bereitwillig vnd
geneigt bin. Thue hiemit E. G. vnd alle die jhri=
gen ſampt vnd ſonders/ ſo hie beuorn mit gebüren=
der Ehrerbietung angeregt/ deren ich im Ampt der
H. Meß alltäglich ingedenck/ Göttlicher Allmacht
vnd der hochheiligſten gebenedeyten Gottesgebere=
rin Mariæ Fürbitt/ auß Grund meines Hertzens jn=
niglich befehlen. Datum Bamberg/ den 20. Julij
Anno 1599.

        E. G.
      bereitwilligſter Diener

           Friderich Forner der H. Schrifft
             Doctor vnd Canonicus
              bey S. Steffan zu
                Bamberg.

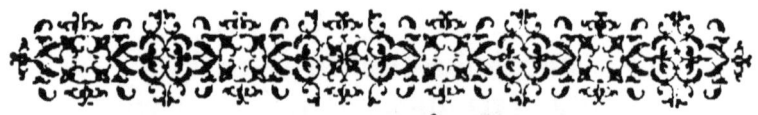

Vorrede an den günstwilligen Leser.

Vtherziger Leser/ ich habe nicht vmb=
gehn sollen/ dich zuerinnern/ welchermassen/ diß
von etlichen meinen guten Freunden/ deren wol=
meinend an mich gesinnen ich ohne Thadel nie
hette verschlagen können/ mir eilends vnnd kurtz
verruckten Tagen/ schier gleichsam abgetrunge=
_____ / nit hoch vnd scharpffsinnigen/ gelehrten/ sondern
_____ einfältigen/ so geistlich so weltlichen Personen/ die
_____ wissen/ was vom Ablaß zuhalten/ vermeynt: Das
_____ wir an Franciscum Cordubensem, Caietanum,
_____ , vnd vil andere/ so in Lateinischer Sprach hieuon
_____ geschriben. Wöllest derowegen/ wo fert du parteyisch/
_____ Ablaß Grundfesten vnd Beweisungen/ sampt Vmbstos=
_____ eingewandter Widerparts Gegenwürffen/ mit Ablegung wi=
_____ sinnigen Wetterwändischen Affects/ colligiern/ zusammenfas=
sen/ vnd dir darauff ein Argument vnnd Schlußred bawen/ was
vnd welcher gestalt vom Ablaß zuhalten. Laß dir auch endt=
lichen mein geringschätzige Mühe belieben/
vnd mich deinem Christlichen
Gebett befohlen
seyn.

B iij   Kurtzer

Kurtzer Inhalt deß gantzen Tractätleins.

Erstlich werden hierinn etliche Fragstuck/ so gleichsam den Eingang zum rechten Verstand deß H. Ablaß vorbereiten/ durch etliche Capitel weitläufftig genug erkläret. Nachmals die meiste Grundfeste/ auff welchen der Artickel vom Ablaß begründet vñ gebawet ist/ gelegt/ vnnd mit scheinbarlich vnwiderrufflicher Warheit wol bestärckt. Alsdann wird der Ablaß mit vilfältigen Zeugnussen H. Schrifft/ der H. Vätter vnd allgemeinen Concilien/ vnd andern dergleichen Testimonien vnd Argumenten bestettigt vnd confirmiert/ vnnd daß Gewalt inn Außzuspenden/ der Christlichen Kirchen von Christo hinderlassen sey/ dargethan vñ probiert: Beneben der Lutheraner vnd Caluinisten fürnembste Einreden vnd Gegenwürff/ kräfftiglich vmbgestossen/ nichtig gemacht vnd refutiert. Endlichen von weme/ mit was Condition vnd Beding/ weß Standspersonen der Ablaß ertheilt werden könne. Zum Beschluß wird außfürlicher Bericht geben/ welcher gestalt/ woher vnd wann das Iubileum seinen Vrsprung habe/ wie man desselben theilhafftig könde werden/ mit angehenckter Bullen jetzo regierenden Papsts Clementis deß achten/ in welcher er künfftige Jars Iubileum publiciert.

Summa aller Capitel insonderheit.

Im ersten Capitel wird die Vrsach erzehlt/warumb vnd welcher Gestalt Martin Luter etwa vor 80. Jaren/ seine Sect vnnd Religionsteräumung von Bestreitung des Ablaß/ auß lauter Hoffart vnd Ehrgeitz angefangen.

Das 2. erzählet die fürnembste/ vorlangst verdampte Ketzer/ so jemals den Ablaß befochten/von welchem Luther vnd sein Hauff/besagtes Ablaß Verwerffung entlehnet haben.

Im 3. wird des H. Ablaß Alter / auß des H. Apostels Pauli zweyen Episteln zu den Corintern / mit einstimmender Außlegung der H. Vätter/ beweißlich gemacht vnd gründtlich dargethan/daß vnwahr/ vnnd mit gebürlicher Ehrerbiettung zumelden / ein offener Falsch vnnd handgreiffliche Lug/ was vnsere newe Christen sagen / er sich nur vor zwey oder dreyhundert Jaren/von den geldsüchtigen Päpsten/als ein Geldnetz/ gewins halber erdichtet worden.

Im 4. wird fürs erste dargethan/ das Wort Indulgentia, oder Ablaß/ sey in H. Göttlicher Schrifft/in vnserm Verstand zufinden/ vnnd dann genugsam expliciert/was wir dardurch verstehen.

Das 5. erkläret/auß was Vrsach etwa vor tausend oder mehr Jaren/ der Ablaß nit also im Schwang vnnd stettigem täglichem Gebrauch gewesen/als jetzo.

Das 6. Capitel begreifft die Definition vnd Beschreibung deß Ablaß/ darinnen die Natur vnd Wesenheit desselbigen erkläret wird.

Im 7. wird der erste Grund diß streittigen Jrtickels gelegt/daß durch den H. Ablaß nichts anders als allein zeitliche Straff/ so bißweilen nach vollbrachter Buß vnd Beicht vberbleibt/erlassen werd. Auch die offenbare Calumnia der Lutheraner vnd Caluinisten/ so fälschlich fürgeben/ die Päpst verzeihen zugleich alle zukünfftige Sünd/ durch den Ablaß/ starck widersprochen.

Im 8. Capitel/ wird die ander Grundfest vnd Fundament deß heiligen Ablaß Daß nach erlassener Schuld vnd ewiger Straff/ durch Buß vnd

Summa aller Capitel insonderheit.

Heiligen Namen angestellten Fraternitetien sich einuerleiben/ also rentlichen Ablaß mittheilt.

Das 33. erkleret endelichen die fürnembste Nutzbarkeiten des heiligen Ablaß/vnd beschleußt diß Tractätlin mit einer kurtzen Anmahnung/wie man ein so kostbarlichen Schatz/forthin in bessere Achtung nemmen soll.

Vom heiligen Jubeljar.

Wird erstlich sein Vrsprung vnd wolgefügte Einsatzung/ nachmals/ wie man desselben Frucht empfangen soll/ berichtet. Sampt verteutscher Bullen/ in welcher das künfftig Iubileum vom Römischen Stuel wird publiciert.

Das

Das erste Capitel.

Wann/durch was Person/vnd wie zu vnsern letzten Zeiten die grosse Verachtung des Ablaß entstanden.

S hat sich der Ertzfeind alles guten/der leydige Sathan/ je vnd allwegen mögliches Fleiß von Anbegin bearbeitet/alle Mittel/ so dem Menschen zu Erlangung der ewigen/ vns von Gott geordneten Seligkeit/ eintweder durchauß ohne Willkührung von nöten/ oder je zum wenigsten/ zu desto leichtfüglicher deroselben Erwerbung diensthafft vnnd ersprießlich/durch seine Vorläuffer/Großbotten/Furierer/ vnnd voll der wahren Kirchen Gottes abtrünnige verbannte Ketzer abgängig zumachen/auß dem Weg zuraumen/vnd zuentzucken. Welcher massen er auch zu disen vnsern betrübten Läufften/ gleichsam im letzten Alter der rechten Kirchen Christi/durch seinen außerwehlten Rüstzeug/den trew/geliebt vnd eydbrüchigen Mönchen/Martin Luther/den heiligen Ablaß/ so nit allein heiliger Schrifft/ vnnd deroselben vom H. Geist hocherleuchten Außlägern/den heiligen Vättern/ auch allgemeinen Concilien nicht vngemeß vnd widerig/ja vil mehr gantz fürmig/ähnlich/

vnd

Bericht vom Ablaß/

Da nun etlich ruhmsüchtige/ehrgeitzige Augustiner Mönch vermerckten / daß jhnen das Brod gleichsam vorm Maul abgeschnitten/vnd der Braten/ darauff sie jhre Zähn schon allbereit gewetzt/ verhoffenlich / durch falsch erpracticierte mißbräuchige Außtheilung deß Ablaß/guten Raht jhn jhre Kuchen zu schaffen/ entzuckt worden / ruch es jhnen schärpffer in die Nasen als ein starcke Senffmostard/ wusten aber nicht welcher Gestalt sie sich ohn eigenen Nachtheil rechen/ vnd den grimmiggefaßten Grollen vnd Drachengall außschütten/ erkühlen vñ ersättigen

Vrsach warumb Luther von der Catholischen Kirchen abtrünnig worden.

solten. Allda erhub sich vnder jhnen ein Redelsführer vnd Lermenblaser/der ehrgeitzig/stoltze/auffgeblasne/phanatisch Martin Luther / der sich daucht vor andern allen der beste Haan im Korb zusehn/vnd zu ernanter Function sich selber erkühret vnnd gewählet hatte/in Hoffnung/bey Päpstlicher Heiligkeit in groß authoritetisch Ansehen zukommen/ ein Strick auff der Pfaffen zuhaben/ vnd etwa ein rotes Purpurhütlin mit dem Cardinalatstittel zuerschnappen. Vnd da er vermerckte/ daß jhm ein Reiß vber den Weg gezogen / fieng er an erstlichen wider den Mißbrauch der Indulgentien vnnd Ablaß auff offner Cantzel hefftig zuschreyen: Nachmals schrieb er Anno 1517. einen gifftigen Brieff an jüngsternanten Ertzbischoff vnd Churfürsten/ darinn er/nicht sowol den Mißrauch deß Ablaß/als dessen recht Christlichen Brauch (den er wenig Zeit zuuor / mit völligem Mund gelobt vnd gepriesen) vnd darzu die Würckung/ Frucht vnd Krafft der Indulgentien/ mit abschewlichen Gottslästern angegriffen.

Luth. fortgang/ anfängklichen seines Abfalls.

Vnd dieweil Johañ Staupitz/ der Augustiner Prouincial eben seiner des Luthers Haan vnd Gelichters/ jhme nicht wenig darzu gerahten vnd beholffen/ ließ ers hierbey nicht ensitzen vnd beruhen/ sondern brach weitter herfür/ inn offenlichen Disputationen/ sein vom Teufel empfangne Gifft ausserhalb sich spüretzend: Dann wie Prateolus am vorangeregten Ort

Das 11. Capitel.

vermeldet / schlug er Anno 1517. an aller Heiligen Tag / 95. Propositiones oder Schlußreden wider den Ablaß zu einer offentlichen Disputation allenthalben an / denen sich ermelter Tetzel mit 106. Propositionen / den Ablaß zustewren vnnd zuvertretten / vnder Augen zuwider gestellt / vnd die Warheit solcher massen behauptet / daß Luther mit seinem gantzen vnd pellen wenig gefruchtet haben wurde / wo er mit seiner angehebten Spaltung vnd meutmacherischen Trennung bey Herren vnnd Fürsten des Römischen Reichs / stracks anfänglichen Schutz vnnd hinterrucken vberkommen / vnd beneben vermerckt hette / daß der gemeyn Pöfel / so jederzeit etwas newes / wann es schon lugenhafft vnd durchauß nichtig / zuhören begierig ist / solches jhm gefällig vnd angenem seyn liesse. Da jhm derwegen der Ehrgeitz vnd Ketzerteuffel je länger je tieffer in das Hertz gefahren / trabet er fort ohne Scheuw / schüttet das Kind mit dem Bad auß / vnd verwarff den rechtmässigen Brauch deß Ablaß sampt dem Mißbrauch / vnangesehen / daß er zuuor nicht allein mündlich / ja auch schrifftlich / solchen Brauch approbiert vnd gelobt hatte. Dann im ersten Blat seiner Babylonischen Gefängknuß redet er mit disen worten: Vom Ablaß hab ich geschrieben / vor zwey- *De captiu. Ba-* en Jaren / aber also / daß mich jetzund auß dermassen *byl. fol. 1.* sehr berewet / desselben außgegangnen Büchleins. Vnd bald hernach: Vnd darumb wolt Gott / daß ich von allen Truckern vnd Buchführern erlangen möcht / vnd allen denen / die das gelesen haben / gerahten / daß sie alle meine Büchlin vom Ablaß verbränten. Hat also Luther von dem Ablaß / seinem angebornen Brauch nach / schwartz vnd weiß / pro vnd contra / kalt vnd warm / ja vnd nein geglaubt / *welcher* geschrieben vnd gelehrt. Aber welcher Geist jhn zu Verwerf- *Geist jetzi-* fung deß Ablaß / vnd dardurch zu allen andern Spaltungen an- *ger zeit er-* getriben vnd gereitzt / laß ich einem jeden guthertzigen / der War- *sten Ablaß-* heit liebenden Christen das Vrtheil. Bey mir kan ich nit befin- *stärmmer* den / *Lutherum regiert hab.*

Bericht vom Ablaß/

den / daß der Ehrgeitz vnnd Hoffartsteufel ein heiliger Geist sey.

Diß ist in disen jetzschwebenden hundert Jaren der leydige anfang / so gottsläßterlicher Verwerffung des heilsamē Brauchs deß Ablaß gewesen / welchen vns das newe Euangelium Lutheri / gleichsam als Erstlingen vnnd Primitien der zukünfftigen Früchten / die wir / Gott erbarm es / noch täglich mit grossem Jammer vnd Elend vor Augen sehen / geboren hat.

Das 2. Capitel.

Von den Ketzern / so vor vñ nach Luthers Zeitten / den Ablaß angefochten vnnd verworffen.

Vnd gleich wie Luther alle seine Paradoxa vnd falsche Lehren / auß lang verbannten / von den H. Vättern / vnnd allgemeynen Concilien verworffenen Ketzerischen Artickeln / gleich einem Bettlerrock zusamen gestickt: Also hat er disen Hauptpunct / als nemlich Verachtung des Ablaß / auch von alten falschen Propheten / so allbereit schon zugrund vnnd zum alten Hauffen hinunder gangen / entlehnet.

Der erst Ablaßfeind / d̄ Ertzketzer Waldo.

Dann erstlich hat der leydige Sathan / den Ablaß zubekriegen / einen groben vngelehrten Idioten mit Namen Waldo, Burgern zu Lyon / der ein Stiffter vñ Anfänger der hochschädlichen Ketzerey der Armen von Lyon / sonsten Waldenser genant / gewesen / vnd vnderm Schein der Apostolischen Lehr / allerley Geylheit / Vnzucht / vnnd Vermischung des Fleisches / fast

Das 2. Capitel.

fast wie die Widertäuffer pflegen/in das Volck gesäet/zur Zeit Keyser Fridrichen diß Namens des Ersten/vnd Papst Alexandri des Dritten/beyleüffig vmb das 1160. Jar nach Christi Geburt/auffgereitzt vnd erweckt. Diser Waldo, wie [a] Prateolus auß Böhemischer Historij [b] Æneæ Syluij bezeuget/hatte all sein Haab vnnd Gut/ an welchem er wol vermöglich/vnder dem Deckmantel der Euangelischen Armut verlassen/vnd den Armen außgespendet/mit welchem Schein der Christlichen Vollkommenheit/er seiner falschen/auff ein Sand gegründten Lehr/ ein solche Nebelkappen angezogen/daß ihr höllisch Schlangengifft/vom einfältigen Pöfel nicht leichtlich erkant vnd begriffen werden kund. Vnder andern ihrigen Gottsläſterlichen Articklen aber/deren Anzahl sich bald vber 40. erstrecken thäte/wie im angeregten Ort Æneas Syluius, vnnd auß ihme Prateolus weiter melden/hat er am 16. des Papsts Gewalt/Ablaß für die zeitliche Straff der Sünden zugeben/ gantz halßstarig verneinet/vnnd so dergleichen Indulgentz hiebevorn von Päpsten ertheilt worden/als gantz vnbündig vnd krafftloß verspottet vnd verworffen. Diser der Waldenser Irrthumb/ sampt allen ihren erlognen Ketzerpuncten/ ist im Concilio wider sie zu Rom versamblet/im 1170. Jar/mit einhelliger Einstimmung der anwesenden Vätter/anathematisiert vnd verdampt worden.

Es verdroß aber den Teufel hefftig/daß der Waldenser Ketzerey vom Ablaß/der seinem Reich so merklichen Schaden zufügte/gantz vndertruckt vnd gedämpfft ward/trachtet ihm derowegen vmb einen andern Ablaßstürmer/ der ihn gantz vnd gar auß der Menschen Gedächtnuß außkratzen vnd vertilgen solte. Vnd nach langer/vergeblich ohne Frucht angewandter Müh/ bekam er endlichen vmb das Jar des HErrn 1352. zur Zeit Clementis des sechsten/vnd Keysers Caroli des vierdten diser Namen/wie jetzo andachter [a] Prateolus, auß [b] Iohann Niedero bezeuget/einen Engelländer/mit Namen Johann Wickleff/ der

[a] Lib. 14. de vita & sectis hæret. tit. Pauperes de Lugdu.
[b] De orig. Bohem. cap. 35.

Johann Wickleff der ander Ablaßfeind.

[a] Lib 9. tit. Wickleff.
[b] Lib.j. Formi-

neben

Bericht vom Ablaß /

neben andern seinen verführischen Ketzerischen Articuln am 42. den Ablaß gantz vnd gar vernichtet/vñ als ein närrischen Menschentand/vnd altweiberischen Aberglauben spöttlich ahgemeület vnd verlachet.

Dritte Rott der Ablaßfeind Hieronymus von Prag/ vnnd Johann Huß sampt ihren Anhängern.

Vnd damit diser Krebs desto weiter vmbsich fräffe / hat er seinen gestifften falschen Wohn vom Ablaß Hieronymo. von Prag/ dazumaln in Engelland studierend/ auch eingossen/ von welchen in Johann Huß geerbt/ vnd folgends mit mercklichem Schaden viler tausend Seelen/ vmb das 1377. Jar des HErrn/ vnder dem Papst Gregorio dem eilfften/ vnd Römischen Keyser Wenceslao/ sampt andern seinen falsch auffgedichten / vnnd auß eignem Hirn erspintisierten articulis, inn Böhemen bearbeittet hat. Welchem gemachsamlich einbrechenden Irrthumb zubegegnen / das allgemeyn Concilium zu Costnitz versamlet worden/da jhn auch die Vätter desselben Concilij, weil er seine außgespeyete Ketzereyen nicht widerumb hineinschlucken/ vnd die gesäete Irrthumben widerruffen wolte/ als ein Ketzer/ laut/ so wol Keyserlicher als Geistlicher Rechten/im Rauch gen Höll geschickt haben.

Die vierdte Rott der Ablaßstürmer/ Luther vnd seine Discipeln.

a In Apol. Cô- fef. Aug. tit. de Pœnit. & tit. de Conf. & satis- fact. circa fin. Idem. Respon. ad artic. Bauaricæ Inquisit. ad articul. 13. b lib. de Secret. mendacijs Pôtificioru tit. 32.

Dise vnd fast alle andere der Armen von Lyon/ Wickleffs vnd Hussen/ schon längst verbante Lehrstuck/ hat Luther vnder der Ketzern Mäußlöchern herfür gezogen/ für das pur lauter Euangelium außgeschryen/ dem armen verblendten Teutschland eingeplewt/ vnd gleichsam Meußkot für Calecutischen Pfeffer verkaufft. Nicht wenigers haben sich des Luthers außgebrütte Jungen vnd Discipeln. a Melanchthon, b Heshusius vnd c Chemnitzius höchster Mühe in Außmusterung des Ablaß bearbeitet: Fürnemlich aber die hochschädliche Seelwerlustige Gifftspinn d Iohann Caluinus/ so hierinnen ihr subtieles tödliche Giffe/ wider den Ablaß nit wenig sehen läßt/ dessen vñ anderer Warheitsfeind fürnemste/ wider den Ablaß eingewante Gegenwürff/ nachmals fast zu End diß Tractätleins/ so vil

einfäl-

Das 2. Capitel.

einfältigen Layen/zu Befestigung der Warheit vonnöten seyn wirdt/in gemein auffgelöset/vnd vnkräftig gemacht werden sollen/die gelehrten vnd baßverständige Leser/zu des hochberühmten Cardinals Bellarmini außführlichen/vnnd gantz scharpffsinnigen/wolgegründten Buch/welches er von den Indulgentien/jetzo lauffenden Jars in Truck verfertigt/anweisend vnnd remittierend.

In experte Extra. Concil. Trid. d cap. 9. Instit. per totam.

Hierauß laß ich einen jeden vnparteyischen Christen zu Hertzen vnd Gemüt ziehen/was anfänglichen/vor etlich hundert Jarn die Ablaßfeind für Leut gewesen/deren vor längst ertödtem/vnd von der allgemeinen Catholischen Kirchen vilmals außgerauschten Irrthumben/Luther sampt seinem Anhang vñ Gezücht/sich vnuerschambter/auffrührischer/ehrgeitziger Widerspennigkeit angemaßt.

Das 3. Capitel.

Wie alt der Ablaß / vnd durch wen er anfängklich gebraucht worden.

ES beschuldigen vns so wol Lutheraner/als Caluinisten/Zwinglianer vnnd andere Secten mit einander einträchtig/dieweil es der Catholischen Kirch vber die Haut gehet (da sie doch vnder sich/wie Hund vnd Katzen eins seynd/vnnd einander selbsten stettigs im Haar ligen vnd palgen/welches zwar ein starck Argument ist/daß jhre Lehren allesampt/wie sie auch Namen haben/nicht von Gott/sondern vom Schwindelgeist der Vneinigkeit herflieſſen/wie einer/der seine Vernunfft allhie recht

D ij brauchen

Bericht vom Ablaß/

Der Ablaß sey und falsch fürgeben von des Ablaß vrsprung.

brauchen wil/ leichtlich abnemmen vnd erachten mag) der Ablaß sey vor wenig/als nur vor zwey oder dreyhundert Jaren/von den Bäpsten eignen Nutzes vnd Genuß halber erdacht/hab weder in H. Schrifft noch in den heiligen Vättern einigen Grund vnd Beweiß/ vnd weiß nicht was anders mehr. Sicht mich derowegen ehe wir zu Befestigung vnd Bestewrung der Warheit anhändigen Artickels tretten/ für gut vnd rahtsam an/ des Ablaß Vrsprung vnd Alter kürtzlich ersuchen/ welchs dir/ günstiger Leser/ nicht wenig Liecht hierinnen geben/vnnd die gantze/ hievon zwischen vns vnd der Warheitfeinden/schwebend Controuersien mercklich liquidirn/ja auch dein Vernunfft inn diſes Artickels Glauben (wo du anderst der Warheit nicht widerstrebig) festigklich bestercken wird.

Anfängklichen möcht ich gern von einem Lutherischen/ Caluinischen oder Zwinglischen Predicanten hören/ dieweil sie den Ablaß fürnemlich darumb also schelten/anzannen vnd holhippen/ als were er nur vor zwey oder dreyhundert Jaren/ihrem fürgeben nach/von den geldgeitzigen Päpsten/ ihre Seckel dardurch zuspicken/erdacht/wer derselbig Papst gewesen? wie er mit Namen geheissen? in welchem Jar er gelebt? welcher gestalt/ durch was Mittel/er solchen Grewel (wie sie es nennen) angericht? Ob sich ein einiger/ vnd wer diser/dazumaln mit der Federn darwider gesetzt?

Gleichwol ist mir kein newes/zuuor vnerhörtes Mehrlein/ daß etliche auff meine Frag/den ersten Papst/der sich des Ablaß gebraucht/ Vrbanum den vierdten diß Namens/ benamset haben/ welcher wegen des grossen Mirackels/ so sich zu Bolsena begeben (da ein Priester/ demnach er die Hostien consecriert im heiligen Ampt der Meß/ nicht glauben wolt/ daß Christi Leib vnd Blut darunder verhanden vnnd verborgen/derowegen daß die consecrierte Hostien seinen Vnglauben zustraffen mit höchster Verwunderung/ Blut von sich reichlich geschwitzt) das H.

Fest

Das 3. Capitel.

Fest des HErrn Fronleichnams im 1264. Jar eingesetzt/ vnnd allen denen/ so den heiligen Emptern dises Fests durch die gantze Octauam beywohnten/ grossen Ablaß verliehen: vnd hab als/ dann der Ablaß von den Papisten inn vberschwencklichen Ehren vnd Existimation gehalten zuwerden/ angefangen. Ist mir dise Antwort/ des Ablaß Vrsprung betreffend/ von etlichen fürnemmen/ so wol Lutheranern als Caluinisten/ mit denen ich von gegenwertigem streitigem Artickel offtmaln im freundlichen Gesprdch gehandlet/ widerfahren. Denen billich jhr Vnwissenheit/ in den Historien vnnd Glaubenssachen mit runden Worten zuuerweisen were/ wann es meinem jetzigen Zweck vnd Fürnemmen nicht vngemeß. *S. Thom. Aquinas Opus cap. 57.*

Aber wie dem allem/ erfinden sich doch etliche vnder den Widersachern/ die dem Ablaß ein vil höhers Alter zumessen/ vñ dessen ersten Erfinder/ den heiligen Papst vnnd Kirchenlehrer Gregorium diß Namens ersten/ so jhn auch sehr fast gebraucht/ dann er den meisten theil der Stationen inn der Hauptkirchen zu Rom angestellet/ vnd denen so sie besuchen/ grossen Ablaß verliehen hab/ wie auß seines Lebens Histori bey Ioanne Diacono, vnd auch auß vilen seinen Schrifften/ wann es die Zeit erdultet/ vnnd die vnumbgänglich Notdurfft erforderet/ mit standhafftiger Warheit erzeuget werden köndte. *Platina in eius vit. vid. S. Thô. in addit. 3. par. q. 25. a. 2. Greg. 7. in Regist. & in Ep. ad Episc. Britan. Durand. in 4. d. 20 q. 3. Mich. Medin. disp. 4 de Indulg cap. 15. Roff. cont. Luther art. 18.*

Danck habt dessen alle Protestanten vnd Widersacher/ die jhr solches/ auß starckem Trib der vnbeweglichen Warheit/ gezwungen vnd gedrungen/ wider ewren Willen bekennen müsset/ vnd darneben augenscheinlich spüren vnnd mercken/ wo jhr anderst das Gesicht der Vernunfft nicht blenden vnnd verhüllen wolt/ daß der Brauch des Ablaß/ fast neun hundert Jar (dañ der heilige Papst Grègorius Magnus beyläuffig/ vmb das Jar des HErrn/ da man zahlt 636. zum Papsthumb erhöhet worden) älter sey als ewre vermeynte Religion/ sie habe nun jhren Vr-

D iij sprung

sprung von Luthero/Caluino/ Zwingel/ oder einem andern ihren Gespanen vnd Sectgenossen.

Was wolt jr aber darzu sagen/wann ich euch mit der That probier vnd darthue/daß der Ablaß von der Apostel Zeit hero/ biß auff vns/in der rechten Catholischen/Apostolischen/Römischen Kirchen/allezeit festigklich geglaubt/vnd auch mehrmaln gebraucht worden? wiewol er auß Vrsachen/die wir nachmals beybringen/im ersten Alter der Christlichen Kirchen/da die Lieb der Glaubigen noch gantz innbrünstig/vnd weniger Sünd vnd Mißthaten verübt wurden/nicht also in üblichem Gebrauch vñ Schwang gewesen/als nun von vilen Jaren hero/da solch fewrige Lieb fast gantz vnd gar erloschen/vnd alle Laster vberhand genommen/dermassen/daß der Ablaß/zu Abtilgung zeitlicher/ solch vilfältiger Boßheit/nach erlassener Schuld/auß Göttlicher Gerechtigkeit wolgebürender Straff/höher von nöten/als zu benanter vnserer lieben Vorvätter gottseligen Zeitten. Was wolt jhr/sprich ich/darzu sagen/wann ich euch nicht allein den H. Apostel Paulum/zu einem Ablaßkrämer mache (wie ewer Ertzvatter Martin Luther/vnd ewere Wortsdiener den Papst spöttlicher weiß nennen) ja auch ein mercklich Anzahl der H. Vätter/so nicht allein inn den allgemeinen Concilien/sondern auch ausserhalb derselben in jhren hocherleuchten/vom heiligen Geist eingegebnen Schrifften/des Ablaß Außspendung approbiert haben/vnder Augen stelle?

Lasset jetzo (dann nachmals nach wenig Capiteln wöllen wir die heiligen Vätter auch herfür führen) lasset/sprich ich/den heiligen Ertzapostel selbsten herfür kommen/vnnd mit euch auß seiner ersten vnd andern Epistel zu den Corinthiern/von der Sachen Bewendung conferiern: Vnd wann jhr jhn einhelliger Außlegung der H. Vätter gemeß verstehen wolt/so werdet jhr auß Zwang vnd Benötigung ewers Gewissens/sampt mir

1.Cor.1. verjehen müssen/er habe dem vnkeuschen Corinthier/so die

Blut-

Das 3. Capitel.

Blutschand mit seiner Stieffmutter begangen/ erstlichen in den Bann gethan/ vnnd nachmals/ da er sein Sünd berewet hatte/ die wol uerdiente zeitliche Straff/ die er sonsten noch lange Zeit hätt außdawren müssen/ abgekürtzt/ gantz vnd gar erlassen/ vnd jhn durch den Ablaß (ob gleichwol diser Nam dazumal noch nit im Brauch) widerumb in die Gemeynschafft der Christglaubigen auffgenommen.

Vnd damit der Schein diser Warheit euch desto leichtlicher erblicke/ ist von nöten/ die Wort des heiligen Apostels selbsten hören/ vnd nachmals jrem rechten Verstand nachgrüblen. Also redet er in der ersten Epistel zu den Corinthiern: Es wird offentlich Geschrey gehört/ daß Vnkeuschheit vnder euch sey/ vnd ein solche Vnkeuschheit/ dergleichen auch vnder Heyden nicht gewesen ist/ nemlich/ daß einer seines Vaters Weib habe; vnd jhr seyd auffgeblasen/ habe nicht mehr Leyd getragen/ auff daß der/ so diß Werck vollbracht/ auß ewerm Mittel hinweg gethan würde. Ich zwar/ der ich mit dem Leib abwesend/ aber mit dem Geist gegenwertig bin/ habe schon als gegenwärtig beschlossen/ vber den der solchs gethan: In dem Namen vnsers HERRN Jesu Christi/ in ewrer Versamlung mit meinem Geist/ vnd mit der Krafft vnsers HERRN Jesu Christi jhn zuvbergeben dem Teufel zu Verderbung des Fleisches/ auff daß der Geist selig werde am Tag des HERRN Jesu Christi. 1 Cor. 5.

Hie sihestu erstlich in disen Worten des heiligen Apostels/ daß er disem Blutschänder die Schuld der Sünd vnnd ewige Straff nachgelassen habe: Dann wo diß nicht beschehen/ wie kondt der Apostel mit Warheit sagen/ er wöll jhn/ dem Fleisch nach/ ein zeitlang dem Sathan vbergeben/ auff daß der Geist vnd die Seel/ an dem Tag deß HERRN Jesu Christi selig werde. Ist daß die Seligkeit zuuerhoffen ehe wann die Schuld der

Sünd

Bericht vom Ablaß/

Sünd vnd Missethat erlassen wird? Gewißlich nicht: die himlische Statt Jerusalem kan nichts vnreines dulden/ dieweil der Apostel disem Corinthier/ vnangesehen/ daß er jhm die Schuld verzichen/ dannoch ein zeitliche Straff auffgesetzt vnnd eingebunden/ die er leiden sollt an seinem Leibe/ von Verfolgung des Teufels/ darumb er dann sagt: Jhn zu vbergeben dem Teufel zu Verderbung des Fleisches. Merck derowegen/ vnd erinnere dich allhie/ wie er dem geylen/ frechen Corinthier/ nach verzichter Buß vnd Beicht/ vnd erlaßner Schuld vnd ewiger Straff noch ein zeitliche Pein außzustehen gebotten/ verübte Vbertrettungen gäntzlich zuuerbüssen/ vnnd die vbrigbleibend zeitliche Straff abzulegen.

 Wann er jhm aber eben selbige zeitliche Straff/ nach etlich verflossnen Tagen/ vmb Christi vnd seines Verdiensts willen erlassen vnd schencken wird/ kanstu mit der Warheit auß gutem Gewissen verneinen/ daß er nichts anders hierinn gethan/ als was jetzo der Papst/ oder andere hohe Prelaten der Catholischen Kirchen/ in Außtheilung des Ablaß suchen vnnd pretendiern? Laß sich den Apostel selbsten erkleren vnd verantworten/ da er des büssenden Blutschänders widerumb Meldung thut: So mich aber jemand betrübt hat (sagt er) der hat mich nicht betrübt/ dann nur eins theils/ auff daß ich nicht euch alle beschwere. Es ist demselbigen/ der ein solcher ist (das ist/ ein vnkeuscher Blutschänder) gnug die Straff/ so von vilen geschehen (das ist/ von mir vnnd euch Priestern zu Corintho aufferlegt worden) also/ daß jhr nun forkan jhm desto mehr vergebet vnd tröstet/ auff daß er nicht in allzu grosse Trawrigkeit versencket werde. Darumb ermahne ich euch/ daß jhr die Liebe kräfftig an jhm erweiset/ dann darumb hab ich euch auch geschriben: daß ich erkennet/ ob jhr bewert seydt/ in allem zugehorsamen. Welchem aber jhr etwas vergeben habt (das ist/ als Priester die zeitliche

Apocal. 21.

Nach erlaßner Schuld vnd ewiger Straff bleibet ein zeitliche.

2. Cor. 5.

Das 3. Capitel

zeitliche Straff vmb des Verdienst Christi willen / nachgelassen vnd geschencket: Oder aber / wie es andere außlegen / vnnd auff die gantze Corinthische Gemeine ziehen wöllen / für jhn bey mir bittlich habt angelanget / daß ich jhm vmb Christi Verdienst willen / den Rest der woluerdienten zeitlichen Straff nachlasse) dem hab ich auch vergeben (das ist / die Straff verziehen / vnd ewer Bitt gewehret) Dann auch ich / so ich jemand etwas vergeben hab / das hab ich vergeben vmb ewrent willen / an Christi statt. Hie laß ich einem jeden vnparteyschen Hertzen / so dise Wort recht / ohn allen widersinnigen / wanckelmütigen Affect / auff der Wag der Vernunfft zuuor wol erwogen / das Vrtheil selbsten / ob nicht Paulus disem büssenden Sünder / dem er zuuor die Sünd erlassen / jetzo auch die zeitliche Straff auß Barmhertzigkeit / vmb das Verdienst des Leidens Christi schencke vnd verzeihe? ob das nicht Ablaß geben heisse? Päpst vnnd Bischoffe erlassen die zeitliche Straff vmb Christi willen / das ist / auß dem vberschwencklichen Schatz der Verdiensten Christi / vnd seinen für vns beschehenen Genugthuungen: Paulus ist inn diser That sampt der Priesterschafft oder Gemein zu Corintho / so für den büssenden Sünder intercediert / nit anderer Meynung gewesen. Jene heissens den Ablaß / oder Entlassung der Straff: Paulus heissets Schenckung der Straff. Was ist für ein Vnderscheid zwischen Schenckung der Straff / vnd Ablaß der Straff? Keinen weiß ich zu finden.

Paulus gibt auch Ablaß.

Ja Paulus nennets aber nicht Indulgentz vnd Ablaß / sondern Schänckung der Straff. Antwort: Mir ist jetzo nichts am Namen Indulgentz oder Ablaß gelegen / wann ich nur erhalte / welchs vnuerneinlich / daß Paulus nach Verzeihung der Schuld / so in der Rew vnd Beicht beschehen / ausserhalb / vnd nach der Beicht / auch die zeitliche Straff verziehen hab / das wir jetzo den Ablaß nennen.

Aufflösung eines Gegenwurffs.

Bericht vom Ablaß/

Was werden aber vnsere Antagonisten hierzu sagen? Den Text können sie nicht verlaugnen: die Gloß vnnd Außlegung wirdt jnen villeicht ein wenig sawer eingehen/ Jst kein Zweifel/ sie werdens kümmerlich verschlucken. Damit sie aber handgreifflich spüren/ja mit Händen tasten mögen/daß sie nicht auß meinem Hirn gesponnen/ sondern von den H. Vättern vnnd Kirchenlehrern hergeflossen/deren etliche nur (vmb Bekürtzung willen laß ich dißmal andere fahren) so disen Ort fürsetzlich/ auff den Ablaß vnd Verzeihung zeitlicher Straff/ ausser dem Sacrament der Buß deuten vnd ziehen/ ich hiemit zu Zeugen fürstellig mache. Vnd damit dich nichts am Beyfall der Warheit abhalten mög/ ist jedes diser Zeugen insonderheit Ansehen vnd Authoritet so groß vnd wichtig/ daß dem geringsten vnder ihnen/ wann alle Lutherische/ Caluinische/ vnnd aller Secten Predicanten/ so je gewesen/ noch seyn/ vnnd seyn werden/ zusammen in einen geschmeltzet vnd geschmidet wurden/ ja nicht das Wasser reichen köndten. Soll vns derowegen kein solcher Wortsknecht/wer der auch seyn mag/ genug seyn/ ihr ansehlich Credit etwa in einen Verdacht zuziehen/ vn mit eigenwillischer Halßstarrigkeit zuglauben/ vnnd die Schrifft zuuerstehen/ wie seinem wohnwitzigen Hirn belieblich/zuuerachten.

In hunc locū 2. Cor. 5.

Vnserer Meynung ist erstlich Theodoretus, da er vber dise Wort des heiligen Pauli also spricht: Donare vocat Apostolus dimittere, quo verbo significare vult, huius hominis peccata, ea quam peregit pœnitentia maiora fuisse. Das ist/ Schencken nennet der Apostel nachlassen/ mit welchem Wort er anzudeuten willens/daß die Sünd dises Menschens grösser gewesen/ als sein verrichte Buß. Hat ihm nun der Apostel das Theil der zeitlichen Straff/ so nach der Buß im retardat verblieben/ vmb Christi willen geschänckt vnd nachgelassen/bleibt Mein Intent/ vnd bestehet die Catholische Warheit sigbar erhaltend/daß sich Paulus auch des Ablaß/

Das 3. Capitel.

das ist/des Verdienstes vnd Gnugthuungen Christi/ in Außtil-
gung der vbrigen Straff/ so disem vnzüchtigen Corinthier/
Vermög Göttlicher Gerechtigkeit/noch gebüret hette/gebrau-
chet hab.

Oecumenius stimmet Theodoreto bey/ mit disen worten: In 5. cap. ad
Vt incæstuosus ille sibi nequaquam persuaderet, perfectè se Cor.
ac sufficienter pro peccato satisfecisse, inquit Apostolus,
Donate illi: **Auff daß diser Blutschänder sich nit berah-
ten ließ/ als hätt er vollkömliche Buß gethan/ sagt der
H. Apostel/ Schäncket jhm/ das ist/ verzeihet vnd ver-
gebet jhm den Rest seiner aufferlegten Buß.**

Fast eben dise wort braucht Theophylactus in Außlegung In idem cap. ss
diser Stell des heiligen Pauli: Pulchrè autem inquit Apo- ad Cor.
stolus donate: vt enim ille non existimet remissam sibi
noxam, quòd pœnituerit satis; ostendit, quòd non tan-
tum ex pœnitentia sua, quantum ex illorum gratia & dona-
tione remissionem accipiat. Das ist: **Der Apostel hat
recht vnd wol in dem geredet/ da er sagt: Schencket jm/
das ist/ erlasset jhm freywillig die aufferlegte Buß. Dan
damit er nicht vermeyne/ er habe Verzeihung vnd Ab-
laß erlanget/ dieweil er genugsam gebüsset vnd gebeich-
tet/ Erweiset der Apostel/ daß er nicht so vil auß seiner
Buß als auß jhrer Gnad (oder wie es andere außlegen/ auß
jhrer Fürbitt bey dem Apostel) der Sünd Erlassung em-
pfangen hab.**

Ich wil hie Kürtze wegen vil vbergehen das Sedulius vnd Bru- In eundem
no, in jhren Commentarien vber den Apostel Paulum/ das locum.
Wort Donastis, Jhr habt geschenckt/ mit dem Wort Indul-
sistis, das ist/ Jhr habt nachgelassen oder Ablaß geben/
außlegen vnd erkleren.

Nicht weniger als erzehlte Vätter/ expliciert dise Wort inn
vnserm vnd der gantzen Catholischen Kirchen Verstand der H.

E ij Ansel-

Bericht vom Ablaß/

Anselmus: Wem jr etwas geschänckt habt/dem schäncke ichs auch: Dann auch ich/so ich jemand etwas schäncke/ dem schäncke ichs vmb ewrent willen/an Christi statt. Als wolt er sagen/wie jetzgemeldter heiliger Vatter lehret: Dieweil jhr für disen vnzüchtigen Mitburger/den ich vormals wegen seiner Blutschand gebürlicher massen gestrafft hab/jetzo bittlich anlanget/vnd jn des Ablaß der Verzeihung würdig achtet/gib ich euch Beyfall/vnnd ertheil jm Ablaß der aufferlegten Straff/an statt Christi/der vns/seinen Aposteln/gesagt hat: Denen jhr die Sünd verzeihet/seynd sie verziehen. Damit er vollkommenlich/nicht allein im Gericht der Kirchen/sondern auch vor dem Richterstul Christi/daruon entbunden werde. Bißhero Anselmus.

Vnd damit ich vmb Vermeidung Verdruß des günstigen Lesers/andere Patres vil mehr vmbgehe/so disen Ort des Apostels in angedeutem Verstand außgelegt vnd erkleret haben/bin ich allein derentwegen in gegenwertigem Capitel/zwar wider meinen Fursatz etwas länger gewesen/dieweil vnsern Widersachern der Halß stetigs krachet/schreyen vnd gautzen/der Ablaß hab durchauß in der Schrifft kein Grund/sey nur von den geltsüchtigen Päpsten zu Rom fingiert vnd auff die Bahn gebracht: Welch jhr Fürgeben/da es nichts anders/als ein falsche erlogne Aufflag sey/werdet jhr nachmals weiter vermercken. An jetzo ist genug des heiligen Ablaß Vrsprung vnd Anfang/zum wenigsten biß auff den Apostel Paulum deriuiert/vnd weltkündig erwiesen haben/dessen heilsamer Gebrauch/wie er allezeit in der Römischen Apostolischen Kirchen biß auff vnsere Zeit erhalten worden/vnd gleichsam von hand zu hand biß auff vns gelanget/ soll nachmals weitleuffig genugsam/beydes auß den H. Patribus vnd Concilien kundbar gemacht werden.

Hierauff möcht ich gern ein Lutherischen oder Caluinischen
Clamans

Das 3. Capitel.

Clamanten repliciern hören / was er auff die Bahn bringen? was er für Karten außwerffen? wessen er sich behelffen wird? mit was Grund er des H. Apostels Pauli Außlegung vmbstossen vnnd widerlegen? mit was Außflucht er dem Ablaß seinen Vrsprung verwegern wolte?

Villeicht hat Paulus solche Straff dem Corinthier erlassen / gestaltsam die weltliche Obrigkeit einem Blutschänder oder Ehebrecher solch verdienter Straff offtermals auß Gnaden enthöbet? Nein in Warheit / diß kan keines falls bestehen. Paulus sagt nicht / Ich schenck jhm die Straff an statt vnnd im Namen des Keysers / des Landpflegers oder Burgermeisters / sondern an statt vnd im Namen Christi. Vnd diß desto mehr / dann er jhn zustraffen / nicht dem Hencker / oder Züchtiger der weltlichen Iurisdiction, sondern der Geistlichen / als dem leydigen Sathan / dem Leibe nach eine Zeitlang vbergeben hat.

Erste einred der Widersacher/ vnd ihr Aufflösung.

Villeicht haben dise Lehrer geirret / vnnd den H. Paulum nicht recht verstanden / dann sie Menschen gewesen / vnnd sowol als wir / in Erforschung der Warheit strauchlen können? O wie ein schöner Behelff / wie ein vbertrefflich grüner Fürhang / dessen sich diß verlohrn Häufflein allezeit gebraucht / wann es von den sonnenklaren Stralen der Warheit zuhart inn die Augen gestochen wird. Schuster / Schneider / Bawren vnd Handwercker / ja auch die alte Vetteln vnder euch / lesen die Schrifft / vnnd jhr sagt / sie sey so klar vnd lauter / daß sie ein jeder für sich ohn Beschwerd verstehen möge. Vnd dise hochgelehrte Vätter müssen von euch gescholten seyn / als haben sie den H. Paulum nicht verstanden? O Blindheit / O Torheit. Schämet euch in ewer Hertz / jhr streittet wider euch selber. Warlich ein grosse Schand ists zusagen vnd zuhören / wann jhr von der Concilien vnd H. Vätter vnüberwündtlicher Authoritet geklemmet werdet / kein andere Außflucht suchen / oder zuerforschen wissen / als

Ander Gegenwurff vñ sein Aufflösung.

E iij   dise/

Bericht vom Ablaß/

diſe: Sie ſeynd Menſchen geweſen/ſie haben geirret. Köndt ich nicht ehe/füglicher/ja vilmehr zu dir (der du vil zu gering biſt/ daß du mit diſen ſo hoch vnd ſtattlich gelehrten/vhralten/vom H. Geiſt erleuchten Lehrern verglichen werden ſolteſt) ſagen/du irreſt/du fehleſt der Warheit/vnd wann es von nöten iſt/wie nit ſelten/du haſt ein Loch im Halß/vnd spareſt die Warheit. Aber dergleichen vnbündigen/vngegründten/nichtigen Replicken/ ſo keiner Rede werth/inmaſſen verſtändige gelehrte Leut/im erſten Anſchawen erachten mögen/ſolte man billich auch mit ſtillſchweigen widerlegen/wann man nicht bißweilen dem gemeinen einfältigen Layen zu gut/im reden ſich etwas freygebiger/ als ſonſten ziemblich erzeigen müſte.

Das 4. Capitel.

Ob das Wort Indulgentz oder Ablaß inn der H. Schrifft zufinden/vnd was doch durch das Wort Ablaß/von vns Catholiſchen verſtanden werde.

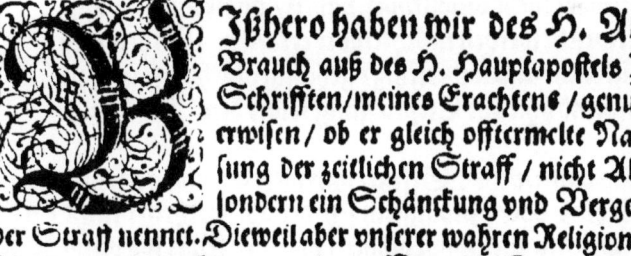

Ißhero haben wir des H. Ablaß Brauch auß des H. Hauptapoſtels Pauli Schrifften/meines Erachtens/genugſam erwiſen/ob er gleich offtermelte Nachlaſſung der zeitlichen Straff/nicht Ablaß/ ſondern ein Schänckung vnd Vergebung der Straff nennet. Dieweil aber vnſerer wahren Religion Erbfeinden gantz angeboren/vnd von Natur der Ketzerey faſt eingepflantzt/im Gebrauch/Wahl vnnd Erkieſung der Wörter/ ſich gewaltig naſireiß vnd zärtlich erzeigen/vnd fürnemlich die

jenige

Das 4. Capitel.

jenige Namen vnd Wörter verfluchen vnnd vermaledeyen/ die vnsers rechten Glaubensarticklen verborgenen dunckeln schein vnd Geheimnussen (dann wir göttliche ding/ so von vns jetzo durch den Glauben begriffen werden / gleichsam wie durch ein Nebel sehen) als ein helles klares Liecht erleuchten/ vnnd jhren falschen Newerdachten Fabeln stracks zuwider seynd. Zerstossen derowegen hieran jhre Goschen nicht wenig/ daß wir Erlassung zeitlicher Straff Ablaß vnnd Indulgentz nennen/ reissen Halß vnd Meuler auff/ vnnd schreyen/ diß Wort Indulgentz vnd Ablaß sey nirgends in der H. Schrifft zufinden/ ja derosel ben gantz vnd gar zuwider: wir Papisten verachten die Schrifft/ trettens mit Füssen/ vnd glauben nur was vns geliebt/ vnd weiß nit was mehr. *1. Cor. 13.*

Ob wolnvns hierinnen/ dise von Hundsart vnruhige Calumnianten/ mit einer offentlichen Lugen/ die gantz vnd gar mit keiner Laruen der Warheit vberzogen/ in die Haut werffen/ jhrem natürlichen Brauch nach/ vnd die eigendunckende wanckelsinnige/ von jemand jrgends regulierte Beliebung inn Glaubenssachen/ vilmehr auff sie selbsten retorquirt vnnd verschoben werden möchte / vnnd solch jhr Fürwenden des Athems nicht werth/ der darinn verlohren ist/ wil ich sie doch auß Christlicher Lieb/ der Antwort nicht vnwürdig schätzen/ ob sie villeicht auff disen Weg erweicht werden möchten/ der erkanten Warheit vnd dem H. Geist nicht also widersetzig/ gehässig vnd halßstarrig zu repugniern/ vnnd ohn alle Erspriessung wider den Stachel zu lecken.

Vnd was dann mehr? Gesetzt/ jhm were also wie du sagst/ das Wort Ablaß oder Indulgentz sey der H. Schrifft nicht einverleibt/ welches gleichwol bißhero von dir/ Gott lob vnnd danck/ noch nicht bekundtschafft ist / müste darumb der Ablaß vergebens/ nichts nutz/ von vnwürden/ vnkrafftig/ todt vnd ab seyn/ vnnd also gantz vnd gar außgewurtzelt vnnd gereutet werden?

Mercket disen Punct vō Wörtern wol jr worts diener/ die jr in ewrem vermeinten Euangelio

Bericht vom Ablaß/

nichts dann vergebne Wort verkaufft.

den? Auß welcher Dialectic hastu dise Consequentz geschöpfft? Wer hat dir dise Kunst zuargumentiern eingossen? Glaubstu nit die H. Tryfaltigkeit? Lieber sage mir/an welcher Stell newen oder alten Testaments wird diß Wort Tryfaltigkeit gefunden? Glaubstu nit/daß Gott der Sohn einer gleichen Substantz vn Wesens mit dem Vatter sey? wo wird einer Substantz vn Wesens/ oder des Wörtleins Homousios (welches des Ertzketzers Arzij fürnembstes Argument gewesen) in H. Schrifft jemals gedacht? Glaubstu nicht daß zwo Naturen/ die Menschheit

Act. 1. & 5. vnd Gottheit/in Christo seynd? Ob gleichwol der Ketzer Eutyches dem vierdten Calcedonensischen Concilio sich hefftig widersetzt/die Schrifft thu nirgends zweyer Naturen in Christo Meldung? Glaubstu nit dz der H. Geist wahrer Gott sey? Hat nit Macedonius,der solchs verneint/wie Gregorius Nazianze-

Lib. 5. Theol. nus schreibet/allein darauff gefuesset/ der H. Geist werde in der H.Schrifft nirgends Gott genennet? Diß vnd dergleichen anders vilmehr glaubstu sonders Zweifels (wo du nit diser/vor vil hundert Jaren verdammter Ketzer falscher Wohn/Beystimmung leisten/vnd als ein Außwürffling/von der Kirchen Gottes verbannet wilt werden) ohne respect, daß solche Wort inn heiliger Schrifft außtrücklich nirgends zufinden vnd zuerlesen/ allein

Luc. 12. dannenhero/weil es von der allgemeinen Kirch/so der H. Geist in alle Warheit verleiten thut/zuglauben vorgeschrieben ist. Was sicht dich derwegen der Name des Ablaß an/ wann die Sach/ welche wir Ablaß nennen/wie vorgemeldte Artickel/vnd andere vil mehr / die ich jetzo vnbenamt verbleiben laß / in H. Schrifft befestigt seynd?

Das Wort Indulgentia oder Ablaß in H. Schrifft auch zufinden.

Dannoch füg ich dir vmb mehrer Versicherung willen zuwissen/daß diß Wort Indulgentia oder Ablaß auch in vnserm Verstand/in H.schrifft nit also seltzam sey/wie du vorgibst. Ich frage dich / ob es der Prophet Isaias / nicht eben in dem Verstand/in welchem wirs jetzo brauchen/verstanden hab? Was

Das 4. Capitel.

bedeut es / da er in seiner Propheceyung also spricht: Spiritus Domini super me, eò quod vnxerit Dominus me: ad anunciandum mansuetis misit me, vt mederer contritis corde & prædicarem captiuis Indulgentiam & clausis apertionem. Das ist: Vber mir ist der Geist des HERRN/derhalben daß mich der HERR gesalbet hat: Er hat mich gesandt den Sanfftmütigen zu predigen/gesundt zumachen/die eines zerknirschten Hertzens seynd / vnd den Gefangnen Entlassung oder Entledigung der Straff zuuerkündigen/ vnnd den Eingefesselten Eröffnung des Kerckers. Welche Wort Christus/ da er/ bey dem Euangelisten Luca zu Nazahreth in die Sinagog am Sabtath gangen / vnnd nach vberreichtem Buch Isaiæ, auffgestanden zulesen/eben in ermeltem Verstand/ repetiert vnd widerholet. Nun wolt ich gern sehen/wer mir verneinen köndte/ daß der Prophet/ vnd nach jhm Christus das Wort Indulgentia, welches wir zu Teutsch Ablaß nennen/ nicht auff die Verzeihung / oder Sünden Straff Erlassung gedeutet hab / wil jetzo vmbgehen/ ob es die heilige Schrifft in sich begreiffe.

Vnnd damit auch der ander Theil / was wir durch das Wort Indulgentia, welches/wie gesagt/wir Ablaß verdolmetschen/ verstehen/ auch kürtzlich beantwort werde / Ist gleichwol nicht ohn/daß es die alte Scribenten inn einem verwürfflichen Verstand/als nemlichen/für vnzimlichs Vbersehen der Eltern gegen jhren Kindern/gebraucht haben/ wie der Poet genugsam dargethan/ da er sagt: Blanda Patrum segnes facit Indulgentia natos. Vnziembliche Vbersehen der Eltern macht vnartige Kinder. Fast eben in diser Signification hat es der Apostel Paulus inn seiner ersten Epistel zun Corinthiern auch gesetzt: Hoc autem dico secundum Indulgentiam non secundum Imperium: Diß aber sage ich auß gütigem Vbersehen/ vnd nicht gebietend.

Isa. 61.

Vide multas verbi Indulgētia significat. apud Archid. cap Indulg. & de Pœnit. & remiss. in 6.

1. Cor. 7.

Bericht vom Ablaß/

Hergegen aber die H. Schrifft nimbt es nicht allein in vorgemeltem/ sondern auch vilmehrern Orten/ für ein gütige Nachlassung einer Schuld oder Straff/ welcher Sens vnnd Verstand diß Worts/in der H. Vätter Schrifften/ offt vnnd dick zuhanden stößt/wie zusehen bey dem H. [a] Cypriano, [b] Augustino, [c] Hieronymo, [d] Fulgentio, vnd fast bey allen [e] Theologen vnd Canonisten approbiert wirdt. Wil also die Christliche Kirch durch das Wort Ablaß andeuten/ ein Entlassung zeitlicher Straff/so nach verziehener Schuld durch wahre Rew vnnd Beicht/ auß gerechter Gottes Veranlassung/ im Rest bleibt.

Diß zuuerstehen ist zuwissen/daß die Sünd drey ding in sich begreifft: Zum ersten die Schuld. Zum andern die ewig Straff. Zum dritten die zeitliche Straff. Die zwey ersten werden durch ware Rew vnd Beicht abgethan/ das dritte kan durch den Ablaß (wie nicht weniger durch andere vil Mittel) auch gedempfft werden. Derowegen nennen wir Ablaß (inmassen hernacher weitlauffig außzuführen) ein Anwendung oder Application der Oberaußgab vnd Supererogation/ der vbermäßigen Gnugthuungen Christi/ vnd aller lieben Heiligen/ durch welche vns als Glieder eines Leibs geholffen/ vnnd die zeitliche Straff verbüsset vnd bezahlet wird.

a Ser.5. de lapſ circa med. Et Epiſt. ad Iubaianum.
b In Pſal. 101. Et Ser. 76. de Temp. Ser.103 de Sanct. Tr.33 in Ioan. lib. 22 contra Fauſtū cap. 67.
c In cap. 4. Danielis.
d Epiſt. 7. ad Venant. de rec. pœnit. & fut. retrib.
e In 4. diſt. 20. vide etiam Alenſ p 4 q 58. memb. 3. Franciſ. Mair. Tr. de clau. ca. iet. in opuſc. Tr. 15. cap. 6.

Das 5. Capitel.

Warumb der Ablaß in der ersten Kirchen zu der Apostel Zeit vnd nachmals auch nicht wenig Jar in so stettigem Brauch niemals als jetzo gewesen?

Jeweil die Liebe der Glaubigen in der ersten Kirchen/vnd ein geraume vil Jar insich begreiffende Zeit hernach/gantz innbrünstig vnnd eyferig/ auch die schwere Sünd/als Gottslästern/ Ehebruch/ Hurerey/ Truncken heit/ Finantz vnd Wucher nit also im Schwang/ wie leyder zu vnsern betrübten Läufften/ war damals ohn Noth/zu Abtilgung zeitlicher/der Sünd/nach erlaßner Schuld vnd ewiger Pein/gebürender Straff/den Ablaß also vnablässig/wie jetzo zugebrauchen: Dann es gedachten die gottselige vnd tugendliebende Christen derselbigen Zeit/waß der heilig Apostel Paulus den vnkeuschen Corinthier/ der seine Stieffmutter fleischlich erkant/ also hart/ehe er jhm den Ablaß ertheilt/ vnnd von aufferlegter Pein erleichtert/ gestrafft hätt/ müssen zweifelsohn die/ so seinen (andächten Sündern) Fußstapffen/ in Vbertretung der hochuerbottnen Gebott Gottes auß eigenwilliger Boßheit nachgesetzt/ vnnd sich bißweilen noch vil sträfflicher daran verstossen vnnd vergriffen/ auch gleicher massen/ Vermöge Göttlicher Gerechtigkeit/ heimgesuchet werden.

2. Cor. 2
2. Cor. 5

Neben disem befanden sich zurselben Zeit vnzahlbarlich vil der Christglaubigen/ so dermassen starckmütig vnnd inbrünstiglich in der Liebe Gottes entzündet waren/ daß jhnen Pein vnnd

F ij   Marter

Bericht vom Ablaß/

Marter/auch den schmertzlichen Todt/wegen Christi Namens außzustehen/vilmehr ein kühler Thaw/ Frewd vnnd Wollust/ als ein Widerwertigkeit zurechnen/fürkam. Wie hättendann dise hochuertrawte Gottesfreund deß Ablaß bedürfftig seyn
Cant. 8. können/wann die Lieb/vnd fürnemlich ein solche Lieb/die durch
Iacob.5 so vil Wasser der Zwangsahl/ Angst vnd Noth des herben bittern Todts/ nicht gedämpfft werden mag/ durch die Martyrkron alle Schuld vnd Straff bedecket/ja gantz vnd gar verzehren thut.

Dieweil aber menschliche Natur eben mit jetziger schwachheit vnd Gebrechligkeit auch dazumaln behafftet/ wann einer etwan in ein tödtliche Sünd gestrauchlet vnnd gefallen/ bekennet vnd beichtet er dieselbig von stundan vnuerzuglich mit hertzlicher Rew vnd inniglichem Leyd/ setzt jhm auch selbsten neben dem Priester/ ein harte/ strenge satisfaction vnnd Gnugthuung darfür auff/verbracht sie mit besonderm Fleiß vnnd Ernst/ jhm also selbsten den Weg zum Himmel/ durch Hinnemung zeitlicher Straff raumend/ daß ohne Noth ein Vberfluß/hierzu den Ablaß anwenden. Vnd was zurselben Zeit für ein vberauß grosse Gottsforcht vnder den Leuten in Christlicher Versamlung geblüet haben muß/kanstu leichtlich abnemmen/ wann du nur deine Gedancken etwan sechtzig oder sibentzig Jar zuruck schickest/ vnnd vnserer nechsten Vorväter Christlich geführten Wandels Augenschein ein wenig einnimest vnd besichtigst: Wie fleissig hat man zurselben guldinen Zeit gefastet? Wie embsig hat man gebettet? wie reichlich hat man Almosen außgespendet? wie vnuerbrüchlich hat man die Gebott der Christlichen Kirchen verwahret? was blinder Gehorsam ist geistlicher vnd wöltlicher Obrigkeit erzeiget worden? Vnd so diß also nahend bey vnsern kümmerlichen Zeitten/ da alle Zucht vnd Ehr/Andacht vnd Gottesforcht/ Lieb vnd Trew schier gantz erstorben/ vnnd beynahend allbereit begraben/ was muß je länger je weiter ge-

schehen

Das 5. Capitel.

schehen seyn/ je mehr man gegen der Apostel Zeit zurück gedencken wil? Ja dazumal seynd die schwere Todtsünd also hefftig gestrafft worden/ daß underweiln ein einige/ durch vil unnd lange/ ja auch zu zeiten nach Grösse vnd Vilfältigkeit verübter Boßheit/ biß ins zweyntzigste Jar hat verbüsset werden müssen/ wie solches die Canones pœnitentiales, so theils in den 24. Canonibus Apostolorum, theils vnnd fürnemlich im Decreto Gratiani, vnd geistlichem Recht an vilen sonderlichen Orten zufinden/ vnd wie auß vilen andern heiligen Vättern/ also auch fürnemlich auß dem heiligen Martyrer Cypriano, inn einem Sendschreiben kan bescheinet werden/ allda er von wegen etlicher/ so nach langwiriger Christlichen Glaubens willen außgestandner Pein vnd Marter/ vberwunden/ inn der Bekandtnuß Christi gefallen waren/ vnnd allbereit schon drey gantzer Jar scharpffe Buß darüber außgedawret vnnd erlitten/ zuraht gezogen vnd befraget worden/ ob man jhnen nunmehr die Straff erlassen/ vnd sie in die Schoß der Kirchen widerumb auffneimen/ oder aber die Bußstraff ins künfftig erlängern solt.

Was mā vor zeiten nach der Beicht für Buß auf zulegē pflegete.

Vide Grat. dist. 7. de Pœnit Et Sacerdotale Rom. tit. de Sac. Pœnit.

Vnd wurden solche Straffen fürnemlich derowegen in besagten Bußregeln taxiert vnnd bestimmet/ auffdaß alle Pœnitentzirer vnd Beichtvätter ein gewisse Maß vnd Zil hetten/ damit von den Eyferigen nicht zuuil/ vnd von den Trägen hierinnen nicht zuwenig geschehe. Zum Exempel/ Ein ᵃ Priester/ so nur einmal Hurerey getriben/ muß zehen Jar inn harter Buß vollvringen. ᵇ Ein Jungkfrawschänder vnd Benötzöger drey Jar/ Ein Ehebrecher fünff Jar. Widerholet er den Ehebruch/ zehen Jar. ᶜ Wann ein Weltlicher Blutschand/ oder die Sünd wider die Natur begangen (die Straff der weltlichen Obrigkeit/ wie in disem also in allen Fällen/ hindan gesetzt vnnd vorbehalten) muß er siben Jar büssen/ vnnd darzu in Bann gethan/ war er ein Geistlicher/ gantz degradiert werden. ᵈ Eines fürsetzlichen Todtschlägers Buß erstreckt sich auff siben Jar. ᵉ Der

ᵃ 82. dist. cap. Presbyt. & cap. Clerici, de excessib. Præl.
ᵇ. 33. q. 1. cap. Hoc ipsum. §. Hoc quanquā
ᶜ Ibid.
ᵈ cap. Maior. dist. 50. Et cap. Qui occidit 17. q. 4.
ᵉ 6. q. 1. cap. Quicunq̄. 11. q. 1. cap. Prædic.

F iij

Bericht vom Ablaß/

ein falschen Eydschwur/ mußte durch siben Jar/ sechs vierzig
Tag in Wasser vnd Brot fasten. f Der Gott oder die Mutter
Gottes/ oder die lieben Heiligen gelästert hatte/ siben Jar. g Hat
einer falsche Maß vnnd Gewicht gebraucht/ mußt er dreyssig
Tag in Wasser vnd Brot büssen. Diß vnd dergleichen wird
von andern Sünden statuirt/ doch mit Verstandnuß einer Pro-
portion zureden: dann für ein jede Todtsünd siben Jar Buß or-
dinariè bestimmet worden/ wo fern die Bußsatzungen nit meh-
rer oder minder Zeit mit sich brächten/ mußt auch der Büssend ei-
nes diser Jar im Bann vnd der Gemeinschafft der Heiligen be-
raubt seyn. Also streng vnd härtigklich wurd vor Zeiten nur ein
eintzige Todtsünd verbüsset.

f cap. Finali ext. de Maled.
g cap. 1. Ex. de Empt. & vend.

Vrsach war-
umb jetziger
Zeit der Ab-
laß also im
Schwang.

Jetzo kanstu leichtlich durch ein schlechten Discurs abneh-
men vnd verstehen/ was Vrsach geben hab/ damit deß Ablaß
heilsamer Gebrauch/ zu vnsern Zeiten fürnemlich inn so groß
Auffnemmen gerahten sey/ da doch sonsten alle Tugend/ Zucht
vnd Erbarkeit zuruck den Krebsgang gehet/ vnd allgemächlich
abnimbt/ vnd gestaltsam einem Rauch im Lufft verschwindet?
Dann ich frag dich darumb/ wil dein Vrtheil vnd gutdunckend
Iudicium hierinn gelten lassen/ vnnd für mein Person schwei-
gen/ wann man einem etwa nur zehen Tag inn Wasser vnnd
Brodt für ein Todtsünd zubüssen/ wie vor zeiten/ bißweiln vil
Jar geschehen mußt/ ernennen wolt/ wieuil würdestu Peniten-
ten haben/ die sich solchem Last vnderwürffig machten? Wie
wurd man vor der Buß/ ja ärger als der Hund vorm Crocodil/
sich schewen? was wurd endtlich darauß erwachsen? Ist doch
einmal im Grund der Warheit gewiß vnd landkündig/ daß jetzo
tausentmal mehr Vbels geschehe/ mehr Sünd begangen/ mehr
zeitlicher Straff vnd Gottes Zorn gehäuffet werde/ als inn der
ersten Kirch: dannoch wil hergegen die strenge Buß/ so dazu-
mal in embsiger Vbung/ keinem eingehen/ keinem behägen/
keinen vndersich bringen? Was hätte derhalben für bequemli-
chen

Das 5. Capitel.

cher Mittel / disem Vbel Raht zuschaffen / vnd einen so harten Ast zuspalten/ein mehr tauglicher Keyl/ von der Kirchen Gottes/so als ein getrewe Mutter vmb jrer Kinder Heyl vñ Frommen sorgsam vnd bemühet ist/zuhanden genommen werden können/ damit die vbermässig/durch so grosse Boßheit gehauffte Straff in disem Leben vertruckt/abgelegt/bezahllt/ vnd nicht biß in das scharpffe Gericht des Fegfewers / im andern Leben / da keine Barmhertzigkeit / wie jetzo/ sondern allein Gerechtigkeit Platzmeister ist / so auch des letzten Hellers ergetzt wil seyn/ zuerledigen/verschoben vnnd zuruck behalten wurd/ als durch offtmals widerholte Theilwerdung vnd Genuß des vberreichen Kirchenschatzes / der vberflüssigen Verdiensten vnnd Genugthuungen Christi vnd seiner lieben Heiligen / solch grosse Schuld entledigen?

Also ist ihm gewiß vnd anders nit: Hast also dergestalt nit Fug/ an der Protestantischen Clamanten Fabelwerck / so den Ablaß für ein Papistisch newerlich erdachtes Gauckelwerck bößlich versagen / vnnd als ein sawer Bier außschreyen/ dich vil zukehren: Dann sie jhres nichtigen wurmstichigen Vngrunds/ durch Göttliche Hülff/ wie jetzo allbereit nur zum theil beschattet vnnd entworffen/noch vil stattlicher/handgreifflich vberwisen werden sollen/daß der Ablaß auch vor tausend Jaren in der wahren Kirchen/ wiewol nicht also vil vnd dick/ wie jetzo/ auß andachter Vrsach gebraucht worden / weiln sich die alte fromme Christen/ so hefftig vor der gewalltthätigen Hand Gottes/ so im Fegfewer eusserster Schärpff wircken thut/ daß sie zu dises Lasts Entschüttung vnd Entladung/ alle zeitliche Straff diser Welt/ ehe zudulden gewöllt/ als solcher Schuld Entrichtung biß dorthin zuversparen. Dieweil aber solche Schew vor künfftiger Welt fast gantz erloschen/ damit den Büssenden alle Vrsach der Verzweiflung ob Strengkeit der Buß gesparet wurd/ seind allbesagt: Canones vnd Bußregeln/ auß Eingeben des

heiligen

Bericht vom Ablaß/

heiligen Geiſts/in willkürlichem Entſcheid des Prieſters gelaſ=
ſen worden/vnd hergegen der Ablaß deſto tieffer eingewurtzelt.

Diſe Warheit iſt ſo ſtarck/ vnfehlbar vnnd beſtändig/ daß
ſie auch Luther ſelbſten/ da er allbereit von der wahren Kirchen
apoſtatiert vnd abtrünnig worden/nicht hat verneinen können/
welches er vngezwickt von ſich/in ſeinen Artickeln wider den
Papſt Leonem/bekennen thut: Er müſſe zugeben/daß die Kirch/
als ein mitleidige getrewe Mutter/ die gerechte/ ſtrenge Hand
Gottes vorzukommen/ ſolche vnd dergleichen Mittel billich
eingeführt hab: Dann die Sünde (ſpricht Luther) muß ge=
ſtrafft ſeyn/ſo du es nit thuſt/ſo thuts Gott. Vmb ſo vil=
mehr mag ein jeder gutherziger Chriſt der Ketzer Geſchrey nicht
achten/weiln der Ablaßſtürmer Lermenblaſer allhie/wie an vilen
andern Orten/den Ablaß ſelber tüchtig machet/ wiewol er jhn
hernacher/als jhn der Sectiſche Schwindelgeiſt jnniglicher be=
ſeſſen/wetterwendiſcher Weiß verfolget hat.

Art. 5.contra Leonem X. Pontif.

Das 6. Capitel.

Definition vnd Beſchreibung des Ablaß.

Jßhero haben wir vonn Erklä=
rung des heiligen Ablaß durch etliche Ca=
pitel/ gleichſam Vorreds weiß prolegomi=
niert/ jetzo gibt ſich für ein Notdurfft dar/
Bekürtzung halber/nach der Sachen nun=
mehr ſelber taſten/vnd was der Ablaß ſey/
außfündig machen.

Vnd iſt erſtlich Ablaß/zu Latein Indulgentia, von den
Vättern aber/ ſo jhre Schrifften in Griechiſcher Sprach hin=
derlaſſen/

Das 6. Capitel.

verlassen / συγγνώμη oder ἄφεσις, das ist / verzeihung oder Nachlassung benamset wird / in gemein zureden / Ein jede Relaxation vnnd Erlassung / sie geschehe worinn / auff was Weiß vnd von wem sie wölle. Inn welchem Verstand das Wort Indulgentia vilmals von beyden / so geistlich so weltlichen Rechten gebraucht wird. Aber mit deß Worts Bedeutung wöllen wir vns wenig Vnruhe schaffen / wann wir der Sachen mächtig worden. Wer sich hieran nicht wil lassen sättigen / der frage die Canonisten vmb Rath / die jhm aller Gebür / vnnd gesuchter massen Begnügung leisten werden.

Vide Archid. in cap. Indulgentia, de Poenit. & Rem. in 6. & alios ibid.

Vnd dieweil der Ablaß / so wol den Todten als den Lebendigen / gleichwol verschiedener weiß / ertheilt kan werden / stehet erstlich zuuernemmen / was der Ablaß sey / so den Lebendigen gegeben / vnd von den Schultheologen Indulgentia communis, das ist / gemeiner Ablaß benennet wird / auß welchem jener leichtlich erleutert werden kan.

Den Ablaß der Lebendigen / mögen wir also mit den Theologen describiern vnd beschreiben: Indulgentia, quæ hîc viuentibus tribuitur, & ex iurisdictione proficiscitur, est remissio seu absolutio poenæ temporariæ, quæ peccatis anteà admissis, sed iam quoad culpam deletis, in interno poenitentiæ tribunali debetur, ab Ecclesiæ Præsule ex communi Ecclesiæ thesauro concessa. Das ist: Der Ablaß / welcher hie den Lebendigen verliehen wird / vnd auß der Iurisdiction vnd eusserlichen Gewalt sein Vrsprung nimbt / ist ein Nachlassung vñ Entbindung von der zeitlichen Straff welche den begangnen / jetzo aber der Schuld nach / verzihenen Sünden / im innerlichen Richterstul der Buß gebürt / von dem Vorsteher der Kirchen / auß gemeinem Schatz der Kirchen gegeben.

Was d Ablaß sey.

In gesetzter Beschreibung seynd vil Puncten welche also nachmals auff folgende Capitel auffbehalten werden. Nicht

Bericht vom Ablaß/

destoweniger bedunckt mich Rahtsam/ wann auch jetzo Wort von Wort/mit einer schlechten Explication/nur ein wenig vñ-schattet wurde.

1. Erstlich stehen dise Wort: Der Ablaß/ welcher hie den Lebendigen gegeben wird. Zum Vnderscheid vom Ablaß/welcher den Verstorbnen/im Fegfewer verhafften Seelen/ so ausserhalb der Iurisdiction vnd Gerichtszwang der sichtbarlichen Kirchen/ vnd derselben Gewalt nicht mehr vndergeben seynd/per modum suffragij, das ist/hülffsweiß appliciert vnnd zugeignet werden kan.

2. Nachmals meldet die Beschreibung weiter: Vnd auß der Iurisdiction vnnd eusserlichen Gewalt sein Vrsprung nimbt/ dieweil der Ablaß durchauß nichts anders ist/als ein Nachlassung der zeitlichen Straff/ ausserhalb des H. Sacraments der Buß/darumb er ein Werck des eusserlichen Kirchengewalts geheissen wirdt. Erstlich/ damit er abgesöndert werde/ von Erlassung zeitlicher Straff/ welche im Sacrament der Buß beschicht/gestaltsam jetzo angedeutet/ vnd nicht allein auß der Iurisdiction, sondern auch auß dem Sacrament der Priesterweyhung vnd Priesterlichem Character erfliessen thut. Fürs ander/ damit er auch vertheilt vnd abgesöndert werde von Abtilgung zeitlicher Straff/ so durch ein jedes inn der Lieb vnnd Gnad Gottes vollbracht/ vnnd zu Gnugthuung für zeitliche Straff/von der Bußtugend (welche die Gnade Gottes/ als bald sie einem Menschen eingegossen/ gleichsam als ein Tochter erzielet vnd gebiert) gerichts vnd gezogens Werck beschicht/ da kein Iurisdiction mit einlauffet/ weiln nur ein einige Person hierinn erfordert werden mag.

3. Ferners gedenckt offtbesagte des Ablaß Definition der Nachlassung oder Absolution zeitlicher Straff/dieweiln solches auß Gewalt der Schlüssel geschicht. Vnd wirdt nicht vnbillich/ vnd sonder Vrsach das Wörtlein zeitlicher hinzu

Das 6. Capitel.

gesetzt/ als Anregung zuthun / der Ablaß auff Verzeihung ewiger Straff vnd Sünden Schuld/ zu Latein Culpa genant/ sich nicht erstrecke/ sondern vilmehr presupponier vnd erfordere/ daß beyde durch das Sacrament der Buß schon abgelescht/ vnd inn ein zeitliche Straff/ deren der Ablaß allein mächtig/ verändert worden. Welches auch inn vilbesagter Beschreibung/ durch nachfolgende Wort deutlich genug außgetruckt wird.

Weiter stehet: Den begangnen Sünden. Die zeitliche Straff außzuschliessen/ welche einem jeden Menschen wegen der Erbsünd zuleiden obligt/ die gleichwol würcklich allein Adam gethan/ vnd auff vns nur erblich gelanget.

Folgends spricht sie: Der Schuld nach verzihener sünden. Zuerkleren/ daß bey keinem der Ablaß etwas fruchte/ der ein Todtsünd auff sich hat/ vnd von der Gnad Gottes außgeschlossen ist.

Nachmals setzt sie dise Wort: Im innerlichen Richterstul der Buß gebürt. Hievon jene Straff außzusöndern/ mit welcher allerley Sünd von weltlicher Obrigkeit heimgesucht wirde. Ist also allein die zeitliche Straff allhie zuverstehen/ so entweder dem Menschen von Gott auß Gerechtigkeit zugesetzt/ oder aber vom Priester/ im innerlichen Gericht der Buß/ vnd des Gewissens/ Vermög der Bußsatzung vnd Canonum Pœnitentialium aufferlegt werden köndte.

Schließlichen wird gesetzt: Auß gemeinem Schatz der Kirchen gegeben. Damit zuerinnern/ daß in disem Werck der Erlassung zeitlicher Straff/ dem Menschen fürnemlich das Verdienst des bittern Leidens vnd Sterbens Christi/ vnd nachmals der lieben Heiligen/ als gleichsam ein Abzahlung vnnd Entrichtung einer Schuld/ verliehen vnd zugeeignet werde: Jn welchen wenig Worten das gantze Wesen vnnd Substantz des Ablaß Methodischer Summarischer Weiß/ kürtzlich begriffen ist.

G ij   Nun

Nun aber/ ehe wir den Ablaß auß der heiligen Schrifft/ beneben den heiligen Vättern vnd Concilien erweisen vnnd probieren/ ist hochdringliche vnumbgängliche Notdurfft/ etliche fundamenta vnd Grundfesten/ darauff die gantze Controuersia vom Ablaß sich stewren thut/ hieuor auffzubawen. Wöllen also zum ersten Grund hand anlegen.

Das 7. Capitel.

Was durch den Ablaß verziehen werde:

Das erste Fundament vnd Grundfest des Ablaß.

Vnserer Widerscher falsches Fürgeben vom Ablaß.

Es schreyen die Ablaßfeinde Tag vnd Nacht wider vns Papisten/ vñ beschuldigen vns/ wir verzeihen durch den Ablaß/ nit allein zeitliche/ sondern auch die Schuld vnd ewige Straff/ vnnd das gottslästerlich nur zuhören ist/ werde der Ablaß auch für zukünfftige Sünd außgetheilt/ die noch nicht beschehen seynd/ dadurch der Gewalt der Schlüssel geschwecht/ vnnd die von Christo geordnete Mittel Sünd zuuerzeihen/ gantz vnnd gar vmbgestossen werden.

Durch diß falsch Angeben/ wie auch durch dergleichen vnzählich vil/ haben sie den Ablaß bey den einfältigen Teutschen/ die sich von disen Baalspropheten vbersehen lassen/ Fischaugen seyen Orientalische Perlen/ in solche Verhassung vnnd Feindschafft gedrungen/ daß auch sein Nam bey jhnen ein Spott vnd Grewel seyn muß.

Sie

Das 7. Capitel.

Sie reden aber/wie in allem andern/ also auch in disem/ihren Gewalt/vnd thun der Warheit zukurtz. Dann wir nit allein die heiligen Sacramenta/ als geordnete Mittel die Sünd zuuerzeihen (fürnemlich jetzo von der Buß zureden) durch den Ablaß nit abthun/ ja sagen auch darzu/ der Ablaß könne durch auß nichts nutzen/es seyen dann der Sünden Schuld vnd ewige Straff durch die heilige Sacramenta verziehen. Wie sollen wir dann den Gewalt der Schlüssel schwechen/ vnd die von Christo geordnete Mittel/die Sünd zuuerzeihen/abgängig machen?

Falsche Beschüldigungs widersacher vom Ablaß.

Vnd darinn vnser Gegentheil/vns/ Warheit vnd scham vergessenlich/angreiffen darff/wie sollen wir zukünfftige Sünd durch den Ablaß verzeihen/ wann zu Erlangung desselben/ die Buß vnd Beicht vorgehen muß? Vnd wie kan man ein Sünd beichten vnd büssen/so noch nit in rerum natura vnd geschehen ist? Nimmermehr in Ewigkeit ist solches einem eintzigen Papst in seinem Sinn kommen/geschweige dann von jnen ins Werck gerichtet worden. Trutz allen Lutheranern vnd Caluinisten/die ein wahre Päpstliche Bulln/so meinen Worten zuwider/hierüber auffweisen können/ vnd so lang biß sie diß thun/ halt ich sie für warheitsparende Diffamanten/die aller redlicher/ehrliebenden Leut Gemeinschafft vnwerth seynd/ denen nichts mehr zu glauben/ als daß/ so offt sie etwas wider Catholische Kirchen einführen/ein lautere Calumnia, vnd falsche lugenhaffte Auff lag sey.

Ist derowegen der gantzen Catholischen/Römischen/Apostolischen Kirchen Bekantnuß/ durch den Ablaß werde nichts anders verziehen vnd nachgelassen/ als die zeitliche Straff/ die nach der Buß gemeiniglich/ in diser oder jener Welt abzubüssen verbleiben thut/ wie im nachfolgenden Capitel/ aller Gebür nach/probiert vnd ereignet werden soll.

Auß disem ist erstlich zuprüfen/daß durch den Ablaß weder Sündenschuld/ zu Latein Culpa genannt/ noch ewige Straff vergeben

Bericht vom Ablaß/

Merck wol was durch den Ablaß verziehen werd.

vergeben ward: Dann der Ablaß/ weiln er eine Verzeihung zeitlicher Straff ausserhalb des Sacraments der Buß/ fürnemlich vnd derowegen/ die Gnad der Rechtfertigung (so durch die Sacramenta wirdt conferiert) nicht geben kan/ supponiert vnd erfordert/ daß die ewige Straff vnnd Schuld zuuor durch das Sacrament verzihen sey.

NB.

Derowegen wann in der Concession vnnd Ertheilung des Ablaß vermeldet ist/ es werde dardurch Remissio peccatorum, das ist/ Verzeihung der Sünd verliehen/ wirdt nichts anders verstanden/ als Verzeihung zeitlicher Straff. Inmassen auch offtermals inn heiliger Schrifft/ durch Verzeihung der Sünd/ zeitlicher Straff Verzeihung angedeutet wirdt. Als da Petrus sagt: Vnser Sünd hat er außgestanden an seinem Leib/ das ist/ die Straf für vnsere Sünd. Vnd im andern Buch der Macchabeer: Es ist ein heilsamer Brauch/ für die Verstorbne bitten/ damit sie von Sünden erledigt werden/ das ist/ von der Straff/ die der Sünd auß Gottes Gerechtigkeit gebüret. Dan wo der Baum einmal gefallen/ kan die Schuld nicht mehr verziehen werden. Wil ander dergleichen vil Stellen H. Schrifft geschweigen.

1 Petri 2.
2 Macch. 12.
Eccl. 11.

Aufflösung eines Gegenwurffs.

Wie kan das wahr seyn/ möcht ein Ablaßfeind sagen/ geben doch ewre Päpst offtermaln vollkommen Ablaß vnd Jubilea, darinn sie die Schuld der Sünd/ sampt zeitlicher Straff verzeihen?

Antwort: Wann solches jemals geschehen/ ist es also zu versthen/ daß die Schuld/ durch vorgehende Rew vnd Beicht/ so allezeit vor Erlangung des vollkommenen Ablaß gebotten wirdt/ die zeitliche Straff aber allein durch Application des Ablaß vergeben/ vnd also vollkommener Ablaß von Schuld vnnd Straff geben werde.

Fürs ander ist hierauß zuerachten/ daß die natürliche Straffen/ als Mühe/ Arbeit/ Kranckheit/ Anfechtung/ Trübsal/ Angst

Das 7. Capitel.

Angst vnd Noth dises Lebens/auch endtlichen der vnuermeidliche zeitliche Todt/durch den Ablaß nit verzihen werden. Daß vber diß/daß solche Straffen nit den persönlichen (welchen allein der Ablaß gemeynt) sondern erblichen Sünden gebüret/ist auch beneben von Gott verordnet/ daß solche Straffen nicht sollen auffhören/ als wann diser sterbliche Madensack die vnsterbligkeit anlegen/ vnd die Vollkommene Adeption vnd Auffnemmung zu Kindern Gottes/vns widerfahren wird. 1. Cor. 15. Rom. 8.

Endtlichen vnd zum letzten/ verzeihet der Ablaß auch die Straffe nicht/welche im eusserlichen/ so weltlichem/ so geistlichem Gericht wird aufferlegt: Dann solche Straffen nur wegen gantzen Gemeinen Nutzes statuirt vnd verordet seynd/ damit die Boßhafftigen von Sünden abgeschreckt/vnd die Frommen von ihnen gesichert/vnperturbiert/ ruhig vnd vnbedrang gelassen werden. Vnd darzu wirdt der Ablaß nicht ertheilt als Büssenden/ so mit Gott versöhnet seynd: Mit solchen Straffen aber des eusserlichen Gerichts/werden fürnemlich die rebellische inn der Sünd beharrende Freueler heimgesucht.

Vnd diß vom andern Grund des H. Ablaß/daß er sich allein auff zeitliche Straffen streckt.

Bericht vom Ablaß/

Das 8. Capitel.

Ob vnd warumb nach verziehener Sünden Schuld/noch ein zeitlich Straff zu leiden/von Gott aufferlegt werde?

Das ander Fundament vnd Grundfest
des Ablaß.

Jeweil wir in dises andern Fundaments Befestigung vns etwas länger auffhalten müssen/in Bedenckung/das es gantz halßstärtzig von den Ketzern bestritten vnnd angefochten wirdt / soll diß etwas zimblich lang Capitel in drey Theiln vollendet werden: Der erst bestettigt diser Warheit/ Daß nach erlassener Schuld vnd ewiger Straff noch ein zeitliche abzubüssen vberbleib/vnbeweglichen Grund auß heiliger Schrifft. Der ander/auß den H. Vättern. Im dritten/werden etliche vnserer Widersacher fürnemste (jedoch gantz vnbündige/vnuerfängkliche/hierwider weiß nicht wie vnd wo/auffgeschworne Gegenwürff zerlößt/abkräfftig gemacht vnd vmbgestossen.

Der erste Theil.

Des andern Fundaments Beweisung auß heiliger Schrifft.

So ist nun bey vns Catholischen/als ein vnuerneinliche vnlaugliche Conclusion vnd Schlußred/einmal gewiß vñ wahr/Daß offtermaln nach verzihener Schuld/vnnd der Todtsünd gebürender ewiger Straff (wofern die Rew nit also groß/daß sie die Schuld sampt aller Straff außlösche) ein zeitliche/inn welche die

Das 8. Capitel.

ewig/auß Göttlicher Miltigkeit vnd Erbärmd verändert wird noch vberbleib/nicht anders als wann die Schuld des Diebstals gleich allbereit schon vergeben ist / muß dannoch das gestolene Gut seinem Herrn widerumb zugestellet werden/ wie der H. Augustinus lehret. Derowegen vnzweifelhafft/solche Straff möge neben andern Mitteln vnnd würdigen Früchten der Buß auch durch den heilsamen Ablaß ledig gemacht vnnd hingenommen werden. *Epi. 5 ad Macedon & habetur cap. peccatum de Reg. Iur. in 6.*

Vnd daß solche Straff nach erlaßner Schuld von Gott nit selten vorbehalten werde/wer kan in Abred seyn? Da Adam vnd Eua bald nach jrer Erschaffung gesündiget hatten/ so bald sie Rew vnnd Leid darüber empfangen / ist jhnen nicht die Schuld solcher Vbertrettung sampt der ewigen Straff geschencket worden? Das dem also sey/wie gemeldt/bezeugt der weise Mann im Buch der Weißheit mit außtrücklichem Bericht: Die Weißheit/spricht er / hat den ersten Menschen/ der von Gott erschaffen ein Vatter der Welt/ da er allein geschaffen/behütet/ vnd jhn auß seiner Sünd vnnd Missethat herauß geführet/Zweifelsohn hat er auch gleicher massen Euam darvon erlediget. Hat er sie nun beyde auß der Sünd gebracht/so ist jhnen Göttliche Huld vnd Gnad gewißlich widerumb ertheilt worden. Haben sie diß erlangt/muß er jhnen schließlich auch die Schuld vnnd ewige Straff erlassen haben. Dann wie die Finsternuß nicht bey dem sonnenklaren mittägigen Liecht: also mag auch die Schuld einer Todsünd/ neben Gottes Huld vnd Gnad nicht bestehen / vnnd wo solche Schuld nicht ist / kan die Verpflichtung vnd Reatus, zur ewigen Straff nicht hafften. *Gen. 3.* *Sap. 10.*

Hie sperret vmb Gottes willen ewere Augen auff jhr verblendte Teutschen/ die jr euch von ewerm Schmeichelpropheten also Gottsjämmerlich ein jede Lugen für das ware Euangelium anzunemmen/bereden laßt/ gebt zu/ daß euch diß klare Liecht

Bericht vom Ablaß/

der Warheit ins Gesicht ewerer Vernunfft/ durch halßstarrige Verdeckung vngehindert/ ein wenig scheinen möge. Ihr bekennet/ Gott habe Adam vnd Eua die Sünd vergeben/ vnnd sampt der Schuld geschencket. Ist wahr. Hat er sie aber der zeitlichen Straff auch dardurch enthoben? Wie köndt jhr diß versehen? Ist diß nit Straff genug/ daß sie wegen obangezogner Sünd/auß dem Paradeiß/darinn sie erschaffen/in diß Jammerthal verstossen/vñ allerley zeitlicher peinligkeit/als Kranckheit/Todt/Hunger/Durst/Kälte/Hitz/Mühe vnnd Arbeit/ vnd vilfältiger Widerwertigkeit/ Zwangsal/Angst vnd Noth vnderworffen? Sagt nicht Gott zu Adam: Verflucht sey die Erd in deiner Arbeit/ Dorn vnnd Disteln soll sie dir tragen/im Schweiß deines Angesichts soltu dein Brodt essen? Sagt er nicht zu Eua: Ich wil dir vil Schmertzen vnd Kummer machen/ vnd mantgfälten dein Geburt/ du solle deine Kinder mit Schmertzen geberen? Sagt mir hie jhr Martinisten vnd Caluinisten/was vermögt jhr hierauff für Antwort einzuwenden? Daß Gott den ersten Eltern die Schuld vnd ewige Straff nit nachgelassen hab? So müßt jhr die heilige Schrifft im Buch der Weißheit/ ja die Warheit selbs lugenstraffen. Wolt jhr der Aufflegung zeitlicher Straff in Abred seyn? So vberzeuget euch augenscheinlich die heilige Schrifft/es vberzeuget euch ewer eigen Gewissen/ es vberzeuget euch die tägliche Erfahrung/ dann jr mit solchen Straffen/ wegen Adams Sünd/ die euch vnd allen Menschen von Mutterleib an vererbt ist/ noch täglich geplagt seyd/ ob dise Erbsünd gleichwol allbereit durch die H. Tauff abgewaschen ist. Wil nicht sagen daß der heilige Augustinus an vilen vnderschiedlichen Orten/ mit außführlichen Worten sagt: Wann nach Verzeihung der Sünden Schuld vnnd ewiger Pein/ kein Reatus oder Pflicht zur zeitlichen Straff vbrig were/wurd Adam gewißlich nicht gestorben/wurd andern

Lib. 21. cont. Faust. Man. cap. 67.
Lib. 2. de Peccat merit.&remiss.cap. 14.
Lib. 15. de Trinit. cap. 16. & alibi plurics.

Jam

Das 8. Capitel.

Jammer vnd Ellend nicht also mühesellig vndergeben seyn.

So pfeiffet nun auff/ des newgebacknen fünfften Euangelij Glaubensgenossen/ was habt jhr diser Warheit für Kletten in den Bart zuwerffen? Wie wolt jhr den Kopff auß diser Dißmatischen Schlingen ziehen? Was für Solution vnd Außflucht wolt jhr auff die Bahn bringen? Höret nur was sie/ so wol die Martinisten als Caluinisten für vngereimbte Schnacken einführen.

Es ist gleichwol bekantlich/ sagen sie/ wir wöllens auch nit verneinen/ daß der erste Mensch nach erlaßner Schuld/ dergleichen zeitliche Straffen durchs gantze Leben außzustehen/ verdampt worden: Hat aber darumb die Meinung nicht/ wie die Papisten fürgeben/ Gott strafft dardurch nicht die verziehene Sünd/ damit man abbüsse/ damit man darfür gnug thue: Christus hat für vns am Creutz genug gethan/ Gott wil Adam vnd Euam nur mit solcher Vätterlichen Heimsuchung zur Tugend vnd Besserung des Lebens anreitzen/ damit er künfftig desto fürsichtiger werd in seinem Thun vnd Lassen. *Vnkrässtige antwort der widersacher.*

O wie ein herzliche Kunst- vnd Sinn-/ hätt schier gesagt/ schimpffreiche Aufflösung vñ Beantwortung der H. Schrifft. *Spectatum admissi risum teneatis amici*, sagt jener Poet/ Niemand lache darzu/ es ist jhr gantzer ernst/ sie spotten nicht. Ein Wunder ists zusagen vnnd zuhören/ Es wöllen dise newe Propheten Meister inn der heiligen Schrifft vor allen andern gescholten werden/ wöllen sie allein recht gelesen vnnd verstanden haben/ sehen doch nicht/ wie weit sie allhie vom Zweck geschossen/ wie wenig sie die heilige Schrifft im Hirn haben. Mit jnen/ als groben Leuten/ so eintweder die H. Schrifft nicht recht verstehen/ oder aber/ verstehen sie es/ also schändtlich wider jhren Verstand vnnd Gewissen reden/ wil ich nur nit zu schaffen machen.

Bericht vom Ablaß /

Vernemet ihr vnparteische geliebte Leser / auß dem Biblischen Text selbsten die Vrsach / warumb Gott vnsern ersten Vatter Adam / mit so vilerley zeiticher Straff beladen: Höret welcher massen die H. Schrifft sich selbst verantwortet / vnd der Warheit Feind vngegründte Replick vñ falsch Fürgeben zu boden stößt. Quia audisti vocem vxoris tuæ, sagt Gott im ersten *Genes. 3* Buch Mosis / & comedisti de ligno, ex qua præceperam tibi, ne comederes, maledicta terra in opere tuo, &c. Zu Teutsch: Dieweil du deines Weibs Stim gehorchet / vnd von dem verbotnen Bawm gessen hast / verflucht sey die Erd in deiner Arbeit / ꝛc. Wann ihr Lutheraner vnnd Caluinisten ewern Donat oder Grammatick wol studiert habt / werdt ir euch wol zuberichten vnd zuerinnern wissen / wie das wörtlein Quia, Dieweil / Coniunctio causalis sey / welches Vrsach anzeigt / warumb Gott solche Straff geordnet vnd Aufferlegt hab. Dieweil du deines Weibs Stim gehört hast / sagt Gott d'Allmächtig / vnd mein Gebott vberschritten / daruñ sey die Erd verflucht in deiner Arbeit / daruñ sey dir gebotten / solche Straffen zutra-
Genes. 3 gen. Wo stehet im selben Capitel / oder aber im gantzen ersten Buch Moysis / Gott habe die Erd verflucht vnd vermaledeyt / habe vnser erste Eltern dem zeitlichen Todt / vnd aller Trübsal / Angst vnd Noth / nit principaliter, vmb der begangnen Sünd wegen / sondern nur zu einer vätterlichen Warnung vnderworffen? Trutz euch allen / daß ihr mich dessen vberweiset.

Dise vnsere Widerpart sandtgründige schwache Einred hab ich anfangs setzen wöllen / ehe ich andere mehr Sprüche der heiligen Schrifft herzufüre / die Catholische Warheit dardurch zu confirmiern / vnd diß alleinig derowegen / damit wann sie mit ihren alten vbellautenden Geygen widerumb auffziehen / hieher gewisen wurden.

Num. 20. Es hatte Gott der HERR Moysi vnd seinem Bruder Aaron die Sünd des Vnglaubens vnd ewige Straff schon verzihen

Das 8. Capitel.   43

hen / nichts desto weniger wurd jhnen noch ein zeitliche Straff darumb aufferlegt/ daß sie ins gelobte Land nicht eingehen solten. Vnd gilt der Ketzer Außflucht/ wie droben/ also hie noch vil minder. Dann der HERR außdrücklich spricht: Quia non credidistis mihi, vt sanctificaretis me coràm filijs Israël, non introducetis hos populos in terram quam dabo eis, Das ist: Dieweil jhr mir nicht gegläubt habt/ damit jr mich heiliget vor den Kindern Israel / solt jhr diß Volck nicht einführen in das Land daß ich jhnen geben wil. Wo wird hie der vätterlichen / von den Ketzern / auß eignem Hirn / der Schrifft vngemeß gespunnener Warnung gedacht?

Gleicher massen wurd Maria/Moysis Schwester/ wegen jhres vnbedachtsamen Murmelns auch nach erlaßner Sünd siben Tag mit dem Außsatz gestrafft.   Num. 12.

Da die Israeliten wider den HERRN auffrührisch worden/vnd widerumb in Egypten kehren wolten/ward der HERR entschlossen/sie alle miteinander zu tödten vnd außzurotten/ da aber Moyses für sie gebetten/hat er jnen solche Sünd gleichwol verzihen. Hat er sie aber der zeitlichen Straff auch sampt der Schuld enthaben? Nein warlich nit/wo die Schrifft gleich zusagt: Dixitq́; Dominus, dimisi iuxta verbū tuum: viuo ego, replebitur gloria Domini omnis terra: Attamen omnes homines, qui viderunt maiestatem meam, & signa quæ feci in Ægypto & solitudine & tentauerunt me iam per decem vices, nec obedierunt voci meæ, non videbunt terram, pro qua iuraui patribus eorum, nec quisquam ex illis qui detraxit mihi intuebitur eam. Das ist: Vnd der HERR sprach zu Moyse / da er jhn für das Volck vmb Verzeihung anruffet: Ich habe jhnen die Sünd vergeben/ wie du gebetten hast/ So war ich lebe/ wird alle Welt der Herrligkeit des Herrn vol werden: doch alle die so meine Herrligkeit vnd meine Zeichen gesehen haben/ die ich gethan hab   Num. 14.

Bericht vom Ablaß/

in Egypten vnd in der Wüsten/vnd mich nun zehenmal versucht/ vnd meiner Stim nicht gehorsam seyn gewesen/deren soll keiner das Land sehen/ daß ich jren Vättern geschworen vnd versprochen hab/ auch keiner soll es sehen der mir vbel geredt hat. Nemmet allhie war/ die jhr der Warheit hold seyd/ in angezognen Worten wirdt abermals zur Vrsach aufferlegter zeitlicher Straff/der Beraubung des gelobten Lands/nit vätterliche Warnung/ sondern die verübte Mißethat/so allbereit schon verziehen war/benennet.

Vnd damit ich vmb Kürtze/ zu Verhütung Verdruß/an der vil Exempel H. Schrifft im alten Testament stillschweigend dahinden laß/ wil ich noch eines eintzigen hie ingedenck seyn/ welches diser Warheit Feind auff jhren Mißuerstand im wenigsten nicht drehen mögen/also klar vnd lauter redet der Biblische Text.

2. Reg. 11.   Ein grosse schwere Sünd hatt Dauid im Ehebruch mit des Vriæ Weib/ darneben auch mit seiner Vriæ falsch erpracticierter Ermördung begangen/ welches Laster GOtt weder kundt/soll oder wolt vngestrafft lassen: Schicket derowegen den Propheten Nathan/ vnd ließ jhm neben Auffrupffung erwisener Wolthaten gestiffte Boßheit gröblich verweisen. Alsbald Dauid disen vor Gottes angesicht abschewlich angerichten Grewel wahr vnd in Acht genommen/ vnnd inn sein Hertz gegangen/rewet jhn vber die massen der grossen Boßheit/ beichtet vnd bekennet die Sünd/ vnd schrye vberlaut: Peccaui Domi-
2. Reg. 12. no, Ich habe dem HERRN gesündiget. Der Prophet gab jm hierauff ein tröstliche Absolution/ also sprechend: So hat auch Gott der HERR/ dieweil du büssest/ dein Sünd hinweg genommen/ du wirst nicht sterben des ewigen Todts. Wurd jhm also/ dieweil er jnnigliche Rew vnnd Leid empfangen/ die Schuld sampt ewiges Todts Straff auß miltreicher Gottes Erbärmd geschenckt vnd erlassen. Ist er aber auch der

Das 8. Capitel.

zeitlichen Straff entübrigt worden? Ich gibs euch heim zuerkennen. Vernemmet was der Prophet für ein Obligation vnd Verbündtnuß zur zeitlichen Heimsuchung hinzu setzet: Der HERR/ spricht er/ hat dir die Sünd gleichwol erlassen. Veruntamen, quia blasphemare fecisti inimicos nomen Domini, propter verbum hoc, filius qui natus est tibi, morietur, Aber dieweil du die Feind des HERRN hast lästern gemacht/ Propter verbum hoc, wegen diser That (merckts wol/ nicht wegen einer vätterlichen Warnung/ wie vnser Gegentheil vnbescheidenlich plodert) wird der Sohn/ der dir geboren ist/ des Todes sterben. Welcher Augen hat/ der sehe allhie/ was Propter verbum hoc, von wegen diser That (dann verbum offtermals in heiliger Schrifft/ nach Hebraischer Sprach Eigenschafft/ ein That bedeutet) solt du mit der zeitlichen Straff/ deines erbornen Söhnleins Todt/ gestrafft werden. Vnd wann sich David nicht vor allerhand zeitlicher Straff/ welche jhm der Prophet in vorgehenden Worten ernstlich drawet/ hätte zubefahren gehabt/ warumb wolt er also embsig zu Gott geruffen haben? Erbarm dich meiner O Gott/ nach deiner grossen Barmhertzigkeit/ vnd tilge auß meine Vbertrettung/ durch Menge deiner Erbärmbd. Vnd widerumb: Wasch mich wol von meiner Missethat. Was soll dir Gott verzeihen/ heiliger David/ warumb soll er sich deiner erbarmen? warumb soll er dich abwaschen von der Schuld vnd ewigen Pein? Ist sie dir doch schon allbereit erlassen. Transtulit Dominus peccatum tuum, Der HERR hat dein Sünd von dir genommen. Waruon soll er dich dann erledigen/ reinigen/ fegen/ säubern/ abwaschen? von der zeitlichen/ dir vom Propheten vorgehaltener Straff? Also vnd nicht anders ist jhm: Derowegen du es auch bey dem Gebett nicht beruhen vnd ersitzen lassen/ sondern im rauhen härinnen Kleyd/ mit Fasten vnd Wachen/ mit Vergiessung viler

Zähren

Psal.50.

Vide Eucher. Lugdun. in hunc locum.

Psal 6.34.38.41. 55.63.74.93.114.

Bericht vom Ablaß/

Zähern (welches jetzo alles mit einander die Lutheraner vnnd Caluinisten außhönen vnnd verspotten) würdige Frucht vnnd Buß gewürcket/die zeitliche Straff darburch abzulegen.

Nicht allein im alten/ sondern vilmehr auch im newen Testament/wird dise Warheit/ daß nach vergebener Schuld vnnd ewiger Straff ein zeitliche abzubüssen vbergelassen werde/ inn mercklich vilen Orten außführlich gestärckt.

Zeugnuß des newen Testaments mit welchen vnsergrund festgestärckt wird.

Zacharias/ Joannis des Tauffers eheleiblicher Vatter/ hatte zweifelsohn schon seines Vnglaubens Verzeihung erlanget (dann er gewißlich sonsten wegen der Gerechtigkeit vom H. Geist in heiliger Schrifft nicht also hoch geprisen were worden) dannoch mußt er zeitlich / biß zur Geburt seines Sohns/ gestrafft/vnd der Red beraubt werden.

Luc. 1.
Luc. 3.
Matt. 3.

Jetztgemelter Zacharix Sohn/ Johannes der Tauffer/ vermahnet seine Zuhörer ernstlich / rechte Frucht der Buß zu thun/ als Almosen geben/vnd andere gute Werck vben. Warumb diß/ als zu Bezahlung zeitlicher Straff? Dann solche Frucht der Buß vnd Almosen/ die Schud vnnd ewige Straff nicht vertreiben/ so müssen sie zu der zeitlichen Straff Hinnemmung zum wenigsten nutzen.

Joan. 5.

Als Christus auff ein Zeit ein Bethrisigen gesund gemachet/ sprach er zu ihm: Jetzo bistu gesund worden/ nun sündige nicht mehr/auff daß dir nicht etwas ärgers widerfahre. Wer sihet hie nicht / daß diser Gichtbrüchige Mensch/ dise Kranckheit / als ein zeitliche Straff für seine begangene Vbertrettung leiden müssen? Dann so disem nicht also / warumb wolt er jhn mit Bedräwung solcher / vnnd vilmehr hefftiger Straff/von weitern Sünden abschrecken.

Laßt vnsere Sinn vnd Gedancken auff vns selbsten ein wenig richten/ Werden wir von der Erbsünd/ durch das Bad der Widergeburt im Blut Christi nicht genugsamlich außgesäubert? Nichts desto weniger müssen wir/ wegen diser längst geschäh-tter

Das 8. Capitel.

schencket Schuld/ wie der H. Augustinus lehret/ mit Hunger vnd Kummer/ mit Kranckheit/ Angst vnd Noth/ ja endlichen auch mit dem zeitlichen Todt geplagt/ inmassen außführlich droben erwisen worden. Sihe wie Gott/ in Erlassung der Schuld vnd ewigen Pein/ barmhertzig: Also ist er in Aufflegung zeitlicher Straff gerecht/ vnnd küsset also/ laut der Prophezeyhung Davids/ der Frid die Gerechtigkeit. *August. lib. 1. de pecc. mer. & Rem. cap. 14. Sap. 10. Gen. 3. Psal. 84.*

Vnd wann nicht noch ein zeitliche Straff vbrig were/ warumb wolt vns die Schrifft also ernstlich ermahnen/ vnsere Sünd mit Almosen/ wie Daniel den König Nabuchodonosor/ vnd mit allerley guten Wercken/ wie Joannes der Tauffer/ abzubüssen? Darumb sagt der heilige Paulus: Wann wir vns selber vrtheilten/ das ist/ wie solche Wort a Basilius vnd b Irenæus/ sampt vilen andern/ außlegen/ wann wir vns selber strafften/ wegen vnserer begangenen Sünd/ wurden wir gewißlich vom HERRN nicht geurtheilet/ das ist/ eintweder inn disem oder jenem Leben gestrafft werden. Von disem Vrtheil haben sich die Niniuiter erlöset/ durch jhr harte strenge Buß/ Casteyung/ vnd Abbruch zeitlicher Nahrung. Diß Vrtheil haben durch jhr selbst eigen Gericht entflohen/ Ezechias vnd Achab/ dieweil sie sich vmb jhr Vbertrettung selbst heimgesucht vnd gedemütigt. *Dan. 4. Matth. 3. Luc. 3. 1. Cor. 11. a Serm. super illa verba, Attende tibi. Item ad Mon. lapsum. b Lib. 4. cap. 4. & 5. Hær. Val. Ionæ 3. Esa. 38. 3. Reg. 21.*

Endlichen vnd zum Beschluß/ wil nicht Gott als dem obristen vnnd gerechtisten Richter zu pflichten gleichsam obligen/ gleich wie er das gute belohnet/ also auch das böß straffen? Ich weiß/ sagt Job/ daß du den Sünder nicht verschonest/ das ist/ wie es a Tertullianus vnd b Gregorius außlegen/ nicht vngestrafft lassest. Vnd widerumb anderstwo: Nach Maß der Boßheit werden die Schläg vnd Straffen seyn. Vnnd inn der Offenbarung Johannis: Wie hoch er sich erhoben hat/ vnd in Wollüsten gewesen ist/ so vil Pein vnd Traurigkeit gebt jhm. Welches nicht allein in den Verdampten/ sondern *Iob. 9. a In li. de Pœnitent. b Lib. 9. Moral. cap. 17. Deut. 25. Apoc. 18.*

sondern auch in den büssenden Sündern Platz haben soll. Daß gleich wie Gott das gut hie zeitlich belohnet/ also wil er auch das böß hie zeitlich straffen. Nun reime mir einer zusammen/ wie dise Gleichheit gehalten werden soll/ wann nach erlaßner ewiger Schuld vnd Pein/ allwegen auch die zeitliche Straff hinweg genommen wirdt/durch welche die Boßheit/zur Gleichheit Göttlicher Gerechtigkeit soll gebracht vnnd redigiert seyn worden.

Bleibt also/ meinem Erachten nach/ genugsam auß heiliger Schrifft befestiget/ daß nach verzihner Schuld die ewige Straff in ein zeitliche/ auß sonderbarer Gottes Gütigkeit verändert wirdt/ welche nicht allezeit durch die Buß abgelegt/ sondern offtermals verbleibt/ vnnd wie durch andere Mittel vil mehr/ also vnd zwar fürnemlich durch heilsame Anlag deß Ablaß abgezahlet werden mag.

Der ander Theil des andern Fundaments.

Ist vnzählig seynd die Stellen vnd Bücher/in welchen die H. Vätter vnd Kirchenlehrer dise Warheit stattlich vnd sonnenklar mit außbündiger Krafft jhrer Lehr bestercken/vnd wirdt zu disem Fürnemmen/ angemaßter Kürtze nach/genug seyn/ nur etlich wenig loca hieher setzen/wann hieuon andere vil vnd hochgelehrte Leut/ gantze Bücher/gleichwol in Latein/ vor langen Jarn in Truck verfertigt haben.

Vnd damit ich hie die Canones Apostolorum, vnd die alte Bußregeln/ in denen vier/ fünff oder mehr Jar/ für zeitliche Straff nur einer Todtsünd aufferleget wird/von welchen oben Meldung geschehen/ hie vnberühret laß/ bezeuget der H. Clemens/welcher des H. Apostels Petri Discipel/vnnd der vierdte

Lib. 1. constit.
Apost. cap. 51.

Das 8. Capitel.

Papst zu Rom gewesen ist/daß die Apostel selbsten den Bischoffen befohlen haben/in Aufflegung der Buß/für zeitlich Straff/so nach erlaßner Schuld ewiger Pein vberbleibt/in Ansehen der Größ vnd Meng der begangner Sünd/ ein Vnderschied zugebrauchen.

Der vhralte Lehrer Origenes, so bald hernach/mehr als vor 1300. Jarn in der Kirch Gottes geblüet hat/ lehret in einer Homilien/ in welcher er das 12. vnd 13. Capitel des dritten Buchs Moysis außleget vnd erkleret/ daß allda dem Geistlichen Verstand nach/die Sünd durch den Aussatz/ vnd ein jede Wunden verstanden werde: Vnd wann schon die Wunden der Sünd geheilet sey/ noch bißweiln ein Masen vberbleibe/ als ein Zeichen der geheilten Wunden. Vix enim est, qui ita curetur, vt nullum suscepti vulneris residere videatur iudicium. Das ist: Dann es wird kaum einer also curiere vnd gebeilet/ dem nicht ein Mahlzeichen der Wunden vberbleib/ das ist/ wie er sich selbsten nach wenig Worten genugsamlich erkleret. Es wirdt kaum einer von der Sünd also entledigt/ dem nie etwa ein zeitliche Straff darfür zuleiden vberbleibe. So dann nach geheilter Wunden/ das ist/ nach erlaßner Schuld vnnd ewiger Straff/ auß Origenis Meynung/ ein Wundmal hinterlassen wird/wie kan alles miteinander/Stumpff vnnd Stil/ zeitliche vnd ewige Straff von stundan durch die Buß hinweg genommen werden?

Vnd kan minder als nit bestehen/ was der Warheit Feind hie fürbawen möchten/ Origenis Wort können auff der habit vnd Gewonheit zusündigen verdeutet werden/ welche die Sünd wann sie schon geheilet ist/ gleichsam ein Masen vnd Wunderzeichen hinterlassen pflegt. Nichts/ spricht ich/ kan es gelten/daß wo dem also/ warum wolt Origenes allda in nachgesetzten worten so ernstlich vermahnen/ dise Masen durch die Buß hinweg zunemmen? Sagt nicht Aristoteles der habit vnd Gewonheit

Homil. 8. in Leuit. Idem ferè habet Hom. 2. in Leuit.

Aufflösung einer Gegenred.

J ij werde

werde nicht außgethan/ als durch offt erholt vnd repierte widerwertige Werck vnd Actus? Was soll dann die Buß allhie zu wegen bringen? Wolan/ ich setze/ jhm were also/ wie jhr sagt/ welches doch zuerweisen nimmermehr in ewern Mächten vnnd Vermögen stehet/ so ist gewiß/ daß nach der Sünd nicht allezeit ein habit vnd Gewonheit bleib/ Dann vil Todtsünd nur einmal von einem Menschen auß menschlicher Blödigkeit vnnd Schwachheit begangen werden/ der alsdann sich daruon abwendig macht/ durch Buß vnd Besserung vnd dannoch auß einem oder zweyen actibus oder Wercken/ kein habit oder Gewonheit werden kan.

Ich wolte nichts anders wünschen/ als daß einer auß vnsern Widersachern/ so die Verbleibung zeitlicher Straff verneint vnd leugnet/ den heiligen Blutzeugen vñ Martyrer Christi Cyprianum, so auch nit weniger als 1300. Jar von hiedañ/ mit seinen hertzlichen vns hinterlaßnen Schrifften/ die Kirchen Gottes erleuchtet hat/ vnnd fürnemlichen sein fünffte Predig von dem/ so ab der Bekantnus Christi/ auß Forcht vnnd Pein gefallen/ nur ein wenig läsen/ wie wurden sie die Hånd auffs Maul legen/ wo fern sie nicht/ wie jhr Gebrauch/ dises heiligen Lehrers/ welchen der H. Augustinus auch ein Liecht der Kirchen genennet hat/ Ansehen vnd Authoritet/ gantz nichtig machen/ extenuirn vnd verkleinern wolten. Mit was scharpffen Worten sagt er alda die jenige durch die Spieß/ so jhnen einbildeten/ es were genug wann sie nur gebeichtet hetten/ wolten nachmals kein Buß würcken für die zeitliche Straff? Mit was Eyfer verweißt er jnen solchen Jrrthumb? Ja ein heimliche subtile Versuchung des Teufels nennet ers. Tentatio est, sagt er vnder andern/ per quam subtilis inimicus impugnandis adhuc lapsis, occulta populatione grassatur, vt lamentatio conquiescat, vt dolor sileat, vt delicti memoria vanescat, comprimatur pectorum gemitus, statuatur fletus oculo-

Serm. 5. de lapsis.

Das 8. Capitel.

nm, ne dominum grauiter offensum, longa & plena pœnitentia deprecetur, cum scriptum sit: Memento vnde cecideris, & age pœnitentiam. Nemo hic se fallat, nemo decipiat. Das ist: Ein Versuchung ist diß/durch welche der subtile Feind die gefallne durch heimliche Verheerũg anzufechten fortferet damit dz Heulẽ soll auffhören/der schmertz stillschweigen/ der Sünd Gedächtnuß verschwinden/ Seufftzen des Hertzens vertruckt/ Weinen der Augen gestellt werden/ auffdaß er den hefftig erzürneten Hertzen/nicht mit langer vnd völliger Buß versöhne/ da doch geschriben ist: Gedenck warab du gefallen bist/vnd thue Buß. Niemand äffe/niemand betriege sich hierinn. Bißhero Cyprianus. Warumb wolt er ein so lange Buß/Weinen vnnd Heulen erfordert haben / wann die zeitliche Straff sampt der Schuld hinweg genommen wurde? Apoc.2.

Vnd widerumb hochgedachter Cyprianus an einem andern ort: Aliud est ad veniam stare, aliud ad gloriam peruenire, aliud missum in carcerem non exire inde, donec reddat nouissimum quadrantem, aliud, statim fidei & virtutis accipere mercedem: aliud pro peccatis longo dolore cruciatum emundari, & pugnare diu igne, aliud peccata omnia passione purgasse. Das ist: Ein ander ding ist/zur Verzeihung stehen/ein anders/ zu der ewigen Glori gelangen / ein anders/ daß der Eingekerckerte/biß er den letzten Heller bezahlt/ nicht soll entledigt werden: Ein anders/ seines Glaubens vnd Tugend Lohn stracks empfangen: Ein anders/mit langen Schmertzen vnd Pein (merck diß wol) die Sünd abbüssen/ oder aber lang im Fewer purgiert werden/ein anders/alle Boßheit durch das Leiden abgetilget haben. Wil hie nicht sagen/wie er in etlichen seinen Episteln die Ketzer außgehet/ die bey seinen Lebenszeiten/ das Volck von der Buß vnd Gnugthuung abwändig machten/mit Lib. 4 Epist. 7.

Lib. 1. Epist. ad Cornelium.
Lib. 3. Epist. 14. ad Clerum.

Bericht vom Ablaß/

vngegründtem Fürgeben/Es bleibe nach erlaßner Schuld kein zeitliche Straff mehr im retardat.

Hierzu dienen auch die Sprüch des H. Ambrosij: Grandi

Ad Virg. lapsa cap. 2.

plagæ, alta & prolixa opus est medicina: grande scelus grandem & diuturnam habet necessariam satisfactionem. Das ist: Einer grossen vnd tieffen Wunden gehöret ein grosse vnd langwirige Cur vnd Artzney/Ein schwere Sünd hat ein langwirige grosse Gnugthuung von nöten. Vnd

Lib. 9. Moral. cap. 12.

Gregorius: Nonnulli superno illustrati munere, aspiciunt, in quanta peccatorum suorum turpitudine iacent, factorum maculas lachrymis lauant, pænarum reliquias tollunt, & sub se post modum carnis suæ motus comprimunt, à quibus ante premebantur. Etliche/spricht er/von obē herab erleuchtet/werden gewahr/ inn was abschewlichen Wust der Sünden sie ligen/ waschen die Mackel der bösem Werck mit jhren Threnen (auff dise Wort gib Achtung) nemmen die vbergebliebne Straff hinweg/ vnnd vndertrucken nachmals jhres Fleisches Begierden/von welchen sie zuvor vndertrucket vnd gemeistert wurden.

In Epithap. Paulæ ad Eustoch.

Dergleichen auch Hieronymus in Person der H. Witfrawen Paulæ: Turpanda est facies, quam contra DEI præceptum, purpurisso & corussa, & stibio sæpè depinxi: affligendum corpus quod multis vacauit delitijs: Longus risus perpeti compensandus est fletu; mollia Linteamina & serica preciosissima, asperitate cilicij commutanda. Zu Teutsch: Das Angesicht muß besudelt werden/welches ich wider Gottes Gebott/offtermals mit Schmuck vnd falschen Weiberfarben angestrichen hab: Der Leib muß geplaget vnd gepeiniget werden/der vil Wollust eingenommen: Das langwirig Lachen muß mit jmmerwehrendem Weinen vergolten: Die zarte Leylacher vnnd stattliche seidene Gewand/ muß mit einem rauhen härinen

Das 8. Capitel.

ein Kleid verändert werden. Wann dann kein zeitliche Straff bleibet/ was bedarff es solcher Gnugthuung/ des Weinens/ der Castepung/ des Abbruchs allerley leiblichen Vppigkeit/ des härinen Kleids/ der Trawrigkeit/ der Bekümmernuß?

Es köndt aber/ vnd fürnemlich den Lutheranern/ noch etlicher massen pasiert vnd verzihen werden/ wann sie diser Vätter Lehr/ mit jhrer schulerischen Einred vnnd Gegenantwort/ darauff all jhr Zuflucht stehet/ vmbstossen wolten: Sie die Vätter möchten hieran als Menschen geirret haben/ vnd sich verstossen/ wann ich nicht fast in die hundert Stellen auß dem heiligen Augustino (damit ich alle andere vnderlaß) köndte für Augen ziehen/ inn welchen er disen Artickel von Vberbleibung der zeitlichen Straff/ zu Abbüssung der Sünd so trucklich lehret/ daß kein Behelff gültig darwider seyn kan/ da sie doch mit grosser Vngestümmigkeit dem einfältigen Man einkewen/ der H. Augustinus sey Lutherisch gewesen/ hab durchauß gelehret/ wie sie jetzo lehren. *Ich aber meyne hintersich/ wie die Bawren jhre Spieß tragen.*

Lehret jr dann was Augustinus lehret? Ey daß euchs Gott verzeihe/ jhr blinde Leut/ was dörfft jhr sagen/ höret jhn selbsten vber den Euangelisten Joannem: Temperaliter hominem detinet pœna, etiam quem ad damnationem sempiternam non detinet culpa. *Tract.124.in Ioan.* Der zeitlichen Straff ist der Mensch pflichtig/ ob jhn gleichwol die Schuld zur ewigen Verdamnuß nicht mehr obligiert vnd verbindet. Vnnd am selben Ort: Productior est pœna quam culpa: ne parua putaretur culpa, si cum illa finiretur & pœna. *Ibidem.* Länger ist die Straffe dann die Schuld/ auff daß die Schuld nicht geringschätzig geachtet wurde/ wann sich die Straff zugleich mit jhr endet. Was köndt vmb Gottes ewiger Warheit willen außtrücklicher gesagt werden/ zuerklären/ das Gott der Allmächtig die zeitliche Straff/ wegen der Schuld aufflege?

Bericht vom Ablaß/

Lib. 50 Hom. ge? Vnd widerumb: Wann dem nicht also/warumb wolt Au-
hom. 50. gustinus versehen: Ad agendam pœnitentiam non sufficit
mores in melius commutare, & à factis malis recedere, nisi
etiam de hisquæ facta sunt, satisfiat DEO per pœnitentiæ do-
lorem, per humilitatis gemitum, per contriti cordis sacrifi-
cium, cooperantibus Eleemosynis? Auff Teutsch: Es ist
nicht genug/ das Leben bessern/ vnd vom bösen ablas-
sen/ wann du nicht auch von dem/ daß von dir hieuor
geschehen ist/ Gott genug thust/ durch den Schmertzen
der Buß/ durch das Seufftzen der Demut/ durch Opf-
Homil. 2. in fer eines zerknirschten Hertzens/ durch Mitwürckung
Apoc. des Almusen gebens. Warumb/sprich ich/wolt Augustinus
In Enchir. cap. dergleichen Wort vergeblich vnd vmbsonst zerbrechen/ wann
65. & 70.
Psal. 57. kein zeitliche Straff nach erlaßner Schuld hinderstellig ist?
Vide plurima Warumb wolt er vermahnen/ wir solten alle Tag für vnsere
lib. 2 de pecc.
merit. & remiss. Sünd genug thun/weil wir täglich sündigen? Warumb wolt er
cap. 34. also inbrünstig zu guten Wercken anreitzen/mit welchen vnserer
Lib. 22. contra
Faust. cap. 67. Boßheit Straff verbüsset werd? Warumb wolt er also schrey-
Et in lib. de ve- en vnd anmahnen/vns ohn vnderlaß zubefleissigen/vnsere Mis-
rà & falsa pœ-
nit. cap. 18. sethaten mit heilsamen Thränen abzuwaschen? Warumb wolt
Lib. 2. contra er fast gantze Bücher hieuon geschrieben haben/ wann es nur ein
Crescon ca 33.
Et Epist. 118. ad blosses Papistenfündlin/vnd wie jhr es nennet/ein Fabelwerck?
Ianuar. Warumb wolten andere Lehrer ohn Zahl/ja auch die heilige ap-
Concil. Cabil.
can. 8. probierte Concilia, so vil vnd offt in jhren Decreten den Prie-
Wormat. c. 25. stern Ordnung geben haben/den büssenden Sündern nach ver-
Trid ses 6. c. 30
sess. 15 c. 8 & 12. richter Beicht/nach Gestalt vnd Meng der Sünd /. alleizeit ein
Chrys in cap. 5. Gnugthuung auffzulegen/wann keine Materi mit der Genug-
Matth.
Euseb. Emiss thuung zuentrichten verhanden ist? Ein wunderbarlich ding/
Tom 5 & 10. daß dise bronnlautere/glaßreine Warheit/ von disen halßstarri-
ad Monach.
Theod. in Ep. gen Leuten kan verneint werden? Aber jhr Intent vnd Mey-
diuin. Decret. nung ist allein/den Weg zum Himmel/weit/breit/leicht vnnd
cap. pœnit.
lustig machen/alle Gnugthuung/ Fegfewer/ Betten/Fasten/
Wachen/

Das 8. Capitel.

Wachen/ Abbruch des Fleisches/ auß dem Weg raumend/ demnach sie hiemit vil mehr Beyfals des gemeinen Pöfels / als durch auffrichtige Händel erlangt vnd zuwegen gebracht.

Der dritte Theil des andern Fundaments.

Vnd damit man nicht vermeyne/ sie seyen gantz vnd gar ohne Grund/ machen sie dem einfältigen Layen ein blawen Dunst für die Augen/ vnd geben erstlich für/ Wir Papisten verwerffen vnnd vndertrucken das Leiden Christi/ mit vnserm Ablaß/ guten Wercken/ vnnd Genugthuungen: Christus habe für vns gnug gethan/ Christus habe durch sein Leiden/ so wol die zeitliche als ewige Pein von vns hinweg genommen.

Erster gegenwurff wider die Catholische Lehr.

O ihr falsche vngewaschne Meuler/ so alles ohne Schew herauß geifern dörffen/ es sey gleich der Warheit ähnlich oder nicht/ welcher vnder vns Papisten hat jemals das Leiden Christi vnd sein Verdienst vernicht/ vndertruckt vnd verworffen? Wie köndt ir vns solchs zeihen/ da wir doch vnsern Ablaß/ Genugthuungen/ ja alle gute/ bey Gott verdienstliche Werck auff das Leiden Christi gründen? Ja diß ist vnser vnd aller Papisten (wie ihr vns zunennen pflegt) allgemeyne Bekandtnuß: Weder vnser Ablaß/ weder vnsere Genugthuungen/ weder vnsere gute Werck/ seynd in sich einer Schneüfeigen werth/ ohn das Leiden Christi. Vnd dieweil wir jetzo vom Ablaß fürnemlich reden/ bekennen wir/ daß der Ablaß nichts anders sey/ als ein Außtheilung/ des vnendtlichen vnd vnermeßlichen Schatzes/ der Verdiensten Christi/ zu welchen die oberflüssige genugthunliche verdienstliche Werck der lieben Heiligen Gottes/ deren sie zu Außtilgung ihrer eignen Sünd nit bedürfftig gewesen (inmassen wir nachmals genugsamlich erkleren) gleichsam ein gemeine Anlag

Widerlegung eingewandten Gegenwurffs.

Bekantnuß der Catholischen vom Leiden Christi.

Bericht vom Ablaß/

der lebendigen Glieder des geistlichen Leibs Jesu Christi/ den dürfftigen schwachen Glidern damit außzuhelffen/ auch gerechnet seynd ꝛc. Welches dem Vberfluß der Verdiensten Christi nicht allein nichts benimbt/ ja sein Würckung/ Dignitet vnnd Würden mächtig erheben thut/dann dise Werck jhre Krafft allein auß dem Verdienst Christi vrsprünglich an sich gezogen.

Loset auff/ was vnser Bekantnuß vom Leiden Christi.

Vnd mehr als ein erlogne Jnnzicht ist/ daß wir Catholische verneinen / Christus habe nicht vnsere Sünd hinweg genommen/ hab nicht gantz vnnd gar vnserer Sünd/ sowol zeitliche als ewige Straff/ seinem himlischen Vatter gnug gethan. Vngütlich beschuldigt jhr vns hierinn/ wir stehen solcher Warheit durchauß in kein Abred: Allein lehren wir/ daß die H. Sacramenta/des Ablaß Außspendung / allerley gute gnugthuliche Werck / gleichsam Jnstrumenta vnd Werckzeug seynd/ durch welche solch Verdienst vns lebendigen Mitgliedern Christi ap-

Application vnd Anwendüg ö frucht des Leidens Christi von nöten.

pliciert vnd zugeeignet wirdt. Dann ohn solche Application das Leiden Christi nicht würcken kan/ wie auch das Fewer nicht brinnen/ wann jhm das Holtz nicht approximiert/ gendhert vnd beygelegt wirdt. Mag also von den heiligen Lehrern der Schatz der Verdiensten Christi einer Apotecken nicht vngereimbt/ verglichen werden/ so allerley Medicin/ Artzney/ Stich vnd Wundpflaster/für allerley Kranckheit/ Schäden vnd Wunden in sich begreifft: Wann du schon tausend Wunden hettest/ giengst aber nicht in die Apoteck/ applicierst dir ermelte Mittel vnd Artzneyen durch Einnemmung oder Aufflegung/ wurd es dich so wenig helffen als nichts/ wie es auch ein Gestalt hat mit den Verdiensten Christi/ wann sie zu vnserm Nutz durch sonderbare/ oben vermeldte Mittel/ deren der Ablaß nicht das geringste ist/ angewendet werden.

Hie sihet ein jeder guthertziger/vnd der Warheit beyfälliger Christ/ daß wir Catholische/ nicht allein das Verdienst vnsers Seligmachers nicht begehren vnderzutrucken/ wie vns die vn-

Das 8. Capitel.

gezämbte, Lästermäuler vnschuldiger weiß vernachthelten/ ja vber diß auch bekennen, daß die jenige Werck/ durch welche vns das Leiden Christi zugeeignet wirdt (welche die Lutheraner allein durch jhren todten Glauben zu werck ziehen wöllen) durchauß nicht einige Krafft vnd Würckung haben/ als eben auß dem Leiden Christi/ vnd derowegen solches desto mehr ehren/ je mehr vnd weiter wir sein Frucht erstrecken vnd erbreitten.

Merck/ wie Catholische ehren vñ erhöhen das Leiden Christi mehr als die Lutheraner.

Damit aber der Ablaß gantz vnd gar durchauß vbergewaltigt vnd verheeret werde/ greiffen Widerparts Vntheologen sein fürnembsten/ jetzo starck befestigten Grund/ widerumb vnd zum Vberfluß/ mit vngestümmen/ tollen/ vnsinnigen Wüten vnd Toben an/ verneinen durch Himmel vnd Erden/ bey Creutz vnd Eyd/ wann Gott einmal ein Sünd verziehen/ daß noch ein zeitliche Straff vberbleibe/ ohne Respect/ daß solchs die heilige Schrifft also sonnenklar an so manchem Ort gelehret. Seynd nicht/ schreyen sie/ die Werck Gottes vollkommen? Wañ er derowegen einem ein Sünd nachläßt/ warumb wird er jhm die zeitliche Straff nicht auch zugleich schencken? Sagt nicht der H E R R bey dem Propheten: Jnn welcher Stund der Sünder vber seine Sünd ein Seuffzer thut/ will ich inn Ewigkeit nicht mehr daran gedencken. Warumb kan ers nicht gantz vnd gar mit einander verzeyhen? Was hindert jn? Wer hat jhm seine mildreiche Hand verknüpffet? Wie reimet sich zusammen/ verziehen seyn/ vnd dannoch darumb gestraffe werden? Mit disen vñ dergleichen vbelverstandnen Sprüchen der Schrifft/ seynd sie (wie in der Lufft erbawen Vngrund zubeschirmen/ hochgewehnt/ halten darfür/ es müsse also seyn/ Gott geb oder Grüß/ man sing oder sag was man wölle.

Die ander Gegenred der Widersacher.

Deuteron. 32.

Was suchet jhr hiemit jhr Ablaßfeind zugewinnen/ die Werck Gottes seynd vollkommen vnnd perfect? Wirdt dem Werck der Verzeihung/ durch Enderung ewiger Straff in ein zeitliche/ seine Vollkommenheit entzogen? Du solt wissen/ daß

Aufflösung des andern Gegenwurffs.

H hiedurch

Bericht vom Ablaß/

hiedurch Gottes Gerechtigkeit vollkommenlich erfüllet/ vnnd
seyn Wort/ daß er einmal geredt/ gestärcket vnd bekräfftigt wer-
de. Stehet nicht in seinem Gewalt/ die Sünd zustraffen wann
vnd wie er wil? Ist er nicht ein Absolut Herr vber alle Her-
ren? Kan er nit etwas gebieten vnd verbieten/ bey was Straff
er wil? Wiltu seiner Gerechtigkeit Zil vnd Maß fürschreiben?
Wiltu jhren Lauff sperren? Vnnd was dann mehr/ wann er
schon durch den Propheten verheißt/ So bald der Sünder seine
Missethat berewet/ woll er derselben nimmermehr gedencken/
also/ daß er jhn darumb in ewige Verdammuß stürtze. Handlet
er darumb seiner Verheissung zuwider/ wann er jhn noch gleich-
wol mit zeitlicher Straff/ damit nichts böses vngerochen bleib/
castigiert vnd heimsucht? Kanstu diß Göttlicher Warheit zu-
wider erkennen? Auß welcher Dialectic hastu gelernet/ daß
zwey Contradictoria seyen/ Gott verzeihe die Sünd/ sampt
der Schuld vnd ewigen Straff? Vnd hingegen/ Gott straffe
dergestalt verziehene Sünd noch mit einer zeitlichen Straff.
Wo wirdt ein ding mit gleichen Vmbständen affirmiert vnnd
negiert/ verneint vnd versehen? Wunder vber Wunder/ daß
dise verblendte Leut fürnemlich die Lutheraner/ bey denen ein
stetige Zettergeschrey Euangelium/ Euangelium/ H. Schrifft/
heilige Schrifft/ laugnen doch also halßstarrig/ was die heilige
Schrifft vnd das Euangelium also hell vnd lauter gelehret hat.
Worauß muß diser Widersinn entfliessen?

Vrsach war-
umb vnser
Widerpart
den Ablaß
vnnd gute
Werck ver-
wirfft.
1. Iohan. 2.

Kein ander Vrsach diser falschen Persuasion/ vnd der H.
Schrifft widerspennigen Wohns/ wüste ich zuersinnen/ dann
daß sie jhnen betrieglichen einbilden/ was sie der Ablaß vnd gu-
te Werck angehen/ sie haben vorhin einen barmhertzigen Mitt-
ler vnd Erlöser/ durch welchen sie wissen/ daß jhre Sünd voll-
kommenlich verziehen seynd: Dann er ein Versöhnung ist
für vnsere Sünd/ wie Johannes bezuget. Vnd nicht allein
für vnsere/ sondern auch für der gantzen Welt. Ist mit

aenua

Das 8. Capitel.

gnug/ daß ich an jhn glaube/ dann wer an jhn glaubt/ hat das ewige Leben/ vnd kan nicht verloren seyn. Joan. 3.

Recht vnd wol meine Lutheraner vnd Calvinisten/ haltet jhr von Christo/ als ewerm Mitler vnd Erlöser/ in welchen der Glaub vnd Zuuersicht/ zum fördersten gerichtet werden muß/ damit Verzeihung der Sünd erlangt werd. Diß hab ich zu euch geredet/ sagt der Mitler selbsten/ damit jhr Fried in mir habt: In der Welt werdt jr Anfechtung haben/ aber seyd getrost/ ich habe die Welt vberwunden. Joan. 16. Vbel aber ja vbler dann vbel seyd jr berichtet/ daß jhr auß dem Glauben nichts machet/ als ein eytele Præsumption/ Vermessenheit vnd erdichte Vergwisserung der empfangenen Verzeihung vnnd Gerechtigkeit/ als wann der Glaub nichts anders wäre/ dann ein gewisse Erkantnuß vnnd Beweisung der Göttlichen Gütigkeit gegen vns. Ein jeder Christ/ sagt ewer Ertzvatter/ der Gottslästerlich Martin Luther/ ist so reich/ daß er die Seligkeit nicht verliehren kan/ ob er gleich selbst gern wolt/ vnnd ob er gleich mit den grösten Sünden beladen were/ allein außgenommen wann er nicht glauben wolt/ dann keine Sünd mag jhn verdammen/ als allein der Vnglaub. Bißher Luther. De captiu. Babyl. cap. De Baptis. Diß ist ewer seelenverlustiger Glaub jhr Lutheraner/ Ihr meynet jhr habt schon gewonnen/ der Himmel muß ewer seyn/ Gott sehe sawer oder süß darzu/ wann jhr nur glaubet/ ewere Sünd seyen euch verziehen: O wie weit aber/ wie weit fehlet jhr des Zwecks? Ein andern Glauben lehret der heilige Apostel Paulus in seiner Epistel zun Galatern: Nicht ein falsche Einbildung/ (Gott muß dir wegen seines Sohns Lob schon wider seinen Danck) den Himmel geben/ sondern ein Glauben/ der durch die Liebe wircket. Galat. 5. Dann ist es wahr/ jhr Lutheraner fürnemlich/ daß ewer Glaub das einig Mittel sey/ durch welchs alle/ nach der Tauff begangene Sünd/ hinweg genommen/ vnd des Leidens Christi Frucht vns appliciert vnnd zugeeignet wirdt/ Ein starck Argument wider die Lutheraner

K iij

Das 9. Capitel.

Worinn der Ablaß fürnemlich stehe? In der Absolution vnd gewaltsamen Entbindung/ oder aber zugleich auch in Bezahlung zeitlicher der Sünd gebührender Straff?

Das dritte Fundament vnd Grundfest des Ablaß

Zu mehrerm Verstand vnd besserer Kundschafft/ der gantzen/ jetzo anhängigen Controuersien vnd Zwitrachts/ so vom Ablaß/ zwischen vns Catholischen eins/ vñ allen Kirchenfeinden anders theils rechthängig/ vnd wie sie vermeynen/ vnerörtert/ Ist zuwissen/ daß der Ablaß/ so den Lebendigen gegeben wirdt/ zum fördersten vnd fürnemlich/ ein Außlösung vnd gerichtliche Entbindung sey/ von ermeldter Straff/ begreiffe jedoch zugleich auch in sich/ gleichsam ein Darlegung vnd Bezahlung/ genommen von dem Schatz der Christlichen Kirchen/ so auß den vnendlichen Verdiensten vnd Gnugthuungen des bittern Leidens vnd Sterbens Christi fürnemlich/ dann auch gleichsam secundario auß den vberflüssigen Gnugthuungen vnd peinlichen Wercken der lieben Heiligen/ deren sie zu Abbüssung eigner Sünd nicht bedürfftig gewesen/ zuhauff getragen vnd gesamblet ist.

Geistliche Jurisdiction im Ablaß die fürnemste.

Daß im Ablaß der gerichtszwänglicher Gewalt vnd Iurisdiction von der Sünd zuentbinden vnnd auffzulösen mit einlauffe/ erscheinet klar vnnd lauter auß dem/ welches der HErr Chri-

Das 9. Capitel.

Christus Petro versprochen: Er wölle jhm die Schlüssel des Himmels vertrawen/ vnd was er binden werd auff Erden/ soll auch im Himmel gebunden sein/ was er lösen werd/ soll auch im Himmel loß seyn. Dessen Schlüssel Ampts er auch andere Apostel/ wiewol etwas geringers vnd beschnitteners Gewalts/ genollmächtigt hat. Vnd stehet inn disen Zeugnussen/ wie nachmals weiter erkläret wirdt/ der Gewalt vber den Schatz der Kirchen vnd Ablaß außzutheilen. So nun in besagtem Gewalt zubinden vnd zulösen/ die Sünd zuuerzeihen/das ist/ eintweders die Schuld vnd ewige/ oder nur die zeitliche Straff nachzulassen/der allhie Petro vnd den Aposteln verliehen/ die Geistliche Iurisdiction der Kirchen Præsidenten begriffen ist/wer wil zweifeln/daß durch den Ablaß zeitlicher Straff der Sünd verzeihen/ ein Werck ermeltes Gewalts vnnd Iurisdiction zunennen sey? Dann so zum Ablaßgeben kein Iurisdiction vnnd Kirchengewalt der Schlüssel erfordert wurde/ wann einer seiner satisfaction vnd Gnugthuung Gott für einen andern auffopffern wolt/ köndte man auch sagen/ er gebe jhm Ablaß/daß doch vnerhört/ vnd von keinem jemals geredet worden ist. Widerumb/ so disem nicht also/ vnd kein Gewalt zum Ablaß der Lebendigen erfordert wirdt/ warumb gibt man den Verstorbnen kein andern Ablaß/als Hülffsweiß/ per modum suffragij, wie drunden an seinem Ort erkläret wirdt? Warumb absoluiert sie der Papst nit von der Straff des Fegfewers/ als allein darumb/ weiln jhm der Gewalt vnd Iurisdiction, vber obgesagte Seeln abgehet vnd mangelt: Welches ein vnfehlbar Argument vnd Kenzeichen/ daß der Ablaß/ so von Christlicher Kirchen den Lebendigen Absolutionsweiß gegeben wirdt/ zum förderſten vnnd fürnemblich auß dem Gewalt der Schlüssel entschliessen thue. Jhre zuschweigen/dz die Päpst nicht seltmalen/ wann sie Ablaß außgetheilt/das Wörtlein Absolution gebraucht haben.

Greg.7.in mul
tis Epist. vbi
Indulg.imper-
tit.
Martin.5 In fi-
ne Concil.
Daß Constant.

Daß aber hie beneben angedeuter Iurisdiction/ vnnd Gewalt der Schlüssel/ zu rechtem Ablaß/ fürs ander auch ein Darlegung auß dem Schatz der Kirchen/ vnnd Applicierung der Verdiensten Christi/ vnnd Gnugthuungen der Heiligen erfordert werde/ wer wolt jhms zweifelhafftig fürkommen lassen? Dann es seynd die Prelaten vnd Vorsteher der Kirchen auch die Päpst nicht Absolutherrn/ dergestalt/ daß sie jres Beliebens vnd Gefallens/ ohn allen Entgelt/ Ergetzung vnd Compensation/ dem Menschen Schuld vnd Straff/ deren sie vor Gottes Angesicht vnd Gericht pflichtig verzeihen können/ sondern nur von Gott dem obristen HErrn/ verordnete/ nachgesetzte Richter/ so gleichwol die Sünd sampt d'Schuld vnd Straff auß empfangnem vnd habendem Gewalt/ an Gottes statt verzeihen können/ aber also/ daß etlicher massen auch Gottes Gerechtigkeit benügt vnd befridiget werde. Vnnd wirdt solches augenscheinlich in dem erkleret/ daß die Priester/ wann sie im Sacrament der Buß/ jhre Penitenten von der Schuld/ vnnd einem theil zeitlicher Straff entbinden vnd absoluiern/ solches nicht thun/ ohn alle Widergeltung vnd Compensation/ sondern appliciern den werth deß Bluts Christi/ damit der Göttlichen Gerechtigkeit jhre Ergetzung auch widerfahre. Derowegen/ wann die Vorsteher vnd Presidenten der Kirchen/ jhre vndergehörige Schäflein/ durch den Ablaß/ von der zeitlichen Straffschuld absoluiern/ thun sie solchs durch Application vnd Anwendung der Gnugthuungen Christi vnd seiner lieben Heiligen.

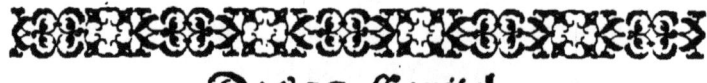

Das 10. Capitel.

Ob die zeitliche Straff der Sünd von der Kirchen / auch ausserhalb der H. Sacrament durch andere Mittel / vnder welchen der Ablaß zwar nicht das geringste / könne verziehen werden?

Das vierdte Fundament vnd Grundfest des Ablaß.

Welcher massen nun zeitliche Straff ausserhalb der H. Sacrament / durch vil andere Mittel (vnder denen wir dem H. Ablaß gern das præ vergönnen) nachgelassen werden könne / wirdt leichtlich auß deme erlernet / daß ein jeder Mensch insonderheit / gleich wie er für seinen Mitbruder leibliche Schuld / also auch Geistliche / das ist / die zeitliche / der verziehenen Sünd / gebürende Straff / mit Darreichung seiner eignen genugthunlichen Werck / die er jhm selbsten / so vil die Genugthuung belangt / entzeucht / vnd andern zuwendet / wie offtermals inn der Schrifft zulesen / vnd hievon vns Kürtze wegen / vnnotdringlich zuprobieren. So diß einem jeden / der Gnad Gottes theilhafftigen Menschen zugelassen ist / von Gott dem Allmächtigen. Warumb nicht auch der Christlichen Kirchen? was wolt jhren von Christo hinderlaßnen Gewalt verhindern / vnd inn Weg stehen / damit nicht durch Anwendung der Gnugthuungen Christi / vnd der lieben Heiligen / zeitliche Straff ausserhalb des Sacrament verziehen würd? Ist nicht Petro vnd den Aposteln / als

ℒ ij der

Bericht vom Ablaß/

Matth. 16, 19. der Kirchen Häupter/ gesagt worden: Was sie auff Erden binden/das soll auch im Himmel gebunden seyn/vnnd was sie lösen/soll auch im Himmel loß seyn. Sollt sich aber diser Gewalt zu binden vnd zu lösen allein auff die Sacramenta erstrecken/müßt der H. Apostel Paulus vnrecht gehandelt haben/welcher den vnkeuschen Corinthier/ausserhalb des Sacraments gebunden vnd gelößt hat. Vnd wird denen Lutheranern vil zu kurtz geschehen/welche die Buß für ein Sacrament zuerkennen gantz vnd gar weigern/vnd dannoch durch ihre Wortsknecht/der Sünden Schuld/sampt ewiger vnd zeitlicher Straff/mit Stumpff vnnd Stil/inn einem Huy vnnd Schnnips verzihen haben wöllen.

1. Cor. 2.
2. Cor. 5.

Bey neben disem/seynd in der Christlichen Kirchen vil vnd andere Mittel/der Sünd zeitlicher Straff Nachlassung/ausserhalb des Sacraments zuerlangen. Zum Exempel das Almosen/von welchem Daniel zum König sagt: Löse deine Sünd mit Almosen ab. Vnd der HErr Christus: Gebt Almosen/so ist euch alles rein. Item/Nachlassung der Empfangenen Vnbilligkeit/von welcher Christus auch bezeugt: Verzeihet/so wirdt euch verziehen werden. Vnnd mehr dergleichen Mittel zugeschweigen/können angezogne Sprüch/von der Schuld nicht geredt seyn/welche in disem Leben/ohne Mißfallen Rew vnd Leid vber die Sünd/durchauß nit erlassen wirdt. Darauß dann schließlich erfolget/daß die zeitliche Straff auch ausserhalb der Sacrament/durch den Ablaß außzulöschen nicht vnmöglich.

Daniel. 4.
Luc 11.
Luc. 5.

Aufflösung einer zwisachen Frag. Vnd so einer fragen wurd: Warumb nicht auch gleicher massen die Schuld der Sünd/zu Latein Culpa genant/ausserhalb des Sacraments/mit der That oder Willen/in re vel voto (wie die Theologi reden) empfangen/geschenckt werde? was für ein Vnderscheid hierzwischen?

Antwort: Die Schuld der Todtsünd kan nicht ohn Ein-

gieſſung der rechtfertigenden Gnad vnnd Liebe Gottes/ welche
der Todſünd euſſerſt zu wider/ vnd è Diametro zu entgegen/
nachgelaſſen werden/ denn ordenlichen Gewalt Gottes gemeß
wurden/ die Straff aber kan ohn Eingieſſung ermeldter Gnad
geſchenckt werden/ durch den Ablaß/ wiewol ſie auch verhanden
ſeyn muß in dem/ der ſolcher Straff Schenckung durch den
Ablaß genieſſig ſeyn wil.

Das 11. Capitel.

Ob ein jedes gut Werck nicht allein dem
der es gewürckt/ ſondern auch andern
lebendigen Gliedern der Chriſtlichen
Kirchen zur Genugthuung für die zeit-
lich Straff der Sünd erſprießlich ſeyn
möge:

Das fünffte Fundament vnd Grundfeſt des Ablaß.

ES kundt Martin Luther ſtracks Luth. In Aſſer.
anfänglichen ſeiner Trawnung von der 17. Art. contra
Catholiſchen Religion/ vnd allein ſeligma- Leon. 10.
chenden Apoſtoliſchen Kirchen/ durchauß
nicht leiden/ vnd zu glauben geſtatten/ wel-
ches wir auch zu einem Grund vnd Funda-
ment des Ablaß gebrauchen/ als nemlichen: Daß ein jedes gu-
tes Werck eines gerechten Menſchen/ als Almoſen ge-
ben/ Faſten/ Betten/ den Leib caſteyen/ ꝛc. zweyerley
Werck in ſich begreiffe: Erſtlich bey Gott verdienſtlich
ſey. Zum andern/ auch für die zeitliche Straff genug-
L iij thunlich/

Bericht vom Ablaß/

thunlich/vnd solche Gnugthuung allein(aber nit des Verdiensts) andern auch/zu Erlösung ihrer zeitlichen Strafschuld/möge verliehen werden. Hierwider mögen doch weder Luther noch sein verlohrner Hauff ein einiges Argument/ daß nur ein wenig Ansehens hätte ins Feld rüsten: dann so wol bey jhnen/als bey vns Ortodoxischen Rechtglaubigen/vnlaugbar seyn muß/ daß Leiden Christi vnsers Seligmachers/ seye auch jhm selbsten verdienstlich/zu seiner Menschheit Erhöhung gewesen/darumb jhm Gott sein himlischer Vatter ein Namen vber alle Namen verliehen hab/vnd dannoch darneben auch für vnsere Sünd genugthunlich/vnd zwar auß Schärpffe der Gerechtigkeit/ dann wir in jhm Erlösung haben/ wie Paulus bezeuget/durch sein Blut vnd Verzeihung vnserer Sünd.

Des Leidens Christi zweyerley würckung.
Philip. 2.
Ephes. 1. 1. Ioann. 1.

So nun das Verdienst neben der Genugthuung in Christi Wercken bey einander bestehen/ eins von dem andern abgesöndert/ vnd auch andern Personen mag appliciert werden/ warumb auch nicht in vnsern guten Wercken? was Verhinderung ist hierin zuspüren? brings ans Liecht/laß hören Luther was du kanst.

Zweyerley würckung auch in vnsern guten Wercken.

Villeicht weil die Person Christi/ wegen der Göttlichen Natur ein vnendliche Dignitet vnnd Würde inn sich begreiffet/ vnd die vnserige ein Endschafft hat?

Aufflösung einer Gegenred.

Antwort: War ist der Vnderscheid/ aber was du herauß erzwingen wilt/kan nicht bestehen: Dann was vermag die vnendliche/ oder genandte Dignitet/ dem Werck anders beyzulegen/als vnendlichen/oder genndten Werth des Verdiensts vnd Genugthuung? Wodurch kan die Endschafft die Krafft der Gnugthuung dem Werck entziehen? Diß begere ich zuwissen/ sag an/der du der Warheit zuwider bist. Wo durch? Niemand ist allhie zuhauß.

Replick der Gegenschreyer.

Solte dann das Leiden Christi nicht fürtrefflicher seyn/ als vnsere Werck? Solt es nicht mehr von Gott erdienet haben?

Kein

Das 10. Capitel.

Kain Catholischer wirdt diß sagen: Dann neben Erhöhung seiner Menschheit hat Christus vns auch die Seligkeit / sampt allen himlischen Gaben verdienet/ vnd darzu auch/ für aller Menschen Sünd/ so wol die Schuld / als zeitliche vnd ewige Straff belangend/ genug gethan: Vnsere Werck aber / ob sie gleich einem andern für zeitliche Straff genug zuthun/ mitgetheilt werden können/ vermögen sie doch keinem andern den Himmel/ oder andere himlische Gaben vnd Güter / als ein Dienstlohn/ zuerlangen. Ob diß nicht vnderschieds genug/ zwischen Christi vnd vnserm Verdienst/ gib ich einem jeden Rechtverständigen zuerachten. *Vnderschid zwische Christi vnd vnsern werck.*

Damit aber die rechte Warheit desto deutlicher für Augen gemahlet werde: Ist zuwissen/ welcher massen in heiliger Göttlicher Schrifft/ das Verdienst eines jeden guten Wercks/ so ein gerechter Mensch in der Gnad vnnd Liebe Gottes vollbringt/ zweyfaltig sey. Erstlich verdienet es den Taglohn vnnd Groschen ewiger Seligkeit/ vnd die Wohnung im Hauß des Herrn. In Erwegung diß Verdiensts/ ist Vnderschied zwischen den Außerwehlten/ in der ewigen Seligkeit/ als zwischen den Sternen inn Ansehung der Klarheit / allermassen wie die gute Werck wenig oder vil/ groß oder klein gewesen seynd. Solch Verdienst mag keinem andern zuständig seyn / als dem allein/ der das gut verdienstlich Werck verrichtet hat. Fürs ander/ verdient es auch Genugthuung für die zeitliche der Sünd gebürende Straffen/ welches Verdiensts/ so gleichsam ein Frucht des ersten ist/nicht allein dem Authorn des guten Wercks/ sondern auch andern Menschen als Mitglidern / vermög vnsers Glaubensartickels von Gemeinschafft der Heiligen / kan verlihen vnd zugewendet werden. Auß disem andern Verdienst fliesset/ daß nach des Herrn Christi Zeugnuß/ vil in die ewige Tabernackel auffgenommen werden/ nicht auß eignem/ sondern anderer Verdienst/ welche sie ihnen durch Ertheilung des vngerech- *zweyerley Würckung vnserer guten Werck.* Luc.16.

Bericht vom Ablaß/

ten Mammons zu Freunden gemacht. Widerumb: In Anssehen dises Verdienstes hat Gott offtermals dem Volck Israel/ wegen Abrahams/ Isaacs vnd Jacobs verschonet: Loth ist von der Brunst errettet worden: Sodoma vnnd Gomorra wurde nicht vom Himmel herab verderbt seyn/ wann nur zehen gerechte Menschen darinn gewesen.

Daß aber ein jedes gutes Werck zugleich verdienstlich/ vnd für seinen Thäter vnnd andere genugthunlich seyn möge/ wer wil sich nicht bereden lassen? dieweil solches nicht allein in heiliger Schrifft verfaßt/ sondern auch je vnd allwegen von den H. Vättern geglaubt worden.

Vnd erstlich auß der H. Schrifft vom Almosen zureden/ Ist es nicht ein löbliches/ Gott behäglichs/ vnnd des ewigen Lebens verdienlichs Werck? Vnd wo dem nicht also/ warumb wirdt der Sohn Gottes in seinem letzten Hochgericht/ den Außerwählten vmb vollbrachte Werck der Barmhertzigkeit/ die ewige Seligkeit vergelten? Was stehet anders bey dem Euangelisten *Matth. 25.* Mattheo/ da er/ die vnfehlbar Warheit selbst sagt: Empfanget das Reich/ welchs euch von Anbegin der Welt bereitet gewesen ist? Warumb? Wessen wegen? Warumb haben sie es verdienet? Jch bin durstig gewesen/ vnnd jhr habt mich getrancket/ jch bin hungerig gewesen/ vnd jr habt mich gespeiset/ ꝛc. Hie mustu bekennen/ daß Almosen sey bey Gott verdienstlich.

Hergegen aber vnd fürs ander/ wann ich auß der heiligen Schrifft erweise/ daß eben diß Werck der Barmhertzigkeit/ zugleich auch die Sünd. außlösend vnd hinweg nemme/ wiltu mir *Tob. 4. 12.* verneinen/ daß es/ wie vorgemeldt/ genugthunlich sey? Ver-*Eccl. 3.* neine was Tobias daruon sagt: Das Almosen erlöset von allen Sünden/ vnd darzu vom Todt. Vnd der weise Man: Gleich wie das Wasser außlösche das Fewer/ also dempffet das Almosen die Sünd. Dise Warheit zubestärcken/

Das 11. Capitel.

kindt ich vil Sprüch der H. Vätter anziehen/ aber bey einem oder zweyen muß ichs Kürtze wegen bewenden lassen. Der H. Chrysostomus sagt hieruon also: Non est peccatum quod purgare non possit Eleemosyna. Es ist keine Sünd/ welche das Almosen nicht zureinigen vermöcht. Vnd der H. Cyprianus: Eleemosynis atq; operibus iustus delictorum flamma sopitur. Mit Almosen vnd guten Wercken wirdt die Flamm der Sünd gestillet.

Hom. 25. in Acta Apost.

Serm. de Eleemosyn.

Vnd was vom Almosen geschriben steht/ findt man gleichsfals von allen andern Wercken der Buß in Gemein/ als da ist/ Betten/ Fasten/ den Leib casteyen vnd Abbruch thun/ so neben jhrem gleichsam angebornen Verdienst des ewigen Lohns/ auch Verzeihung zeitlicher Straff würcken. Welches hochgedachter heiliger Lehrer Cyprianus augenscheinlich inn folgenden Worten außtruckt: Qui sic D E O satis fecerit, qui poenitentia facti, qui pudore delicti plus virtutis & fidei, deipso lapsus sui dolore conceperit, exauditus & adiutus à Domino, quam contristauerat nuper lætam faciet Ecclesiam, nec iam solam; D E I veniam, merebitur sed & coronam. Das ist so vil geredt auff Teutsch: Der Gott also genug gethan haben wirdt/ der auß Beharrung seiner Missethat/ der auß Scham der Vbertrettung/ mehr Stärck vnd Glaubens/ vom Schmertzen vnd Leid vber seinen Fall empfangen/ wird vom Herrn erhört/ vnd mit Hülff versehen/ die Christliche Kirch/ welche er newlich gantz bestättig bekümmert hätte/ widerumb erfrewen/ vnnd jetzo nicht allein (dise folgende Wort erwege wol) Gott der begangne Sünd Verzeihung/ sondern auch ein Cron abdienen. Was ist Verzeihung allhie/ als Nachlassung zeitlicher Straff? Was ist die Cron als die ewige Belohnung? So bekenn auß den Worten des H. Cypriani/ Daß eben diß Bußwerck welches bey Gott dem Allmächtigen verdienstlich ist/

Serm. 5. de Lapsu.

M auch

Bericht vom Ablaß/
auch Würckung die Sünd zu verzeihen in sich habe/ dann die
Gnugthuung dem Verdienst nicht hinderlich oder nachtheilig
seyn kan.

Verwerffūg einer Einred.
Vmb so vil weniger kan gültig seyn/ was etwan ein Widersacher hie vnnützlich subtilisiern/ vnnd zu Entfliehung der Warheit fürwenden köndte: Ein Werck des Almosens sey verdienstlich/ das ander aber für zeitliche Sträff genugthunlich/ vnnd möge nicht beyde Krafft in einem zugleich neben einander bestehen. Gelten/sprich ich/kan diß durchauß nicht: Dann das Verdienst erfliesset auß einem jeden solchen Werck/dieweil/vnd so ferr es in der Gnad Gottes/ auß Christlicher Liebe geschicht: Die Gnugthuung aber stehet auch bey dem Verdienst/ dieweil es ein peinlich vnd schwer Werck/ das den Menschen sawer ankombt. Nun kan ein jeder leichtlich abnemmen/ welcher massen das Almosen/wegen Beschwernuß vnd Mühseligkeit/ so in seiner Würckung nach Gelegenheit der Zeit/ Person vnd anderer Circumstantien vnd Vmbständen fürfallen können/ inn seiner Güte nit geringert/ ja vermehrt vnd gebessert wirdt: Darauß dann schließlich erwunden seyn muß/daß Verdienst vnnd Genugthuung könne neben einander bestehen.

Diß also gewiß vnd vnleugbar gesetzt/ wie jhm dann nicht anderst/ können wir des Ablaß fünfften Grund/ Des guten Wercks Genugthuung könne andern auch zur Ablösung zeitlicher Sträff mitgetheilt werden/ ohne sonderbare Mühe mit vnwiderlegklichen Argumenten befestigen.

Confirmatio on des fünfften Fundaments.
Dann so im weltlichen Regiment/ im eusserlichen Gerichtszwang/ nicht allein nicht verbotten/ ja gantz willig vnnd gern verstattet wirdt/ das einer/ eintweders seines dürfftigen Nachbawrn Schuld ablege vnd bezahle/ oder aber zu Entrichtung frembder Schuld/ inn den gemeinen Kasten/ auß mitleidigem Hertzen/ gegen den armen Vnuermöglichen/ etwas verschaffe: Warumb wolt Christus inn dem wolgeordneten

Reai

Das 11. Capitel.

Regiment seiner Kirchen solchs verbotten haben? Was für ein Cant. 6.
Disconuenientz kan hierauß erwachsen? Auß was Vrsach solt
ein Christ/ der in der Gnade Gottes ist/ durch sein gnugthunlich
Werck/ des andern Straffschuld nicht abzulösen vermögen?
Warumb solten die lieben Heiligen/ den Vberschuß jhrer Ge=
nugthuungen/ deren sie zu Ablegung eigner Sünd nit bedürff=
tig gewesen/ dem gemeinen Schatz der Kirchen/ andern Dürff=
tigen zur Nothülff/ zuzuwenden nit Vollmacht haben? War=
umb solt dise Bezahlung nicht tüchtig seyn? was Hinderung?
Vermanet nicht Paulus: Eines Vberfluß oder Vber= 2. Cor. 8.
schwanck soll des andern Mängel ersetzen/ auffdaß ein
Gleichheit gehalten werde? Erbeut er sich nit selbsten zu di=
sem? Ich aber/ spricht er/ wil gern darlegen/ vnnd darü= 2. Cor. 12.
ber selbst dargelegt werden für ewere Seelen. Bekennet
er nicht selbsten: Ich frewe mich in meinen Leiden/ die ich
leide für euch/ vnd erfülle inn meinem Fleisch/ was noch Coloss. 1.
mangelt an Trübsaln in Christo/ für seinen Leib/ der da
ist die Kirch? Was kan aber Paulus für andere Christen dar=
legen als seine Gnugthuungen/ zu Abzahlung zeitlicher Straf?
Was kan sein Leiden andern nutzen/ als zu solcher zeitlichen
Schuld Entrichtung (wie der H. Augustinus diß Ort außle= In Psal. 61.
get) mit welcher seine Mitglider/ für die er sein Leiden auffopf=
ferhasstet seynd? Sagt nicht Dauid/ noch vil außtrücklis Psal. 118.
cher vnser Warheit confirmirend: Ich bin theilhafftig O
Herr aller deren so dich fürchten/ vnd deine Gebott be=
wahren? Worinn stehet dann dise Theilwerdung? In Ver=
dienst des ewigen Lebens? Nein fürwar. Kein pur lauter Mensch
kan dem andern das ewige Leben verdienen. In der Genugthu=
ung solcher Werck? Also ist jhm. Vnd diß desto mehr/ dieweil Rom. 6.
wir nach des H. Pauli Zeugnuß/ Glider eines Leibs/ einan= 1. Cor. 12.
der züstehen/ vnder einander ein Mitleiden zutragen/ pflichtig

M ij   seynd

Bericht vom Ablaß/

seynd/ damit wir vns/ so vil durch menschliche Schwachheit zulässig/ vnserm Haupt gleichförmig machen.

Vnd wann hierinnen kein andere Beweisung anhändig
wäre/ als vnsers Glaubensbekantnuß/ solte dannoch billich ein
jeder Christ allein dannenhero der Warheit freywilligen Beyfall geben. Glaubstu nicht im neundten Artickel ein Gemeinschafft der Heiligen? Worinn stehet nun dise Gemeinschafft/
dann daß ein Glid dem andern helffe/ vnd was einem an Geistlichen Reichthumben vberflüssig/ dem andern zu gut komme?
So dir nun kein Heiliger der im Himmel ist/ mit Verdienst der
ewigen Seligkeit/ inmassen obberührt/ Handtreichung thun
kan/ wiltu disen Artickel Catholischen Glaubens hierin saluirn/
wiltu ein Gemeinschafft der Heiligen bekennen/ mustu geständdig seyn/ daß die Heiligen jhre gute Werck/ was die Gnugthuung belangt/ mit dir theilen/ vnd durch ordenlichen/ der Kirchen
von Christo hinderlahnen Gewalt/ dieweil sie nunmehr ausserhalb des Stands diser Pilgerschafft dir zuwenden können.

Ist also der fünffte Grund/ auff welchen der heilige Ablaß
fundirt/ auch gnugsamlich erwisen vnd dargethan/ daß die genugthunliche Werck eines Glids Christi einem andern auch/
oder aber zum wenigsten/ Vermög Gemeinschafft der Heiligen/ dem gemeinen Schatz der Christlichen Kirchen appliciert
vnd zugelegt werden mögen. Jetzo wirdt von nöten seyn/ was
diser Schatz sey/ auß welchem der Ablaß außgetheilet
wirdt/ gleichsam für den letzten Principalgrund erkleren.

Das

Das 12. Capitel.

Ob vnd was für ein Schatz der Kirchen sey/ auß welchem der Ablaß genommen wirdt?

Das sechste vnd letzte Fundament vnd Grundfest des Ablaß

Etziger zeit Ketzereyen laugnen mit Händen vnd Füssen durchauß / daß inn der Kirchen Gottes ein Schatz gelassen worden/ in welchem die Genugthuungen Christi vnnd der lieben Heiligen Gottes (die solche Genugthuungen zu Abbüssung ihrer eignen Sünd nicht bedürfft haben) auffbehalten/ vnd den Christglaubigen zu Ablösung verdienter zeitlicher Straff/ so nach erlaßner Schuld vnnd ewiger Pein im Rest verbleibt/ auß Gewalt von jetztgedachter Kirchen Vorstehern hinderlassen/ zu zeiten außgetheilet werde.

Aber bey vns Catholischen ist nit allein andachter Schatz/ sondern auch der Gewalt desselben gewiß/ wie Papst Clemens der sechste/ welcher Anno 1334. auff dem Stul Petri gesessen/ in einer Constitution vermeldet. Soll derwegen im vorstehenden Capitel/ was für ein Anlag zu dises Schatzes Versamblung beschehen/ vnd worauß er gemacht/ warhafftige Berichts erörtert werden. *Extr. Vnigenitus de Pœnit. & Remiss.*

Es lehret der H. Vatter/ vnnd hertzenhafftige beständige Blutzeuge vnsers Glaubens / Cyprianus: Die Kirch Christi sey gleichsam ein geistliche Person/ deren Haupt Christus/ lebendige Glieder aber die Glaubigen/ Christo/ durch die Lieb vnd *Tract. de simplicit. Prælat. sub initium.*

M iij werck-

werckreichen Glauben einuerleibt. Vnd ist einmal gewiß / daß Gott inn seiner Göttlichen Versehung von Ewigkeit gewußt/ was für Verdienst vnd Gnugthuungen nicht allein im Haupt dises Geistlichen Leibs/sondern auch in den lebhafften Gliedern seyn wurden / wie jhm gleichfals bey einem Haar die Zahl der Außerwelten von Ewigkeit bekandt gewesen. Derowegen er bemelte Verdienst fürnemlich des Haupt der Kirchen / das ist/ Christi vnsers Heylands/ nach seinem Göttlichen Willen von Ewigkeit disponiert/geordnet vnd vertheilet hat/wie dieselbigen nachmals von dem Sohn Gottes in seinem Abschied von diser Welt verlassen seynd.

Vnd dieweil die Verdienst vnd Genugthuungen Christi/ den Werth vnsers Heyls vnd Boßheit vnserer Missethat vnendtlich vbertreffen/ dann er nicht allein für vnsere / sondern auch für der gantzen Welt Sünd vberflüssig genug gethan/wie Johannes bezeuget/ Ja hat auch mit einem einigen Tröpfflein seines kostbarlichen thewren Bluts hundert tausend Welt/wann sie von Gott erschaffen worden / geschweig mit Vergiessung nicht allein alles Bluts / sondern auch Leibs vnd Lebens Darstrecken/ erlösen können / vnd doch vnzählich vil Menschen gefunden werden / die sich dises Verdiensts vnd Genugthuungen Christi/durch den Glauben/ durch die Sacramenta / durch die liebreiche Werck im wenigsten nicht geniessig machen / ja vil mehr durch frey eigenwillige Boßheit / der Fruchte des Bluts Christi sich berauben (dann vil beruffen/ wenig außerwählet/ vnd vil den breiten Weg des Verderbens eintretten) damit solcher Vberfluß vnd Vberschuß den Verdiensten vnnd Genugthuungen Christi nicht vergebens wäre / Sondern den Außerwählten zu Erlangung jhres Ends der ewigen Seligkeit zugewendet wurde / ist durch Gottes von Ewigkeit veranlaßte Versehung / wie wir sonders Zweifels vnserm Menschlichen Verstand nach erachten mögen / decerniert / geordnet vnnd beschlossen

2. Iohan. 1.

Matth 20,
Matth. 7.

Das 12. Capitel.

schlossen worden/ daß solche vberflüssige Verdienst vnd Gnugthuungen Christi/ in der heiligen Statt Gottes/ das ist / in der Christlichen Kirchen/ als in einem wolgeordnetem Regiment/ gemeiner Schatz auffbehalten / vnd fürnemlich durch den Gewalt/ welchen der Sohn Gottes seinem Statthalter hie auff Erden / wie auch andern Vorstehern der Kirchen / ob woln etwas geringers/ geben solle/ den Christglaubigen zu Ablösung zeitlicher Straff der Sünden reichlich außgespendet vnd appliciert wurde.

Vnd wer wolt sich dessen nit bereden lassen? Wer wolt hieran ein Zweifel haben? Dann so Gott inn der natürlichen Prouidentz vnd Vorsehung/ in welcher er alle leibliche vnd natürliche ding von Ewigkeit/ auch jedes seiner Art vnd Wesen nach geordnet/ also klüglich vnd weißlich verhütet hat / damit nicht das geringste ding vergeblich vnd vmbsonsten geschaffen wurde. Daher dann auch die Heydnische Philosophi/ gleichsam einen gemeinen Spruch vnnd Axioma gebraucht haben: Deus & natura nihil frustra faciunt: Gott vnd die Natur thun nichts vergebens vnd vmbsonst. Wieuil mehr ist solches zu glauben von den vbernatürlichen dingen/ vñ vnder den vbernatürlichen dingen? Wieuil mehr muß solche Versehung geschehen seyn in dem Werth menschlichen Heyls/ inn dem thewren Schatz des kostbarlichen Bluts Christi/ welchs wegen der göttlichen Natur/ so sich mit der Menschheit in Einigkeit der Person vereinet hatte/ eines vnermeßlichen vnd vnendtlichen Werths gewesen ist? Ja dise Verhütung/ damit solch hoher Werth des vnbefleckten Bluts des Lämbleins/ so der Welt Sünd hinweg nimbt / nicht vergebens vergossen/ sondern/ wo nur möglich / zum Heyl der Menschen angelegt wurde/ hat vmb souil mehr geschehen müssen/ desto weiter die natürliche ding von den vbernatürlichen/ die Leibliche von den Geistlichen/ die Creatur vom Schöpffer vbertroffen wirdt. Seynd derowegen auß Gottes ewiger Verse-

Vrsach warumb die Verdienst vñ genugthuunge Christi/ inn dem Schatz der Kirchen zum Ablaß auffbehalten werden.

Ioan. 1.

hung/ die vnendtlich vberflüssige Verdienst vñ Genugthuungen Christi/ fürs erste vnd zum förderstẽ in disem kostbarlichen/ der Kirchen/ seiner Gespons/ vom himlischen Breutigam Christo Jesu hinterlaßnẽ schatz des heilsamen Ablaß verordnet worden.

Zum andern auch/ hat sich auß ermelter vrsach nit durchauß gebüren wöllen/ daß der Vberschuß der Genugthuungen aller Mitglieder hochernanten Haupts der Kirchen/ das ist/ der lieben Heiligen Gottes/ deren meister theil weit vnd mehr peinliche genugthunliche Werck gewürcket/ als jhnen zu Erlösung zeitlicher/ jhren eignen Sünden gehöriger Straff/ von nöten gewesen/ vmb sonsten/ vergebens vnnd ohne Frucht abgienge. Seynd derowegen jetzt gemeldte Genugthuungen auch in disen Schatzkasten/ zu den vnendtlichen Verdiensten vnsers Seligmachers/ durch ewige Gottes Versehung verordnet worden.

Aufflösung einer Obiection. Nicht derowegen/ wie etwa die Ketzer vns fälschlich beschuldigen/ als verneinten wir/ das Leiden Christi wäre zu Abeilgung zeitlicher Straff in disem Schatz nicht genug gewesen: Nein/ durchauß nicht/ Sondern dieweil die Genugthuungen der Heiligen Gottes durch Krafft des Leidens Christi dise Würckung vnd Dignitet erreichet/ welches auch hierdurch desto mehr gepriesen vnd erhöhet wirdt. Vnd diß fürnemlich auß denen Vrsachen/ dieweiln solche jhre vberflüssige Genugthuungen/ vns/ die wir mit jnen als Mitglidern/ ein geistliche/ im Apostolischen Glauben verfaßte/ Gemeinschafft haben/ vermittels des Gewalts der Kirchen/ nach Göttlicher Versehung/ von jnen zum wenigsten interpretatiuè vnd implicitè/ gestaltsam die Theologi reden/ in dem sie sich sampt Leib vnd Seel/ Thun vnd Lassen/ Göttlichem Willen vnd Disposition vndergeben/ gemeynt gewesen.

Sollen dann die Heiligen gute Werck gethan haben/ deren Genugthunligkeit für eigne Sünd vnd Vbertrettung sie nicht bedürfftig gewesen? Daran ist kein Zweifel/ sondern einmal

Das 12. Capitel.

gewiß/daß die hochgelobte gebenedeyte Mutter Gottes Maria durch jhr gantzes Leben/fürnemlich inn der Flucht inn Egypten/ vnd da sie neben jhrem einig geliebten Sohn am Creutz hangend/ sich mit vnaußsprechlichem Hertzenleid befand/ dieweil das / vom heiligen Simeon vil Jar zuuor verkündigte Schwerdt/ wie offtermals allbereit/ aber fürnemlich dazumal jhr mütterlich Hertz gantz schmertzlich durchtrang. Darneben auch/ da sie noch zwölff/ oder wie andere sagen/ mehr Jar nach der Aufffahrt jhres Sohns gen Himmel auff disem Jammerthal vil Kummer/Angst vnd Noth erlitten/ also/ daß wol zuerwegen ist/ welch ein vbermässigen Schatz der Verdiensten vnnd Gnugthuungen sie hiedurch zusammen gebracht. Vnnd wiewol jetzo jhre hohe Verdienst im Himmel/ da sie mit jhrem Sohn sampt Leib vnd Seel vber alle Chör der Engel erhöhet/ als ein Königin Himmels vnd Erden regieren thut/ reichlich belohnet werden: hat sie doch jhrer Gnugthuungen gantz vnnd gar nicht bedörfft/ dann sie/ inmassen wir gottsfürchtig glauben/ erstlich ohn Erbsünd gewesen/ ob sie gleich den zeitlichen Todt vnd andere Peinligkeiten nicht als Straffen einiger Sünd/ sondern nur als Mängel der Natur/ auch erkosten vnd versuchen müssen. Daß sie auch aller würcklichen/ so wol tödtlichen als läßlichen Sünden befreyet gewesen/ ist ein einhellige Meynung der Christlichen Kirchen/auch der Vätter/so im Concilio zu Trient versamblet waren. Es schreibet auch der heilige a Ambrosius/ sie sey gantz vnd gar rein von Sünden. Vnd der H. b Augustinus/ sampt dem H. c Bernhardo lehren: Gott habe jhr so vil Gnade geben/ daß sie die Sünd allenthalben vbertroffen/ dermassen/daß jhr billich zugeeignet werden kan/ was im Hohen lied Salomonis geschriben stehet: Du bist gantz schön meine Freundin/ vnd kein Mackel ist in dir. Wann sie dann kein Sünd gehabt/ ist sie gewiß der Gnugthuungen für zeitliche Straff nit dürfftig: Ist sie deren nicht dürfftig/ seynd sie fürwahr in Ansehung

Concil. Trid.
Sess. 6. Can. 23.
a Serm. vlt. in
Psal. 118.
b Lib. de natura & gratia,
cap. 36.
c Epist 174.
Cant. 4.

N

sehung ihrer Person vberflüssig / wer wil jhm dann einbilden / daß Gott der Allmächtig den vberzeichten Schatz also vilfältiger Gnugthuungen / der hocherwürdigsten Mutter Gottes vergeblich hinkommen vnd verderben gelassen hab? Vnd nicht vilmehr andern Christen zu gut in seiner Kirchen auffbehalten? Wo allhie Verstand ohne Halßstarrigkeit seyn wirdt / kan die Warheit leichtlich ein genemes Vrtheil erlangen.

Was von der ewig gesegneten Mutter Gottes gesagt / affirmier vnd bekenne ich / gleichwol mit Vermeldung gebürlicher Proportion vnnd Vnderschieds / von andern lieben Heiligen. Dann worzu wolte Joannes der Tauffer / der inn Mutterleib geheiliget / vnd ein so strenges / hartes / rauhes Bußleben inn der Wüsten lange Zeit geführet / derowegen allermeist / damit / wie die Christliche Kirch im Lobgesang von jhm bezeuget / er nit etwan auch in die geringste Sünd strauchlen möchte / vnnd dannoch endtlichen vom Herode / wegen der Warheit / jämmerlich ertödtet worden / ein so mächtigen Vberfluß seiner Genugthuungen gebraucht haben? Kein Zweifel ist / daß jhm ein grosser Schatz der Gnugthungen verblieben sey / dessen er zu seiner eignen Schuld Errettung gantz vnd gar ohne Noth. Solt nun diser Schatz vergeblich seyn gewesen / vnd andern Seelen nicht zu guten statten ersprossen seyn? Vnmöglich ist es / gesundem Verstand in sich zubringen.

Was soll ich melden von den H. Altvättern / Patriarchen des alten Testaments / so nicht weniger als wir Christen inn die wahre Kirch Christi gehörig seynd gewesen? Was für Trübsal / Angst vnd Noth haben sie nicht erlitten? Was für Zwangsal ist jhnen nicht zuhanden kommen? Seynd sie nit / wie Paulus sagt / geschlagen worden? seynd sie nicht verspottet worden? seynd sie nicht gekrecket worden? seynd sie nicht verfolget worden? seynd sie nicht mit Hunger / mit Durst / mit Hitz / mit Kälte / vnd mit allem Vngemach gequälet worden? seynd sie nicht

Das 2. Capitel.

mit Fewer vnd Schwerdt hingerichtet worden? Solten sie dan ein so strenges bußfertiges Leben geführt haben/als Job/ Hellias/ Jsaias/ Hieremias vnd andere/ solten sie geplagt/gemartert vnd gepeiniget/auch theils getödtet worden seyn/ vnd dannoch vber diß alles solche Trübsaln ohn einigen Vberschuß zu jhrer eignen Sünd Abbüssung angewendet werden müssen? Waß sagt Job/einer auß jnen/von sich selbsten? Wolte Gott (sprach er auff ein Zeit) daß meine Sünd/ mit welcher ich den Zorn Gottes verdienet hab/ vnd dann auch hergegen mein Trübsal/ Angst vnd Noth/die ich leiden muß/ auff die Wag gelegt wurden/ als wie der Sand am Meer wurde die Trübsal grösser scheinen. Vnd was Job von jhm sagt/ können jetztgemeldte vnnd vil andere vnzahlbar mehr H. Vätter/so dergleichen vnstrafflichen Wandel geführt/ billiches Rechtens/jhnen auch selbst zumessen. *Iob. 6.*

Gleicher massen/ wieuil Werck der Supererogation oder Vberaußgab/wie sie die Theologi nennen/das ist/der Euangelischen Rähe/des willigen Gehorsams/der frey angenommenen Armut/der ewigen Keuschheit/deren sie/ absolutè daruon zureden/ zu Erhaltung der Seligkeit/ vnnd Eroberung der ewigen Wohnung nit bedurfften/ vngezwungen/ auß freyer/ mit der Gnade Gottes gestärckter Willkühr/gewürckt worden? Wieuil haben hierzu vnd vber diß die Martercron/welche alle Sünd vnd Straff/ wie groß die auch seynd/außtilget/durch die Vergiessung jhres Bluts/ wegen Christliches Glaubens/ erlangt/ vnnd dardurch von stundan der ewigen Frewd geniessig vnnd theilhafftig worden? Wieuil heilige Mönchen vnd Eremiten haben alles verlassen/ seynd in die Clausen vnd Einöd gangen/ allda vnder den Thieren in härinnen Säcken gelebt/ vnnd sich nur von Wurtzeln vnd Kräutern/in einem bitterherben Bußleben/fast vnmenschlicher weiß vil vnd lange Jar auffenthalten? Ja ich wil anderer Apostel geschweigen/ vn allein vom heiligen *Cypr. lib. 4. Epist. 2. Ang. Tr. 84. in Ioan. Item Ser. 17. de verb. Dom. Innoc. cap Cum Marthæ, de celeb. missarum.*

Paulo

Bericht vom Ablaß/

1. Cor. 11.
1. Cor. 4.

Paulo reden/ Bekennet er nicht/ er sey mehr in Mühe vnnd Arbeit gewesen/ als andere Apostel? Hergeben aber sagt er nit anderstwo/ Er wisse sich keiner Sünd schuldig? Wormit wolt er dann verdient haben/ daß er so offt verfolgt/ so offt gesteinigt/ so offt gegeisselt/ auch endtlichen mit dem Schwerdt getödtet wirdt? Es ist nicht glaublich/ daß eintwers seine oder anderer Heiligen Sünd dergleichen vberflüssige Gnugthuungen zur zeitlichen Straff Verbüssung erfordert hätten.

Wolan so gib ich einem jeden heim/ allhie zubetrachten/ was für ein Mißuerstand hierauß entspränge/ wann Gott seiner Kirchen zum besten/ im Schatz des Ablaß/ neben den Verdiensten Christi/ als desselben leibliche/ natürliche/ hochzeitliche Frucht der lieben Heiligen Gottes verdienstliche Gnugthuungey nicht andern Mitgliedern zum besten auffbehalten hätte/ vnd wurde solch heilsamer Werck/ Krafft vnd Würckung nicht wenigern theils verlohren vnd vmbsonst gewesen seyn.

Ist also diß der Schatz des Ablaß/ zu dem wie wir billich vnwandelbar glauben sollen/ die lieben Heiligen Gottes den Vberfluß ihrer verdienstlichen Gnugthuungen/ inmassen hieuor angedeutet/ eintweders durch außtrücklichen Willen/ oder aber/ da sie sich Göttlichem Willen ires Haupts Christi Jesu/ durch die Liebe gantz vnd gar heimgesetzt/ vnderwürffig gemacht/ vnd ergeben/ gelegt vnd gewendet haben. Welches/ wie auß vilen andern/ also leichtlich vnd ohne Mühe auß des heiligen Apostels Pauli Worten kan erwisen werden/ da er selbsten von sich bekennet:

Coloss. 1.

Ihr lieben Brüder/ nun frew ich mich inn meinem Leiden/ daß ich leide für euch/ vnd erfülle die Mängel vnnd fehl des Leidens Christi/ in meinem Fleisch für seinen Leib/ welcher ist die Kirch/ deren Diener ich worden bin. Gewißlich ist/ daß Paulus nicht für die Colosser gelitten/ inn Meynung sie vom ewigen Todt zuerretten. Bekantlich ist/ im Leiden Christi sey kein Fehl oder Mangel zuernennen/ welcher verhinderlich/ damit nicht all
vnser

Das 12. Capitel.

vnser Missethat/sampt aller Straff vnd Schuld dardurch erledigt wurde. Vnlaugbar ist/ daß Paulus Christi Leiden nicht habe verbessern können. Was erfüllestu dann heiliger Apostel für ein Mangel des Leidens Christi in deinem Fleisch für seinen Leib/ welche ist die Christliche Kirch? Ich leide für euch/ vnnd opffere diß Leiden neben Christi Verdienst seinem himlischen Vatter auff zu einer Genugthuung für ewre Sünd: Nicht als hätte Christi Leiden dessen ein Mangel. Nein/ Sondern damit sein Göttlicher Will erfüllet werde/ in dem er gebotten/ die Glieder sollen sich dem Haupt gleichförmig machen/ eins des andern Bürd tragen/ das stärcker dem schwächern verhülfflich seyn/ diß muß noch zum Leiden Christi gesetzt werden/ diß ist sein Fehl vnd Mangel: Ja nicht des Leiden Christi Fehl vnd Mangel/ sondern der Glieder Fehl vnd Mangel/ welche des Leidens Christi Frucht durch solche mein Trübsal appliciert vnd zugeeignet werden soll. Also hat beylduffig dise Wort der H. Anselmus vor vil hundert Jaren außgelegt. Vnd dienet zu vnserm proposito vil besser/ was Theophylactus sagt vber gemeltes ort des heiligen Pauli: Die Glieder/ spricht er/ leiden nicht allein für einander/ sondern auch Christus gleichsam in den Gliedern/ vnd werde hierinn der Mangel des Leidens Christi/ daß die Application vnnd Anwendung der Frucht seines Leidens/ welche noch von nöten ist/ in seinen lebendigen Gliedern erfüllet/ dermassen/ daß wo solch Leiden vnd Gnugthuungen für andere Glaubensgenossen Gott auffgeopffert/ nicht allein/ vnnd fast keines Falls den Gliedern/ sondern vilmehr dem Haupt jhre Würckung vnd Verzeihung zeitlicher Straff/ zugemessen werden soll/ dardurch/ wie augenscheinlich/ der Ehr des Haupts vnd seines Leidens Krafft vnd Würckung nicht im wenigsten etwas benommen wirdt.

Daß aber die Auffbehaltung der Genugthuungen Christi vnd seiner lieben Heiligen recht vnd wol ein Schatz der Kirchen genennet

Rom. 8.
Gal. 6.
2. Cor. 1.

In Expos. huius loci 1. Colos.

In cap. 1. ad Galat.

Bericht vom Ablaß/
geneſſet werde/ kan ich zum vberfluß mit einer füglichen Gleich-
nuß bekantlich machen vnd liquidiern. Wann einer einem Kö-
nig oder andern Potentaten ein hochgenemen wolgefälligen
Dienſt thäte/ der jhm ſo behagt vnd beliebt/ daß er darumb ent-
ſchloſſen/ zu gratificiern/ Gnad zuerweiſen/ nicht allein dem der
ſolch Werck vollbracht/ ja auch allen ſeinen Kindern/ Brüdern/
Schweſtern/ Kindskindern/ Freunden vnnd Verwandten all
jhre Schuld nachzulaſſen/ köndte ſolcher/ dem König/ alſo an-
genemer Dienſt/ vnd ſein des Königs gnädiger Will/ nicht vn-
billich benambter Kinder Freund vnd Verwandten Schatz ge-
nennet werden/ auß welchen alle jhre vnnd jhrer Zugehörigen
Schuld dermaſſen freygebig erſtattet worden: Alſo nimbt all-
hie Gott der Allmächtig die vberflüſſige Genugthungen Chri-
ſti/ vnd ſeiner lieben Heiligen/ jhm gantz wol vnnd hochgefellige
Werck auff vnd an/ damit ſie allen lebendigen Gliedern Chriſti
vnd Mitbrüdern oder Himliſchen Burger/ für Genugthuung
vnnd Ablöſung zeitlicher Straffſchuld. Können derowegen
ſolche Gnugthungen Chriſti fürnemlich/ vnd nachmals ſeiner
lieben Heiligen/ billich vnſer vnd der Kirchen Schatz genennet
werden/ in welcher Anſchawung ſich Gott alſo barmhertzig
vnd miltiglich gegen vns erzeiget.

Erörterung einer Frag. Hie aber möcht dem fürwitzigen Leſer ein Frag zugut ge-
halten werden/ wann er wiſſen wolt/ wie vnnd was Geſtalt die
Gnugthuungen der lieben Heiligen vnd der lebendigen Glieder
Chriſti/ ſo ohne Zweifel mit Endtſchafft vmbfangen/ vnd nicht
wie des Leidens Chriſti Gnugthungen vnedtlich ſeyn/ ſo lang
weren vnd außhalten/ ſo vil tauſent Menſchen im Schatz des
Ablaß mitgetheilet werden können/ warumb ſie doch nicht ein-
mal abnemmen/ ja gantz vnd gar verzehret werden?

Probierlich iſt zu antworten: Dieweil die Frucht des Lei-
dens Chriſti/ nicht vnendtlicher weiß/ wie es vnendtlich an jhm
ſelber iſt/ vnnd inn keinen Abgang in alle Ewigkeit gerahten
mag/

Das 12. Capitel.

mag/sondern in gewisser Maß mit Endschafft verliehen wirdt/ sinnen die vnermeßliche Genugthuungen der heiligen Mutter Gottes/der heiligen Aposteln Petri vnnd Pauli/auch anderer fürnembsten Bluetzeugen vnd Freunden Christi/durch Göttliche Weißheit sonders zweifels also außgetheilet seynd/damit sie nicht gantz vnd gar biß zu End der Welt verzehret werden/inn Bedenckung fürnemlich/daß je länger je mehr solcher Schatz zu nutz der dürfftigen Glider angewendet worden/je mehr wachsen die Verdienst vnd gute Werck der Glaubigen/durch welche diser Schatz vermehrt vnd gehäuffet wirdt.

Wie ist jhm aber dißfals? Ich laß mich bedencken/wann Gott die Gnugthuungen der lieben Heiligen im Ablaßschatz der streitenden Kirchen auffbehaltet/wie vermeldt/werde jhr Glori vnd Seligkeit in der triumphierenden Kirchen/inn der himlischen Hierachey nicht wenig geschmälert vnnd geringert/ dann nicht alle jhre gute Werck inn der Seligkeit belohnet wurden? *Ein anders Frag.*

Nein/durchauß ist jhm nit also/wie du vermeynst. Vrsach: Die genugthunliche Werck der lieben Heiligen haben zwifache Würckung in sich begriffen/das Verdienst vnd Gnugthuung. Dem Verdienst gebüret die ewige Belohnung/so jhnen im Himmel völlig vergolten wirdt: Vnd werden demselben nach alle gute genugthunliche peinliche Werck der lieben Heiligen reichlich mit ewigen wunsamen Frewden ergetzet/ist jhrer Seligkeit diser gestalt durchauß nichts benommen. Der Gnugthuung aber solcher Werck gebürt nichts anders als Relaxation zeitlicher Straff/welche Würckung ob sie gleich im Schatz der Kirchen hie auff Erden behalten wird/doch jhrer Seligkeit nicht im wenigsten preiudicierlich oder nachtheilig ist. Dann nachdem solche Gnugthuungen den Heiligen selbsten auch verdienstlich gewesen/seynd sie jhrer Gebür schon fähig worden/haben ein volle vbergehäuffte Maß in jhr Schoß erlangt. Vnd *Luce 16.*

Bericht vom Ablaß/

das kan mit gehaltener Proportion vnd Vnderschied auch von des HErrn Christi verdienstlichen vnnd gnugthunlichen Wercken gesagt werden/daß sie dem Verdienst nach vom himlischen Vatter schon allbereit vergolten seynd in seiner Menschheit Erhöhung/ laut des Apostels Pauli Zeugnuß/ ob sie gleich schon in dem sie genugthunlich/ im Schatz der Kirchen noch auffbehalten vnd zu zeiten außgespendet werden.

Philip. 2.

Der Ablaßfeind gegenwurff.

Hie kommen vnsere Ablaßstürmer mit einem hinckenden/ lahmen Einspruch gezogen/ dem Ablaß gern eins anzumachen willens/wann jnen nur gelünge. Was haben die Heiligen gethan? sprechen sie/ was haben sie gelitten/daß sie nicht zuthun vnnd zuleiden schuldig waren? Stehet nicht dort geschriben: Wann jr alles gethan habt/so sagt/wir seynd keinnutze Knecht/ was wir schuldig waren/haben wir gethan? Was wollen sie dann von jren guten Wercken vns vnd andern mittheilen? was wöllen sie damit brangen? Haben die funff kluge Jungkfrawen sich nicht geweigert/ jhren funff aberwitzigen Gespielen von jhrem Oel zureichen? wie können vns dann die Papistische Heiligen von jhren Gnugthuungen etwas mittheilen/vnd vnsere Mitler vnd Erlöser seyn? Heißt das nicht/ jhr Papisten/ Christo seine Ehre nemmen/ vnd den Todten Heiligen zustossen? Ist das nicht ein Gottes ehrenrürige Lästerung?

Luc. 17.

Matth. 25.

Gegenantwort.

Wann einer nicht wußte/ was vnnd waruon die Schrifft redet/ wurden sich dise Ablaßfeinde/ wol einem Hew für Brode einzudringen/ vndernemmen. Ists aber gefroren wo Eyß ist/ jhr Ablaßgeissl? Gesetzt/ welches jhr doch inn Ewigkeit nicht erhalten werdet/vil weniger beweißlich machen/die Heiligen haben durchauß nichts gethan oder gelitten/ daß sie zuthun oder außzustehen nicht pflichtig waren/ sa niemals ein einig Werck der Supererogation vnnd Vberaußgab derstettigen Keuschheit/ der freywilligen Armut/ des vollkommenen Gehorsams gewürcket/Dannoch köndt jhr nicht inn Abredstehen/ daß die

Erfül-

Das 12. Capitel.

Erfüllung vnd Gehorsam der Gebott Gottes/zum Exempel/ Almosengeben/wie im vorgehenden Capitel erwisen/neben dem Verdienst auch die Sünd außmustere vnnd darfür genugthunlich sey/vnd derowegen einer/so diser Gnugthuung nicht dürfftig für eigne Sünd/dieselb einem andern zuwenden könne.

Christus aber hat bey dem Euangelisten Luca nichts anders verbieten wöllen/als daß wir auff vnsere gute Werck nichts (wie die Lutherische Martinisten/ mit ihrem schlimmen vnnd todten Glauben allein daher brangen/vnnd Gott den Himmel wider seinen Danck abnötigen wöllen / vnd was tausentmal geringer ist/ in Ansehung der ewigen Seligkeit als allein Genugthuung für zeitliche Straff/ vnsern guten Wercken/ die doch im waren Glauben Christi/jhm/ als vnsern Gott zu vnderthänigen Ehren vnd Gehorsam / zu zeiten mit grosser Mühe vnnd Arbeit geschehen/ nicht gönnen vnd verstatten) zu pochen vnnd zustolgiern.

Vilweniger dienet der klugen Jungkfrawen abschlegige Matth. 25. Antwort in ewere Kuchen : Dann allda das Oel der Gnad vñ Lieb gesucht wirdt/ohn welchs niemands selig/ vnd vom Breutigam zur himlischen Hochzeit eingelassen werden kan: wie er zu den thörichten Jungkfrawen / so nunmehr den Marckt verlaßt/ gesprochen/ Er kenne sie nicht / ob sie gleichwol Oel bey den Krämern allbereit erkaufft hetten/dann das rechte Oel der Lieb vnd Gnade Gottes nicht anhändig war. Vnnd kan diß Oel keiner dem andern mittheilen/als wir Catholische nimmer gelaugnet haben / dieweil es Gott selbsten in ein fehige Ampel/ Seel vnd Hertz eingiessen thut/wie S. Paulus sagt: Die Liebe Gottes ist außgegossen in vnsere Hertzen durch den H. Geist/ der vns gegeben ist.

Vnuerfänglicher/ ja vnwar/ vnnd mit Ehren zumelden/ Calumniatische Lugen eingeworffen ist/welches sie letzlich einwenden/daß wir Catholische die Heiligen jemals vnsere rechte

Bericht vom Ablaß/

Mitler vnnd Erlöser nennen/ als hätten sie vns vom ewigen Todt erlößt/ vnd Gott dem hümlischen Vatter versöhnet/ inn massen vom HErrn Christo vnserm Seligmacher beschehen/ vnd sie werden solche wider vns erfabulierte Vnwarheit nimmer mit eines einigen Catholischen Lehrers Schrifft darthun vnd probieren können.

Diß ist des H. Ablaß Schatz/wider welchen/ob sich gleichwol die Ktzerpforten der Höll mit allem Gewalt offtwals hefftig gelegt/ doch niemals erobert/ geschleifft vnnd vndertrucket haben:

Das 13. Capitel.

Daß der Gewalt Ablaß zugeben/vnd offt berührten Kirchenschatz außzuspenden/ vom HErrn Christo der Kirchen Häuptern gelassen sey/ wirdt auß heiliger Schrifft erwisen.

Nach erleuterung des kostbärlichen Schatzes/in welchem der H. Ablaß/ vnnd durch den Ablaß die Verdienst des bittern Leidens vnnd Sterbens Christi reichlich außgespendet wirdt/ soll zu mehrer Handthabung der Warheit anwesender Controuersien der Kirchengewalt vber solchen Schatz/ wider alle Ablaßfeind/ nicht allein auß heiliger Schrifft/ welches inn gegenwertigem Capitel ins Werck gerichtet werden soll/sondern auch in nechstbeyfolgenden/ auß der heiligen Vätter hinderlassenen Schrifften/ dann auch mit den heiligen allgemeynen oder von der gantzen Kirchen approbierten Concilien vnd auß vilen lang

vber

Das 13. Capitel.

vber die tausent Jar hergebrachten Exempeln der Päpst/ so den Ablaß geben/ vnd endtlichen auch mit starcken Beweisungen vnd Argumenten bekundtschafft werden/ vnnd vnwidersprechlich dargethan/ daß vnser HErr vnnd Heyland Christus Jesus seines Statthalters Petri Successorn vnnd Nachkhömen alle Vollmacht/ beneben auch andern Häuptern seiner Kirchen/ solchen Schatz außzutheylen (gleichwol etwas geringern vnnd gemesenern Gewalt) verlassen hab.

Vnd erstlich zwar wirdt vilbenanter Gewalt Ablaß außzutheilen/ dem heiligen Ertzapostel Petro vñ seinen Successorn zugesagt/ da jhm/ dem H. Petro der HErr die Schlüssel des Himmels anzutrawen verheissen/ sagende: Dir wil ich die Schlüssel des Himmels geben/ vnd was du auff Erden lösen wirst/ soll auch im Himmel gelöset seyn/ vnnd was du hergegen auff Erden binden wirst/ sol auch im Himel gebunden seyn. Nun frag ich alle Lutheraner vñ Caluinisten/ was Christus hie durch dise Wort dem H. Petro verheissen habe? Ob nicht vollkommener Gewalt/ alle Hindernussen des Eingangs inn den Himmel/ hinweg zunemmen vnnd abzuschaffen/ es sey gleich durch ein Sacrament/ oder ohn ein Sacrament/ dessen hierinn durchauß kein Meldung geschicht? Niemands auß ihnen wirdt es mit Warheit verneinen. *Matth. 16:*

Vnd daß Christus solches nicht allein bloß mit Worten verheissen/ sondern nach seiner Aufferstehung/ da er zum dritten mal zu jhm gesagt: Petre weide meine Schäflein/ warhafftig geleistet hab/ Wer kan in Abred stehen? Sein Wort kan er nicht vmbstossen oder vngeständig seyn/ dann die ewig vnwandelbare Warheit ist er. Vnvorsichtig kan er nicht gewesen seyn/ dz er sein geliebte Braut/ die Kirchen/ so wie ein Schlachtordnung wolgeordnet vnd erschröcklich ist/ ohne disen Gewalt/ mit solchem Mangel/ hindersich gelassen/ dann er ist die ewige Weißheit des Vatters/ welche er von Anbegin besessen hat/ ehe *Ioan. 21.*

Ioan. 14.

Cant. 6.

O ij   er er

er etwas erschaffen. Vnnd gleich wie Petro in disen Worten Gewalt gegeben ist/den Sündern zeitliche Straff auffzulegen/ vnd die Sünd/ auß Gewalt der Schlüssel zubehalten / es sey gleich in oder ausserhalb des Sacraments: Also wirdt jhm auch Macht ertheilt/alle solche Sünd/so wol die Schuld als Straff belangend/ ebenmässig inn oder ausserhalb des Sacraments/ durch Anwendung oder Verdiensten Christi / auß dem Schatz der Kirchen zuuerzeihen. Dann Christus sagt nicht zu jhm/ Welchen du die Sünd im Sacrament allein verzeihen wirst/ dem sollen sie verziehen seyn: Sondern vndeterminiert / wem du sie verzeihest/als wolt er sagen/es geschehe gleich solche Verzeihung (jetzo allein von zeitlicher Straff zureden) ausser oder innerhalb des Sacraments/dem sollen sie verziehen seyn. Vnd diß ist nit mein/son: In der H. Vätter/als a Chrysostomi, b Augustini, c Hieronymi, d Hilarij, e Euthymij, vnnd vil anderer Außlegung/die solche Vollmacht nicht allein auff den jnnerlichen/im Sacrament der Buß vblichen Gewalt ziehen/sondern auch auff die eusserliche Iurisdiction vnnd Gerichtszwang der Kirchen/welcher ausser ermeldtem Sacrament zeitliche Straff aufflegt/ vnnd widerumb auß tragendem Schlüsselampt vmb Christi Verdienst nachläßt/ wann sie solches für rahtlich ansihet / verdeuten. Were vil zulang allegierter H. Vätter eigne Wort beybringen.

  Welcher massen aber die eusserliche Iurisdiction des heiligen Petri vn der Christlichen Kirchen/auch die zeitliche Straff/ als nicht die geringste Hinderung ewiger Seligkeit hinzulegen/ sich erstrecke/bezeugen vnder andern vilen hochernandte Patres, nicht allein in citierten/sondern auch in vilen/bißhero vnbenamten Stellen jhrer Schrifften/fürnemlich aber a Origenes, b Cyprianus, c Augustinus, d Hilarius, e Ambrosius, f Theophylactus, Papst Innocentius III. darff solche Warheit wenig wort: Dann weltkündig vnd bekandtlich vor jederman/vnd vnlaugbar

a Homil. 61. in Matth.
b Tr. 22. in 5. cap. Ioan. & Tr. 49. in c. 16
c In cap. 18. Matth.
d In cap. 18. Matth.
e In idem cap. 18. Matth.

a Hom. 3. in Cant.
b Lib. 1. Ep. 2.
c Hom. 50.
d In cap. 16. Matth.
e Lib. 1. de Poenit. cap. 1. & 6.
f In cap. 16. Matth.
g Sub fin. Concil. Later. de expedit. Hierosol.

Das 13. Capitel.

ker / auch bey vnser Widerpart / daß nicht allein die Schuld vnd ewige Straff vom Eingang des Himmels vnnd Erlangung ewiger Seligkeit abhalte / ja auch die Pflicht zur zeitlichen Straff / dieweiln die himlische Statt Gottes nichts vnreines gedulden kan / wie in der Offenbarung Joannis geschriben stehet. Muß derowegen hierauß schließlich folgen / daß die Kirch mit gewaltsamer Iurisdiction begabt / nicht allein die Schuld vnd ewige / ja die zeitliche Straff auch / welche nach erlassener Schuld vnd ewiger pein nicht selten verbleibt zuuerzeihen / vnd diß zwar / wie offt gesagt / durch Außspendung der gnugthunlichen Verdiensten Christi.

Folgends widerumb / wie Petrus vnnd seine Successorn / auch anderer Aposteln Nachhübner / die büssenden Sünder von der Schuld vnd ewigen Pein / durch das Sacrament der Buß / auß habendem Gewalt entbinden vnnd absoluiern: Also wirdt jhnen im anbefohlnen Ampt die zeitliche Straff / so vil geringer als die Schuld vnd Pflicht zur jmmerwerenden Verdamnuß / nicht wenigers ausserhalb des Sacraments durch eusserliche Iurisdiction vnd Gewalt im Ablaß zu relaxirn heimgestellt / inn Erwegung fürnemlich / weil hochgedacht jhr Schlüsselampt / nicht allein an die Sacramenta gebunden ist.

Daß aber solcher Gewalt / zeitliche Straff zuuergeben / fürnemlich auff der eusserlichen Iurisdiction der Kirchen gegründet sey / duncktmich / zeigt Christus klar vnd lauter an / da er bey dem Euangelisten Mattheo / demnach er der Kirchen Vollmacht geben / die Vngehorsamen / so sie die Kirch nicht hören wolten / oder aber die sonsten strafflich / als Heyden vnnd Publicanen zuhalten / das ist / auß der Gemein der Glaubigen abzusöndern / zuuerbannen vnd excommuniciern / gestaltsam solches der heilige Paulus bey den Corinthiern practiciert / spricht er stracks darauff: Warlich sag ich euch / was jhr binden werdet auff Erden / das soll auch im Himel gebunden seyn /

Matth. 18.

O iij   vnd

vnd was jhr auff Erden lösen werdet/ soll auch im Him̃-
mel loß seyn. Das ist/wie es hoch vnd vilernante Patres auß-
legen/welchen jr die Schuld sampt ewiger oder zeitlicher Straff
verzeihet oder behaltet/ dem soll sie verzihen oder behalten seyn.

Dann wie vorgemeldt/ ein jede Todtsünd/nicht allein ewi-
ge/sondern auch zeitliche Straff auff sich trägt. Vnd gleich wie
die Bindung zur zeitlichen Straff ausserhalb des Sacraments
geschicht: Also soll vnd kan auch die Aufflösung vnnd Entbin-
dung/daruon ohn die Sacramenta/durch den Gewalt der Kir-
chen bißweilen geschehen / dann die Aufflösung nicht schmäler
als die Bindung seyn/ wann der Kirchengewalt etwas gelten/
Vnd ist vnzweifelich/ daß der Kirchengewalt solches ausser des
Sacraments vermöge: Dañ kan jeder gerechter Mensch durch
seine gute Werck/als Betten/Fasten/Allmosen geben / die zeit-
liche Straff auch ausserhalb aller Sacrament abtilgen/ wieuil
mehr die Kirch durch Application vnnd Darlegung der ver-
dienstlichen Gnugthuungen des Leidens Christi?

Ioan. 10. Vnd widerumb/da Christus nicht allein zu Petro/sondern
auch andern Aposteln sagt: Nemmet hin den H. Geist/
welchen jhr die Sünd verzeihet/ dem sollen sie verziehen
seyn/ welchem jhr sie behaltet/ dem sollen sie behalten
seyn. Wer wil vngeständig beharren/das Wort Sünd ver-
zeihen erstrecke sich auff alles / was in der Sünd begriffen ist?
So dann die Sünd nicht allein die Schuld vnd ewige / ja auch
zeitliche Straff mit sich führt/ muß consequenter folgen/ daß
durch gegebnen Gewalt der Schlüssel / vnd empfangnen heili-
gen Geists/ so wol zeitliche als ewige Straff geschänckt werden
möge.

Hiedurch wirdt augenscheinlich auch erläutert/ welcher
massen der Gewalt zeitliche Buß vnd Straff auffzulegen/ vnd
inner- oder ausserhalb des Sacraments zuschencken/ nicht al-
lein Petro vnd seinen Nachsessen vnd Successorn dem obristen
Bischoff

Das 13. Capitel.

Bischoff vnnd Papst zu Rom/ sondern auch allen andern Bischoffen/ so der Apostel statt vertretten/ gleichwol etwas eingezogener/ verliehen sey/ wie solches die H. Vätter ᵃClemens, ᵇAnacletus, Damascenus, ᵈAmbrosius, ᵉBeda, ᶠTheodoretus, ᵍIsidorus, vnd das ʰTridentisch Concilium, einhellig gelehret haben.

Welcher nun vnder euch/ jhr Lutheraner vnd Caluinisten/ vnd mit was Grund wirdt mir vngeständig seyn wöllen/ daß solcher Gewalt vber den Schatz der Kirchen rechtmässig geübt vnd ins Werck gezogen werde? Was vnd wem geschicht Vnrecht hieran? Christo? Sein Leiden wirdt dardurch geehret/ seine Frucht erbreitet vnd vermehret. Den H. Sacramenten? die Gnugthunligkeit vnserer guten Werck fügt denselben kein Vnbilligkeit zu/ wann wir vnser zeitliche Straff dadurch abzahlen/ vil weniger der Schatz der Gnugthuungen des vberreichen Leidens Christi. Der Kirchen selbst? Sie erfüllet hierinn jhren Beruff/ vnd vollstrecket jhres Breutigams göttlichen Willen. Dem büssenden Sünder endtlichen? Er wirdt eines grossen Schuldenlaßts entlediget/ vnnd empfangt ein hochschätzliche Wolthat durch den Ablaß.

Wann du mich aber fragen woltest/ wie es komme/ daß die Auflösung zeitliche Straff ausserhalb des Sacraments/ durch den Ablaß einer Frag. können erlassen werden/ vnd nicht auch zugleich die Schuld vnd ewige Straff/ darzu allezeit dz Sacrament erfordert sey? Ist die Vrsach anhändig vnd für Augen/ darffst nicht weit darumb bemühet seyn. Dann ob sich gleich ermelte Iurisdiction vnd Gewalt der Kirchen/ auff alles was in der Sünd gefunden wirdt/ erstrecken thut/ Jedoch muß so wol die Schuld als Straff verziehen werden/ demnach jeder Sort Beschaffenheit erfordert. Weil aber die Schuld sampt ewiger Straff/ so jhr/ gleich wie der Schatt dem Leib gefolgig/ von der Kirchen nicht kan verzihen werden/ dann Gott giesst sein rechtmachende Gnad der

ᵃ Epist.1.ad Iacob. frat. Domini.
ᵇ Epist. de Patriarchis.
ᵈ In cap. 12. Epist. ad Cor.
ᵉ Lib. 3 in Luc. cap. 15.
ᶠ In 3. cap. 1. ad Timoth.
ᵍ Serm. habit. in Synod.
ʰ Sess. 25. cap. 4. & can. 6. & 7.

Seelen ein/ solche Gnad aber gegeben wirdt/ durch Würckung der heiligen Sacrament/ muß dise Verzeihung durch benandte Mittel erlanget werden. Verzeihung aber zeitlicher Straff/ so durch den Ablaß von der Kirch gebraucht wird/ erfordert kein newe Eingiessung der rechtfertigenden Gnad Gottes/ sondern ist genug/ daß dieselbe zuuorn durch das Sacrament erhalten/ vnd noch biß dato behalten werde.

Dises von Christo gegebnen Gewalts/ hat sich der H. Apostel Paulus gebrauchet/ erstlich/ da er dem vnzüchtigen Corinthier (wie oben im dritten Capitel weitschweiffig außgeführet worden) zeitliche Bußstraff/ nach bekandter vnnd gebeichter Sünd/ aufferlegt/ vnd nachmals widerumb erlassen hat. Dem jhr (als Priester) etwas geschenckt habe/ dem schenckt ichs auch an statt Christi. Welche Schenckung vnd Nachlassung von nichts anders/ als von zeitlicher Straff Entledigung kan verstanden werden. Dann wollen die Ablaßfeind solches verneinen/ vnd auff Erlassung der Schuld verdehnen vnd verdrehen/ streittet erstlich wider sie/ daß nit probierlich/ daß Paulus weit von Corinth/ durch ein Sendschreiben/ das Sacrament der Buß/ in welchem allein die Schuld vergeben wirdt/ gereicht hab. Es streittet wider sie/ daß Paulus schreibt/ er habe allbereit schon Rew vnd Leid gehabt/ ja solche Rew vnnd Leid/ daß grosse Gefahr verhanden/ er möcht sich zu todt bekümern/ damit er nicht gantz vnnd gar inn der Trawrigkeit versincke/ soll man jm die zeitliche Straff erlassen. Es streittet wider sie außtrücklich der H. [a] Anselmus/ inn Außlegung diser Wort. Es streittet wider sie [b] Theophylactus/ des H. Chrysostomi Summator vnd Abbreuiator/ vnd darzu auch der heilige [c] Ambrosius/ [d] Theodoretus/ vñ der H. [e] Thomas von Aquin. Es streittet endtlichen alles wider sie/ was nach Länge im angeregten Ort vermeldet ist. Hat dann Paulus an statt Christi/ das ist/ in Krafft des Verdiensts Christi/ als ein Geistlicher Anwald

1 Corinth. 5.
2 Corinth. 2.

Besihe oben das dritte Capitel.
a In 2. ad Cor.
b In eundem locum.
c Ibidem.
d Ibidem.
e Ibidem.

Das 13. Capitel.

wald/vnd nicht als ein weltliche Obrigkeit/zwar ausserhalb des Sacraments der Buß/disem Corinthier die zeitliche Straff nachgelassen/vnd solcher Gewalt jetzo sowol/als dazumal/inn der Kirchen seyn muß/warumb wolt durch Anwendung der Verdienst Christi/ auch ausserhalb des Sacraments der Buß/ zeitliche Straff nicht heutiges Tags noch verzihen werden? Was solt offternandten Gewalt/ der Kirchen entzogen haben? Bleibt nicht Christus in vnd bey seiner Kirchen/ biß zum End Matth. vlt. der Welt? Wie kan sich der Kirchenvorstehern Gewalt geändert haben/wann Gott/ der in sich vnd seinem Wort vnueränderlich/ sich nicht auch geändert hat? So derowegen Paulus solches anfangs der Kirchen vermögt/so bestehe/daß es noch biß dato in vilbenandter Kirchen obrister Häupter Vollmacht gelassen sey.

Vnnd wirdt solche Warheit/ daß ausserhalb des Sacraments der Buß/ durch Gewalt der Kirch/ zeitliche Straff möge geschenckt werden/durch das Exempel Christi vnsers Seligmachers/ nicht wenig bestercktt/ da er dem Schächer am Creutz in Verheissung des Paradeiß/ auch asserhalb des Sacraments Luc.23. der Buß/ alle Straff erlassen hat/ wie zuuor dem Gichtbrüchi- Luc.5. gen/vnd dem im Ehebruch ergriffenem Weib. Vnd von Ma- Luc.7. ria Magdalena allein zureden/ ist vnuerneinlich/ daß jhr die Schuld vnd ewige Straff/ stracks im Augenblick/ da sie ein so gewaltige Rew vnd Leid vber jhre Missethaten empfangen/ vergeben ward. Nachmals aber/ da sie sich also vor dem HErrn demütiget/ hat er jhr vollennd auch alle zeitliche Straff nachgelassen: Es seynd jhr vil Sünd vergeben/ sprechend/ dann sie hat vil geliebet.

Warumb wolt er den Aposteln solchen Gewalt auch nicht/ zu Trost der Glaubigen/ verlassen können? Der solches mißtrawig machen wolt/ müßt gewißlich sein vnbeweglich Wort vmbstossen/daß er sie nicht dergestalt gesandt/ vnnd jhnen Ge- Ioan. 10.
P walt

walt/die Sünd zuverzeihen (jedoch dem Gewalt der Fürtrefflig keit Christi/welchen die Theologi potestatem excellentiæ nennen/ sein Recht in allweg vorbehalten) gegeben hat.

Das 14. Capitel.

Der Ablaßschatz vnnd Kirchengewalt/ denselben zu distribuiern/wirdt mit den H. Vättern bezuget.

Vnd damit wir auß vnzählich vilen hocherleuchten Patribus vnnd Kirchenlehrern/des Ablaß alter vnnd stettigs/ohn vnderleibung geübten Brauch/ von Anfang des Euangelischen Gesatzes/ biß auff vnser Zeit/nur mit etlich wenigen (dann alle miteinander so hievon schrifftlich gelehrt beybringen/ wurd allein ein groß Buch erfüllen) benügt erweisen/wöllen wir der Sach ein Anfang machen/vom vhralten Lehrer Tertulliano/ der vil länger als vor 1300. Jarn/ bald nach der Apostel Zeit/ vnder dem Keyser Seuero/ in der Kirchen gelebt hat. Diser vermeldet/ daß zu seiner Zeit die Penitenten vnnd büssenden Sünder/ (wie wir solches auch bald auß dem H. Cypriano beweißlich machen) durch Fürbitt der heiligen Märtyrer/ Abkürtzung jhrer Buß von den Bischoffen erlanget haben. Vnder andern schreibt er also: Quam pacem quidam in Ecclesia non habentes, à Martyribus in carcere exorare consueuerunt: & ideò eam etiam propterea in vobis habere, & fouere, & custodire debetis, vt si fortę & alijs præstare possitis. Das ist so vil zu Teutsch: Welchen Fried (den Fried nennet er nach gebrauch der

Tertul.in lib. ad Mart.

Das 14. Capitel.

der ersten Kirchen / Ablaß vnnd Verzeihung zeitlicher Straff/ vnd Abschneidung der Aufferlegten Buß) etliche in der Kirchen / so deſſen Mangeln / von den heiligen Märtyrern in der Gefängnuß zubegehren pflegen: Darumb solt jhr jhn auch bey euch haben / behalten vnd bewahren / damit jhr jhn villeicht auch andern mittheilen könne. Ebner maſſen gedenckt er außtrücklich / an vnderschiedlichen Orten seiner hinderlaßnen Schrifften / stationum diuinarum, der tåglichen bestimten gemeinen Kirchgäng / die damals bey den Christen in embsigem Schwang giengen vnnd getrieben wurden. Vnnd an einem andern Ort lehret er mit vberflüſſiger Außführung / was inn solchen Kirchgängen von den Priestern zugeschehen pflegt / als nemlich / Vermanungen des Volcks / vnd Straffung der widerkehrenden Sünder / Auflösung vnnd Versöhnung der jenigen / so ein zeitlang gebüſſet / vnnd der Gemeinschafft des Gebets vnnd heiligen Verſamlungen beraubt gewesen. Were vil zu lang / vnd wider vns angelegene Kürtz / seine eigene / in einem langen Discurs verfaßte wort / hieher setzen / ist genug / von jhm ſouil Zeugnuß erlangt haben / daß auch zu seiner Zeit / die zeitliche Straff / so den Sündern aufferlegt worden / von der Kirchen Vorstehern erlaſſen sey / gestaltsam noch heutigs Tags durch den Ablaß beschicht.

Vnder andern Heiligen / diser Warheit beyständigen Vättern / ist nicht der geringste / Cyprianus ein Bischoff zu Carthagine / welchen der H. Augustinus ein honigsüſſen lehrer / vnnd kühnmutigen Bluetzeugen der Warheit nennen thut / der sein Blut wegen Christliches Glaubens / vnder Valerio / vmb das 249. Jar nach Christi Geburt vergoſſen. Diser schreibt zum Papst Cornelio / von der Nouatianischen Ketzer Widerkehrung zu der Catholischen Kirchen / ein sehr lange Epistel / darinn er mit besonderm Ernst der Kirchen Vorsteher vermahnet / man soll etwas linders mit den widerkehrenden Büſſern handlen /

Lib. 1. ad vxorem lib. de corona Mil.

Cyprianus.

In Encom. D. Cypriani Tr. de Inuent S. Ioan. Bapt.

Lib. 1. Epist. 3.

ten/ihnen die Straff durch der Kirchen Gewalt abkürtzen/ vnd sie bald mit Gnaden auffnemen/ wie er selbsten bißhero gepflogt. Vnder andern sagt er: Opto omnes in Ecclesiam regredi, opto vniuersos commilitones nostros, intra Christi castra, & Dei patris domicilia concludi, remitto omnia, multa dissimulo studio & voto colligendæ Fraternitatis, etiam quæ in Deum commissa sunt, non pleno Iudicio Religionis examino, delictis plus quàm oportet remittendis, penè ipse delinquo, amplector prompta & plena dilectione, cum pœnitentia reuertentes, peccatum suum satisfactione humili confitentes. Zu Teutsch: Ich wünsch daß alle vnsere Mitchristen zu der Kirchen widerkehrten. Ich wünsch daß alle vnsere Spieß- vnd Rottgesellen im Läger Christi/ vnd im Hauß Gottes des Vatters einbeschlossen werden. Ich verzeihe alles/ verhäle vnd sihe vil nach/ inn dem/ das ich mich befleisse/ die gewünschte Christliche Bruderschafft zusamlen. Ich examinier/ erwig vnd erforsch nicht mit völligem Vrtheil/ was wider Gott gehandlet ist. Ich sündige schier selbst/ inn Nachlassung der Sünd (zeitlicher Straff) mehr als sich gebürt. Ich empfange mit bereitwilliger vollkommener Liebe die jenigen/ so mit Buß widerkehren/ vnd jhre Sünd mit demütiger Gnugthuung bekennen. Bißhero Cyprianus. Ziehe nun ein Liebhaber der Warheit zu Gemüth/ ob diser H. Lehrer/ so darzu ein Bischoff gewesen/ die aufferlegte zeitliche Straff nicht verzihen hab/ welches jetzo auch durch den Ablaß in der Catholischen Kirchen wirdt practiciert.

Lib. 4. Epist. 2.   Ferners meldet er noch deutlicher in einer Epistel zu Antoniano geschriben/ daß er wegen solcher Verzeihung zeitlicher Straff/ vnd Versöhnung der Gefallenen/ ein Concilium vil ler Bischoffen/ mit Vorwissen/ Willen vnd Authoritet des Römischen Bischoffs vnd Papsts Cornelij/ der auch gleicher massen zu Rom

Das 13. Capitel.

zu Rom gethan/gehalten hab: In vnum conuenimus, & scripturis diu ex vtraque parte prolatis, temperamentum salubri moderatione librauimus, vt nec in totum spes communicationis & pacis lapsis negaretur, ne plus desperatione deficerent, & eò quod sibi Ecclesia abdiceretur, secuti saeculum gentiliter viuerent: ne tamen rursum censura Euangelica solueretur, vt ad communicationem temere prosilirent, sed traheretur diu pœnitentia, & rogaretur dolenter paterna clementia, examinarentur causae, & voluntates & necessitates singulorum. Wir (Bischoff) seynd zusammen kommen/sagt er/ vnd demnach (in vnserm Concilio) die heilige Schrifft beyderseits wol erwogen/haben wir ein Linderung mit beisamer Mässigkeit gemacht vnd beschlossen/auff daß denen die in der Bekantnuß Christi gefallen/vnd den Glauben verlaugnet hatten/die Hoffnung der Communion vnnd Fridens (das ist Nachlassung der straff/ so jetzo Ablaß heißt) nit gantz vñ gar entzogen wurd/ vnnd darumb / weiln jhnen die Kirch verschlossen / der Welt Brauch nach/ein Heydnisch Leben an sich nämen. Hergegen aber / damit die Euangelische Censur vnnd Straff nicht zunichten wurd / vnnd sie etwa vnbesonner weiß zur Communion herfür brächen / sondern die Buß erlängert/ vnd die vätterliche Gütigkeit (der Kirchen Vorsteher/ vmb Erlassung solcher Straff) mit inniglicher Rew angelanget wurd / solten die Vrsachen willen vnd Nothwendigkeit eines jeden auff die Wag gelegt werden/ vnd (als wolt er sagen/vnd hierauß/ wie in langfolgenden Worten geschicht/informieren) nachmals./ welchem Frid vnd Ablaß gegeben/oder nicht zugeben/ ein schluß vrtheil ergehen. Eben in selbiger Epistel nach wenig Worten/ erzehlet er /daß einer mit Namen Trophimus, nach gethaner Beicht vnd reuocierten Ketzerischen Jrrthumb/ mit voll-

P iij kommer

kommer Erlaſſung aller zeitlichen Straff/dieweil ſich vil/durch
ſein Exempel angereitzt/bekehrten/ zur Gemeinſchafft der Kir-
chen widerumb auffgenommen worden: Tractatu ergo cum
collegis plurimis habito, ſchreibt er/ſuſceptus eſt Trophimus,
pro quo ſatisfaciebat fratrum reditus, & reſtituta multorum
ſalus. Das iſt: Demnach ich die Sach mit vilen Biſchoffen
berahtſchlagt/ iſt Trophimus auffgenommen worden/
(ohne Gnugthuung) dann für jhn der Brüder Wider-
kunfft/ vnd viler widerbrachtes Heyl genug thäte.

Loc. cit.

Vnd wie an vilen andern Orten/ alſo auch inn einer Epi-
ſtel zu den heiligen Märtyrern/ vnnd in einer Predig von den
Gefallenen/ bezeuget er/ welcher maſſen die büſſenden Sün-
der/ſo nach den alten Bußregeln/ bißwelen fünff/ ſechs/ ſiben
oder mehr Jar/ja auch zu zeiten durchs gantze Leben/für Todt-
ſünd/bißweilen auch für ein einige/ in der Buß verharren muß-
ten/ zu denen ſo vmb Chriſti willen vnd Namen in Gefängknuß
lagen/ vnnd bald gemartert werden ſolten (wie auch bey Zeiten
Tertulliani/inmaſſen obberührt) zukommen gepflogen/ vnnd
erbetten/damit ſie jhnen den Frid (das iſt/ Ablaß vnd Schän-
ckung ſolcher langwiriger Buß) ertheilten/ oder aber/ damit
ſolches durch der Kirchen ordenlichen Gewalt geſchehe/ein Für-
bitt bey den Biſchoffen vnd Vorſtehern der Kirchen für ſie thä-
ten. Vnd ſchreibt an bemelten orten Cyprianus/ daß diſe Ge-
wonheit nicht allein zu ſeiner/ ja auch ſeiner Vorvätter Lebens-
zeit/ ſo im erſten Alter des Euangeliſchen Freygeſatzes/ nicht
lang nach der Apoſtel Zeit/gelebt haben müſſen/alſo ſtettig vnd
gebräuchig/ daß die heiligen Martyrer hefftig vberläſtigt vnnd
importuniert wurden: Vnd zwar dermaſſen/ daß er/ Cypria-
nus gezwungen/in ſeiner Kirchen/ andachten Vberlauff/damit
ſolche des Frids Begehrung/hinfürter mit der Kirchiſchen Pre-
laten Vorwiſſen geſchehe/ mit einem offentlichen Edict zunril-
ſern. Vnd waren die heilige Martyrer vnd Beſichtiger inn ſol-
chem

Lib. 3. Epiſt. 15.
Serm. 5. de la-
pſis.

Das 14. Capitel.

chem Ansehen vnd Authorithet bey menniglich/daß ob sie schon
jr Blut für den HErrn Christum noch nicht vergossen/ jedoch
die Christen gäntzlich darfür hielten vnnd glaubten/ jhr Handauff legung vñ Verdienst bey Gott/die zeitliche Straff/ welche
sonst noch lang/die Bußsatzungen zuerfüllen / verbüsset werden
mußt/hinweg näme/vnd gantz vnd gar abtilget. Kan mich derowegen nicht genugsam verwundern/mit was vnuerschämpter
stählinerHalßstarrigkeit/die Gott= vnnd geistlose Ablaßfeind/
nicht allein die Verbleibung zeitlicher Straff/nach vergebener
Schuld vnd ewiger Pein / ja auch Erlassung derselben/ durch
das Verdienst Christi vnd seiner lieben Heiligen / verneinen
dörffen.

Vom H. Cypriano gehen wir billich zum H. Basilio ei- Basilius.
nem heiligen vnd hocherleuchten Mann / der auch wegen seiner
Fürtrefflig keit billich Magnus, der Groß/ intitulirt worden/
vnd nach Christi Geburt/ Anno 371. inn der Kirchen geblüet/
welchen der heilige Gregorius Nazianzenus, wie a Theo- a Lib. cap. 9.
doretus vnd b Socrates in jhrer Kirchischen Histori bezeugen/ b Lib. 4 cap. 16
τὸ τῆς πίστεως ἔρεισμα, Fidei columen & veritatis fundamentũ,
Ein Pfeiler des Glaubens/vnd Grundfest der Warheit/in seiner Leichpredig geheissen. Diser lehret in seiner Epistel/ Erst- Habetur apud
lich/ welcher Gestalt man die Buß für zeitliche Straff auffle- Phoc. Patr. cõ-
gen/vnd durch den Ablaß widerumb erlassen soll/also sprechend: Nomocan.
Hoc autem condecet prudentiam tuam, vt pro renata, & oc- cap. 54.
casione circumstantiarum, pœnam aut prolonges, aut ab-
breuies. Zu Teutsch: Diß stehet aber deiner Fürsichtigkeit
wol an/ daß du nach Gestalt der Sachen/vnd Gelegenheit der Vmbständen/die Straff einer jeden Sünd eineweders erlängerst/ oder abkürtzest. Vnnd widerumb:
Cum quispiam eorum, qui prædicta flagitia commiserunt, Canone 73.
exomologesi se emendauit; si is quidem, cui diuina bonitate potestas ligandi & soluendi credita est, aliquantò sese
exhibet

Bericht vom Ablaß/

exhibet benigniorem, eò quod magnum pœnitentis dolorem in confessione deprehenderit, tempus impositæ pœnitentiæ decurtare poterit ac diminuere; Talis enim huius condemnationis non est dignus, cum sacrarum literarum historiæ nobis palàm luculenter testatum faciant, quod ij, qui maiori cum dolore peccatum confitentur, misericordiam facilius apprehendant. Dz ist: Wan einer auß denen/ so die obberührte Laster begangen haben/ sich durch die Beicht gebessert hat/ so dann auch der jenige/ welchem auß Göttlicher Gütigkeit/ Gewalt zu binden vnd zu lösen vertrawet ist/ sich etwas gelinder erzeigt/ dieweil er des Sünders grosse Rew in der Beicht vermercket/ kan er jhm die Zeit der aufferlegten Buß beschneiden vnd ringern: dann der ist solcher Verdammung/ (verstehe zu einer so langwirigen Buß) nicht würdig/ dieweiln die Historien heiliger Schrifft/ vns klar vnnd lauter anzeigen/ daß die jenigen/ so mit grösserm Fleiß/ Mühe vnd Arbeit beichten/ die Barmhertzigkeit bälder erlangen vnd ergreiffen. Schliesset vmb Gottes Willen ewere Augen auff jhr verblendte Ablaßstürmer/ vnd werdet gewahr/ ob nicht diser heilige Vatter ein zeitliche Straff nach erlaßner Schuld erkenne/ ob er nicht befohlen/ dieselbige zu gebürlichen Zeiten durch den Ablaß gantz/ oder nur theils zum wenigsten/ hinweg zunemmen.

Gregor. Nazianzenus. Can. 1.3.4 qui ex ipso recitatur in Nomoc. loc. cit.

    Ich nimb zum Zeugen diser Warheit auch den H. Gregorium Nazianzenum, jetztgemeltes Basilij Brudern/ einen hochansehligen/ vnnd der Kirchischen antiquitet trefflich erfahrnen Lehrer/ der schaffet vnd gebeut/ daß man mit den jenigen etwas milters vnd gütigers handlen soll inn Aufflegung der Buß vnd Erlassung der Straff/ die auß Gebrechligkeit jhres kleinglaubigen Gemüts/ zu Zauberern vnd Warsagern gelauffen/ oder aber andere Laster begangen hätten.   Ich

Das 14. Capitel.

Ich wolt nur gern/ daß ich des H. Gregorij Nazianzeni, (so inn der Kirchen GOttes wie ein fruchtbarer Bawm neben den Wasserflüssen geblüet/vnd des heiligen Hieronymi Præceptor gewesen/ auch vom H. Augustino/ ein hell leuchtendes Liecht/ ein Fluß der Wolredenheit/ vnd ein fürtrefflicher Theologus begrüsset worden) Schrifftlich hinterlassene Wort hieher setzen kündt (wann ich nicht des anmutigen Lesers vil zulange Auffhaltung zuuerhüten/ gäntzlich entschlossen) in welchen er auch außtrückliche Anregung thut/ stationem nocturnarum, der nächtlichen Kirchgäng/ nicht anderer Gestalt vnd Vrsach/ als erst allegierter Tertullianus. Greg. Nazianz Psal. 1. Hieron. in Catal. script. Eccl. Et Apolog. 2. in Ruffin. August. lib. 1. con. Iul. Pelag. cap. 2. Orat. 1. de Theolog. aduersus Eumonianos. Orat. 1. aduersus Iulianum.

Gleicher massen muß ich den H. Chrysostomum/ so vmb 414. Jar nach Christi geburt/ ein gewaltiger Prediger vnd Lehrer/ beneben auch Patriarch zu Constantinopel gewesen/ vnberühret lassen/ der die Priester vnnd Bischoffe an vilen Orten/ fürnemlich im Buch von Würdigkeit der Priesterschafft vnderweiset/ wessen sie sich in Minderung oder Mehrung der aufferlegten Straff gegen den büssenden Sündern verhalten sollen. Vnd an einem andern Ort gemelten Buchs/ lehret er mit druckenen Worten: Solcher Gewalt die zeitliche Bußstraff zumindern oder gar hinweg zunemmen/ könne den Vorstehern der Kirchen durchauß nicht angesprochen werden. Ioan. Chrysos. Lib. 2. de dign. Sacerd. cap. 3. & 4. Lib. 3. cap. 5.

Vnbillich were des H. Vatters Ambrosij Ertzbischoff zu Meyland/ welcher das grosse Liecht den heiligen Augustinum/ durch den Glauben/ der Christlichen Kirchen geboren/ allhie vergessen/ der doch solchen Gewalt der Kirchen/ nach Christi Geburt vngefährlich 390. Jar/ nicht allein schrifftlich hat gelehrt/ sondern auch würcklich practiciert vnd getriben. Was hat er anders als eben diß andeuten wöllen/ da er vnder andern vilen Sprüchlen/ so zu disem Scopo dienlich sagt: Magnus Dominus, qui aliorum merito ignoscit alijs, & dum alios pro- Ambrosius. Lib. 3. in Luc. paulo post. init.

O

Bericht vom Ablaß/

bat, alijs relaxat errata. Groß ist der HERR/ der vmb frembd Verdienst (oder Gnugthuung) andern verzeihet: vnd in dem er andere probiert vnd versucht/ andern jhre Sünd relaxirt. Vnd widerumb hernach ein wenig: Disce, qui iudicas ignoscere; disce, qui æger es impetrare: si grauiũ peccatorum diffidis veniam, adhibe precatores, adhibe Ecclesiam, quæ pro te soluat, cuius contemplatione, quod tibi Dominus negare posset, ignoscat. Das ist: Lerne/ der du andere richtest/ verzeihen/ lerne/ der du kranck bist/ erlangen: wann du an Verzeihung deiner schweren Sünd mißtrawig bist/ nimb Fürbitter darzu/ brauch die Kirch/ so für dich (die zeitliche Straff belanget) außzahle/ (auß jhrem gemeinen Schatz der Genugthuungen Christi vnd seiner Heiligen) in welcher Anschawung der HERR verzeihe/ was er dir sonsten abschlagen köndte. Bißhero diser heilige Vatter. Was köndt des Kirchenschatzes Nutz vnnd Application deutlicher außtrucken? Geschicht nicht Meldung/ daß Gott vmb frembd Verdienst andern verzeihe? Thut er nicht Anregung/ die Kirch könne jhrer Glider Sünd/ so vil die zeitliche Straff anlangt/ außzahlen/ vnd von dem jhrigen darlegen? Ist ein Mirackel zusehen vnd zuhören/ daß die Ablaßfeind im mittägigem Liecht diser Warheit/ gleich wie die Natcheulen im klaren Schein der Sonnen/ also schändlich freßam blintzeln.

Wolan/ seyt jr an der Lehr nicht benügt/ nembt das Werck vnd sein eigen Exempel. Seyt jhr inn der Kirchischen Histori also grob vnerfahren/ daß jhr nicht gelesen/ wie er sich gegen dem Keyser Theodosio verhalten? Wisset jhr es nicht? Oder wöllet jhr es wissentlich/ aller Ketzer Art nach/ wider ewer Gewissen nicht wissen? So lugenstraffet [a] Theodoretum, heisset liegen [b] Ruffinum, laugnet [c] Gratianum, vnnd andere vil mehr Scribenten/ oder seyt der vnlaugbarn Warheit geständnig. Es schreiben dise sammentlich vnd sondersam/ welche

[a] Lib. 5. Hist. cap. 18.
[b] Lib. 2. Hist. Eccl. cap. 11.
[c] lib. q. j. cap. cum apud Thessalon.

Das 14. Capitel.

cher massen der heilige Ambrosius/dem Keyser Theodosio dem Eltisten/ ein langwirige offentliche Kirchenstraff vnnd Pein/ durch den Bann aufferlegt/ welcher gehlinger vnuorsehener Entleibung vnd Vmbbringung 7000. vnschuldiger Menschen zu Thessalonica in Griechenland: Hernach aber da er die Osterlichezeit vber/ wegen solcher Sünd/ auch nachmals lange zeit/vom heiligen Ambrosio mit dem Bann vnd Excommunication gestraffet/ auch der Niessung des heiligen Sacraments/ Eingangs der Kirchen/ Gemeinschafft mit andern Christen entsetzt vnd beraubt gewesen/ vnd er benante Sünd mit bitterlichem Weinen vnd casteyen des Leibs berewete/ist hochgenanter H. Vatter/durch sein demütigs bittlichs Flehen/erweicht worden/ ein theil der Pein vnd Straff/ die er zuleiden wol länger würdig gewesen/auß tragendem Bischofflichen Amptsgewalt/ gantz vnd gar zuerlassen vnd zuschencken. Was thut aber jetzo der Papst anders wann er Ablaß gibt? wann er durch außspendung des Kirchenschatzes / die zeitliche Straff relaxirt? Ist es dem Papst nicht zu billigen/ muß es dem heiligen Ambrosio gewiß nicht recht zusprechen seyn.

Vnd köndt euch Lutheranern fürnemlichen desto ehe verzihen werden/so jhr ewerm alten/gleichsam angebornen/ doch gelehrten Leuten/für welche jr wolt gehalten werden/wenig rühmlichen Brauch nach/alle dise H. Vätter/als Menschen/ sampt der Griechischen vnd Lateinischen Kirchenjrthumbs straffet/ waß der H. Augustinus/so auch länger als vor 1200. Jarn in der Kirch gelehrt/von dem jhr/jedoch vnuerschambt/ lugenhaffter weiß fürgebt/er habe durchauß gelehrt/ wie ihr jetzo lehret/ welcher

Bericht vom Ablaß /

stehern gewisen hette. Was sagt er anders / da er also schreibt:

Homil. 50. Necesse est, vt Episcopos & Ecclesiæ Prælatos, pœnitentes accedant, à quibus satisfactionis modum & mensuram accipiant. Von nöthen ist / daß die Büssenden zu den Bischoffen vnd Vorstehern der Kirchen (als durch welche des Himmels Schlüssel administriert vnnd verwaltet werden) kommen / vnd von jhnen Weiß vnd Maß jhrer Genugthuung empfahen. Was ist diß anders gelehrt / als die Vorsteher der Christlichen Kirchen / haben Macht / auß Gewalt der Schlüssel / so jhnen von Christo vertrawet vnd befohlen / den Schuldigen verdiente Straff eintweders zumehren / das ist / binden / oder aber zumässigen / das heißt / aufflösen?

Iu Enchir. cap. 65.
In lib. de Ec-cles. dogma-tib. cap. 55.
Ser. 8. de ver-bis Domini.

Eben diß ist sein Lehr an andern vnzählich vil Orten seiner Bücher / an welche ich den gelehrten Leser / so weitter nachzuschlagen begierig / gewisen haben wil.

Dise Zeugnussen / von Gewalt der Kirchen / die zeitliche Straff nachzulassen / das ist / Ablaß zugeben / hab ich allein auß den vhralten / so wol Griechischen als Lateinischen Vättern hieher setzen wöllen / damit vnserer Widerpart die vnuerschämbte / falsche / dem gemeinen Pöfel für das pur lauter Euangelium / eingepfropffte Aufflag / der Ablaß sey ein newes Werck / ein Finantzerisch Geltnetz / nur vor wenig hundert Jaren / von den Päpsten Gewins vnd Bauchfüll halber erdacht / verwisen / vnd die offentliche Lug / zu Rettung der Warheit / vnder Augen gestossen werde. Darumb ich aller anderer Lehrer vnd Vätter / die vnserer Zeit etwas näher in der Kirchen gelebt / vnd disen Articktel vom Ablaß / in jren Schrifften befestigt haben / als da seyn / Venerabilis Beda, S. Anselmus, Theodorus Cantuariensis, S. Thomas Aquinas, S. Bonauentura, S. Antoninus, Gulielmus Altisiodorensis, Alexander Alensis, Ioannes Gerson, &c. Vnd die hochberühmtisten Lehrer Geistliches Rechtens / als da seyn / Iuo Episc. Carnotensis, Burchardus Episcopus Wormatiensis

Das 14. Capitel.

vatiensis, &c. willig vnd gern geschweigen/ vnd jre Schrifften hievon vnbemühet lassen wil.

Diß kan ich zuuermahnen nicht vmbgehen/ darff sich keiner hieran ergern/daß obangeregte H. Vätter/ inn vil besagter Verzeihung zeitlicher Straff/ nicht allezeit außtrücklich benennen/ solche Ablösung zeitlicher Straff werde auß dem Schatz der Gnugthuungen Christi/ vnnd der lieben Heiligen genommen: Dann sie auch/ wann sie die Sünd durch das Sacrament der Buß vnd Tauff nachliessen/ im wenigsten nicht gedachten/ solches geschehe durch Applicierung der Verdiensten Christi/wie doch im Grund der Warheit geschicht/ vñ sich ohn Meldung selbst verstehet/ vnd vnsere Widersacher auch bekennen müssen/ dann es muß Göttlicher Gerechtigkeit durch die Verdienst des Leidens Christi genugsam Ergetzung geschehen/ sie werden gleich inner oder ausser des Sacraments appliciert.

Nun begehre ich endtlichen zum Beschluß diß Capitels/ vom parteyischen Leser/ so etwa einem dise Schrifft zuhanden käme/nichts anders/als ein Christlichs/ der Vernunfft gemeß/ vnd vnparteyisch Vrtheil/welches/ wann es gefället/ wurd der Ablaß gewißlich nicht als ein new Gedicht gescholten vernachtheilt/ ja vil mehr/ als ein einhellige vralte Lehr der H: Vätter/ vnd vnsers Glaubensarticul inn hohem Werth vnnd Acht genossen werden.

Bericht vom Ablaß/

Das 15. Capitel.

Der Gewalt des Ablaß wirdt auch auß den H. Concilien bekündigt.

Nder den Concilien/inn welchem der Gewalt Christlicher Kirchen den Ablaßschatz außzuspenden approbiert vnd gebilliget wirdt/ kommet vns erstlich vnsere Christlichen Apostolischen Glaubensbekantnuß zuhanden/welche/wie a Clemens, b Tertullianus, c Irenæus, d Origenes,

a Epist. ad Iacfrat. Domini:vt lib. 2. consti.Apost. cap.4.
b de præscript.hæret. cap. 4.
c Lib. 1. aduersus hær. cap.2.
d In Prolog.Perierg.
e Epist. 115.
f Sermon.deSymbol.
g Lib. de Ecclofficiis, cap.23.
k lib. 6. Etym.cap. vlt.
h Epist. 13.

e Augustinus, f Gregorius Nissænus, g Isidorus, h Leo, vnd andere vil mehr H. Vätter einstimmig bezeugen/die Apostel selbsten/ ehe dann sie sich inn alle Welt vertheilt/ gemachet haben.

Vnd ist ermeldter Apostolischen Glaubensprofession zehender Artickel: Jch glaub Vergebung der Sünd. Nun bleibt einmal gewiß bey allen Theologen/ muß auch bey den Ketzern vnlaugbar seyn/ kan darauß nicht anders werden/ daß die Sünd/nicht allein die Schuld vnd Pflicht zur ewigen/ sondern auch zur zeitlichen Straff in sich begreiffe. So dann ein Verzeihung der Sünd/ wie billich von vns geglaubt wirdt/ muß nit allein die Schuld vnd ewige/sondern auch die zeitliche Straff/durch erwandte Verzeihung erlassen werden/diß letste geschehe gleich im Sacrament/ oder aber ausser dem Sacrament/durch den Ablaß/oder genugthanliche Werck.

Nach Christi Geburt 252. Jar/ zu Papst Cornelij vnnd Keysers Decij Lebenszeit hat ermelter Papst zu Rom ein Concilium 60. Bischoffen/ vnnd so vil Priestern wider den Ketzer Nouatum gehalten/in welchem er Nouatus, sampt seinem Anhang verdampt vnd verbannt/ vnnd darneben beschlossen worden/

Das 15. Capitel.

den/die Gefallenen/ so Christum verläugnet hetten/ wann sie sich widerumb bekehren/ vnnd der Kirchen wolten einuerleibt werden/ soll man mit brüderlicher Lieb auffnemmen/ vnd nach beschaffenheit aller vmbstände der Personen/ sollen der Kirchen Presidenten die Buß für zeitliche Straff jnen aufflegen/ abkürtzen/ oder gantz vnd gar außlöschen vnd erlassen/ welchs nicht anders ist als Ablaß geben. Dises Concilij gedencket Cyprianus inn einem Sendbrieff zu Antoniano geschriben. *Lib. 4. Epist. 2.*

Im Ancyranischen Concilio, zu Ancyra inn Galatia gehalten/ im 308. Jar nach Christi Geburt/ vnder der Regierung Papsts Eusebij/ vnd Keysers Diocletiani/ wirdt allen Bischoffen Vollmacht geben/ die zeitliche Straff/ so zuselben Zeit den büssenden Sündern/ Vermög Canonum Pœnitentialium, auffgelegt wurd/ jhres Gefallens/ doch mit Bescheidenheit/ eintweders zu erlängern/ oder zubeschneiden vnd zuerlassen: Auch etlichen so ein zeitlang gebüsset/ gantz vnd gar hinweg zunemmen/ durch das Ampt der Schlüssel. Was ist diß anders als Ablaß geben? Vnd ist diser Gewalt dazumal/ bald nach der Apostel Zeit gebilligt worden/ warumb muß diß jetzo den Ketzern/ wann es Papst vnd Bischoff thun/ vnrecht heissen? Warumb muß es aberglaubisch seyn? Warumb muß es für ein Gottslästerung außgeruffen werden? Vnd ligt daran nichts/ daß diß Concilium nit allgemein/ sondern nur prouincialisch gewesen ist/ dann es nachmals im allgemeinen sechsten Concilio zu Constantinopel in Trullis gehalten/ bestettigt vnd confirmirt ist worden. *Concil. Ancyranum. Can. 2. & 5.* *Vide Sex. Syn. Constant. in Trullo habitū Can. 2. Concil. Nicæ. Platin vita S. Sylvestri.*

Im ersten allgemeinen Concilio, welches nach Christi Geburt 315. Jar vnderm Papst Siluestro vnnd Keyser Constantino Magno, dessen Authoritet vnd Ansehen/ der H. Vatter Gregorius Magnus so hoch schätzet/ als eines auß den vier Euangelisten/ wirdt im eilfften Canone beschlossen/ was im vor- *Lib. 1. Epist. 1. ad Ioan. Constātinop. Et habetur apud Gratianum d. 15. cap. sicut.*

Bericht vom Ablaß/

gehenden/ man soll mit denen/ so vnder der Tyranney Pflegers Liciny gesündigt hetten/ inn Verlaugnuß Christlichen Glaubens/ vnd Buß zuthun begehrten/ etwas barmhertziger handlen/ vnnd jhnen nach Gelegenheit/ die Straff theils/ oder gantz vnd gar/ durchs Ampt der Schlüssel nachlassen. Vnd geschicht jetzo nichts anders als diß/ vnd wirdt Ablaß geheissen. Ists dazumal recht gewesen/ warumb jetzo vnrecht?

Concilium Laodicænum. Gleicher massen im Laodicenischen Prouincialconcilio/ welches nach Christi Geburt 364. vnder Papst Liberio vnnd Keyser Constantino zu Laodicæa gehalten/ welches im obersagten Constantinopolitanischen allgemeinen Concilio auch bestettigt worden/ haben die versamlete Vätter einhellig beschlossen/ etliche Büssende sollen nach bekürtzter/ oder gantz vnd gar erlaßner vnd geschenckter Buß vnnd zeitlicher Straff/ welches bey vns jetzo Ablaß genennet wirdt/ zur Communion zugelassen werden.

Concil. Carthag. Tertiu. Vnd damit ich kurtz hindurch gehe/ andere verschweigend/ im dritten Carthaginensischen anno Domini 398. vnder dem Papst Syricio/ vnd Theodosio dem ältern Römischen Keyser/ auch Prouincialischen/ so doch im nechstbesagtem Constantinopolitanischen ebenmässig bestättigte/ wirdt der Bischoff Gutduncken heimgestellt/ kurtz oder lange Zeit/ die zeitliche Straff abzulegen/ den Büssenden zuernennen/ welches nichts anders ist/ als durch Gewalt der Kirchen/ denen so jhre Sünd gebeichtet/ Ablaß geben/ oder mit Vrsach versagen.

Der Ablaßfeind nichtige Antwort. Wider erzehlte Concilia, können die Ablaßfeind nichts anders hören lassen/ als jhr alte gewöhnliche Geygen/ Es werde das Wort Ablaß durchauß nirgens gedacht/ darumb seyn sie jhnen nicht zuwider. Es gedencken aber dise blinde Maulwürff/ vnd so in Glaubensachen jhres Gefallens wülen vnd auffwerf-

Das 15. Capitel.

sen/wo vñ was sie wöllen/daß eben dz jenige/so wir Ablaß nennen/in benanten Concilien gelehrt/befohlen vñ bestettigt wirdt/ darumb wir vns vmb den Namen nicht zupalgen vnd zureissen haben/ der Both so das Gelt bringt/ heisse gleich Heintz oder Cuntz/ es werde gleich der zeitlichen Straff Hinnemmung/ Verzeihung/Schenckung/Nachlassung oder Ablaß genennet. Dann wann etwas gewiß/ vnd von der Christlichen Kirchen geordnet ist/ligt wenig daran/mit was Namen es (wofer es jm gemeß)außgesprochen werd/ jetzo vnuermeldt/daß in den folgenden Concilien der Nam Ablaß diser Verzeihung gegeben wirdt.

Im grossen Lateranensischen allgemeinen Concilio, welches zu Rom anno 1215. vnder dem Papst Innocentio dem dritten diß Namens/ vnd Keyser Philippen/ des Barbarossæ Sohn/celebriert/ vnd neben dem Papst vom Hierosolymitanischen vnd Constantinopolitanischen Patriarchen 70. Ertzbischoffen/400. Bischoffen/12. Abten/ 800. Religiosen Priorn/ des Griechischen vnd Römischen Keyserthumbs Legaten/ auch der Königen von Jerusalem/Franckreich/Hispanien/Engelland vnd Cypern Ambassadorn/ besetzt gewesen/ thut sich das Concilium beklagen/daß durch gar zufreygebig/ der Indulgentien vnd des Ablaß Außspendung/ der Gewalt der Schlüssel in *Can. 62.* mercklichen Veracht kommen vnnd gerahten/ wirdt hierauff sanciert vnd beschlossen/ daß der Ablaß einer new consecrierten *Verstehe die* Kirchen am Tag der Consecration/ vber ein Jar sich nicht erstrecke/ vnd im Jartag der Consecration vnd Kirchweyhung/ *so durch ein* nicht mehr als 40. Tag Ablaß von einem Bischoff verliehen *Jar obge-* wurden/ es sey gleich die Kirch von einem oder mehr Bischof- *büsset wer-* fen consecriert. Beneben disem/ wirdt zu Endt diß Concilij, *den mußt.* allen denen/ so zu Eroberung des heiligen Lands sich schreiben lassen/oder aber zu solchem Kriegswesen wider die vnglaubigen Saracener sonst anderwerts verhülfflich / nach vollbrachter

R Beicht

Bericht vom Ablaß/

Beicht vnd Empfahung des heiligen Sacraments/grosser Ablaß vom gantzen Concilio gemeiniglich ertheilet. Hie müssen die Lutheraner vnd Caluinisten des Ablaß/ so lang vor disem Concilio, sampt seinem Namen im schwang gewesen/ geständig seyn/oder aber sagen/die gantze Kirch (welches ein grewliche Gottesläſterung) hab geirret.

Concil. Viennenſe in Gallia.
Vide Clem. vnicam de Relig. & venerat Sanctorum.

Nachmals auch anno 1305. vnder dem Regiment Papſts Clementis diß Namens des fünfften/ iſt der Ablaß/ welchen Papſt Vrbanus der vierdte/allen denen/so am Feſtag des hochwürdigen Fronleichnams Chriſti/vnd durch die gantz octauam den heiligen Emptern beywohneten/ etlich vil Jar zuuor geben hätte/im völligen Concilio beſtettigt/die jenigen aber/so durch Außtheilung des heiligen Ablaß/ Finantz vnd Krämerey getrieben/ſcharpff geſtrafft/vnd ein rechtmeſſiger Brauch des Ablaß gebilliget worden.

Concil. Conſtantienſe. Seſſ. 8. 15 & vlt.

Deßgleichen auch im Concilio zu Coſtnitz/ anno 1435. iſt vnder andern/ des Wickleffs Ketzerey/ so den Ablaß verneint/ nichtig gemacht/vnnd des Ablaß heilſamer Brauch approbiert vnd zugelaſſen worden.

Concil. Tridentinum. Seſ. 25.

Vnd ſchließlichen/iſt im nechſten allgemeinen Concilio zu Trient beſchloſſen worden/der Gewalt Ablaß außzutheilen/sey der Kirchen von Chriſto gegeben/ vnd dem Chriſtlichen Volck sehr fürtrefflich vnd heilſam/befihlt alle deſſelben Mißbräuch/ ſo ſich in Außſpendung des Ablaß eingemengt/ abzuſchaffen/ vnd verbannt alle/die den Ablaß verlaugnen.

Vnd nimbt mich wunder/ mehr als kein ding auff Erden/ wie die Kirchenfeind/die Lutheraner vnd Caluiniſten/nit allein diſes letzten/ſondern auch aller anderer/ vor vil hundert Jaren gehaltener Concilien Authoritet/ also gering ſchätzen mögen/ vnd gantz vnd gar für irſam verſchlagen dörffen/ da doch der

Epiſt. 118. ad Ianuar.

heilig Auguſtinus sagt: Semper fuit in Eccleſia generalium Conciliorum saluberrima authoritas. Es iſt allezeit der allge-

Das 15. Capitel.

allgemeinen Concilien Authoritet vnd Ansehen inn der Kirchen am heilsamsten gewesen / vnd was der geringste / der gröbst vnd vngelehrtist Bachant vnder jren Wortschreyern dem Volck einplodert / muß lauter Euangelium seyn. O armes verblendtes Teutschland wo bistu hingerahten? Warumb lässest du dich von disen Baalspropheten also gottsjämmerlich bethören? Dann so der ein Heyd vnd Publican zuschätzen ist / Matth. 18. der sich der Kirchen vnnd nur einem einzigen Concilio widersetzt / was soll von euch Lutheranern vnnd Caluinisten gehalten werden / die jhr so vil heilige / vnd auch allgemeine Concilia, ja die gantze Kirch / von 1500. Jarn / von der Apostel Zeit hero / Jrrthumbs straffen / vnd euch ewers Gehorsambs entschlagen dörfft? O schamlose / hartneckige Halßstarrigkeit / wie hast du dich diß Wercks verfangen können? Wie hastu also vermessen / also freuenlich seyn mögen?

Wolan / wann jhr Ablaßfeind erweisen werdet / der Ablaß sey nichts anders als ein Pest vnnd Seuch der guten Werck / Betriegerey / Finantz vnd Schelmerey / wie jhn ewer Nattergezücht / so wol die Lutherische als Caluinische Clamanten / auff offener Cantzel / inmassen ich mit meinen leiblichen Ohren offtermals gehört / fälschlich dargeben / so habt jhr probiert / daß die Kirch / so lang sie gewehret / von der Apostelzeit hero allwegen / biß ewer Luther die Kutten an ein Zaun gehänckt / in Jrrsal gesteckt / vnd Christus / die vnfehlbare Warheit gelogen hab / da Ioan. 16. er seiner Kirch Assistentz vnd Beywohnung des H. Geists / von welchem sie in alle Warheit geleitet werden soll / verheissen / welches doch ein vnendtliche Gotteschmehung seyn wurde.

Das 16. Capitel.

Daß die Römische Bischöff vnnd Päpst/ den Ablaß von der Apostel zeit hero/ bald von 1500. Jarn gebraucht.

Vffdaß Menigklich des H. Ablaß/ sowol in heiliger Schrifft/ Vättern vñ Concilien/ als inn der Kirchischen Tradition (welche von euch Lutheranern vnnd Caluinisten/ wo fern jr recht getaufft/ vnd Christen seyn wöllet/ mit Warheit nicht widersprochen vnd verneint werden kan) vnnd vns von Hand zu Hand gegebnen Gebrauch des Ablaß/ vnabbrüchlich verwahrten Grund/ in höchster Acht zunemmen verursacht werde/ hat mich für gut/ vnd der Mühe vnd Arbeit würdig angesehen/ etliche Römische Bischoff vnnd Päpst hieher setzen/ so des Ablaß Außtheilungen von Anfang sich gebraucht haben/ andere lassen wir vmb Kürtze willen vnangeregt.

Vnd fürnemlich den heiligen Apostel Paulum in seiner andern Epistel zu den Corinthiern verschweigend/ sey der erste Soter/ ein heiliger Martyrer vnd Bluetzeug Christi/ so im 176. Jar nach Christi Geburt auff dem Stuel Petri sitzend/ die gantze Christenheit regiert/ welcher/ wie Gratianus schreibt/ lehret/ daß die Christliche Kirch zurselben Zeit die Büssende/ so etwan ein zeitlang hero nach verrichter Beicht/ der Bußsatzungen Ordnung gemeß/ für zeitliche Straff jhrer Sünden gebüsset hätten/ am Grünen donnerstag/ zur Empfahung des hochheiligen Sacraments des Leibs vnd Bluts Christi/ vorhin zuuersöhnen/ vnd den Rest

1. Cor. 2.
Besihe eben das dritte Capitel.
Cap. Qui coena de consecr. dist. 2.

der

Das 16. Capitel.

der Bußzeit/ für zeitliche Straff/ zuerlassen gepflogen hab/ gestaltsam jetzo auch/ vnd eben auff dise Weiß im Ablaß geschicht. *Merck dise wort.*

Calixtus, der nicht weniger sein Blut wegen Christliches Namens vergossen hat/ da er vngefährlich 220. Jar nach Christi Geburt zur Zeit des Keysers Antonij Caracallæ, das Römische Bisthumb verwesen/ hat inn einer Epistel ein Constitution gemacht/ daß den jenigen Priestern/ so etwa wegen begangener Missethat Buß thun/ nicht allein vor bestimbter Zeit/ auß Gewalt der Schlüssel vom Bischoff die Bußstraff erlassen/ sondern auch/ wo fern es rahtsam/ zu vorigen Ehren/ Ampt/ Würden vnd Dignitet eingesetzt werden mögen/ verstehe/ wann die Sünd nicht gar zugroß vnnd ärgerlich gewesen. Was ist die Bußzeit auß Gewalt der Schlüssel mindern vnnd beschneiden anders/ als die zeitliche Straff verzeihen/ welches jetzo bey vns Ablaß geben heißt. *Platina in eius vita. Epist. ad vniuer. Episc. per Gal. constitutos.*

Vnuerneinlich ist/ daß der H. Papst Syluester/ so die allgemeine Kirch guberniert/ da man zahlt nach des Erlösers Geburt 339. Jar/ vnd vil des Christlichen Glaubens willen vil erlitten/ sonderlich da er von dem wütenden Tyrannen/ auff dem Berg Soracte ins Ellend ist relegiert vnnd verwisen worden/ durch welches Heiligkeit vñ Mirackel/ die Gott durch jn gewürcket hat/ der erste Christliche Keyser Constantinus/ so von ermeltem H. Papst bekehrt vñ getaufft/ verursacht vñ bewegt worden/ vil Kirchen zu Rom von Grundauß zuerbawen/ vnnd mit vil Kleinodien/ Renten vnd järlichen Zinsen zubegaben/ welche der H. Syluester alle selbsten in eigner Person geweyhet/ vnd mit vil Ablaß begabet hat/ inmassen solches nicht allein vil fürtreffliche Scribenten/ sondern auch mercklich vil alte Monumenta/ so in der Statt Rom zusehen/ bekantlich machen. Vnnd haben nachmals etlich hundert Jar/ solche Indulgentz vnd Ablaß/ welcher Syluester/ vnd nach jhm zu vnderschiedlichen *Platin. de vit. Pontif. in eius vita.*

R iij

Bericht vom Ablaß/

chen Zeiten andere Päpst/als Pelagius/ Nicolaus 4. Clemens
4. ꝛc. bemelter Kirchen verliehen/ jhre Successorn widerumb
vernewert/vnd mit Apostolischer Authoritet ratificiert.

Ser. 2. in Anni-uers. Assumpt. suæ ad Pontificatum.

Vnder andern H. Päpsten/ so sich des Ablaß gebraucht/
ist nicht der wenigste der H. Papst Leo / so anno Domini 469.
Christi vnsers Erlösers Statthalter auff Erden/wie er sick selb-
sten in einer Predig nennet/gewesen/vnnd wegen seiner Heilig-
keit/Kunst/Wolredenheit vnd Weißheit/fürnemlich aber/vmb
sein gehabte Sorgfältigkeit für die Kirch Christi / billich den
Tittel vnd Zunamen Magnus, das ist/der Groß/erlanget/ hat
das Römische Volck offtermals zu den Stationen vnd Kirch-
gängen vermanet/damit sie Verzeihung zeitlicher Straff/
welches/wie hieuor auß Tertulliano vnd andern Patribus auß-
geführt / inn solchen stationibus am meisten geschach / für jhre
Sünd erlangeten.

Serm. 1. & 4. de ieiun. & Pente-ce. Et serm. 2.3.4.5.7. de ie-iunio mensis Septimi.

Eben diß ist gewiß vom heiligen Gregorio/der 615. Jar
nach Christi Geburt/ zur Zeit der Keysern Phocæ vnd Mauri-
tij gelebt/ein heiliger vnd gelehrter Mann/ der auch seiner Für-
trefflikeit halber/ billich der Groß ist genennet worden/ von
welchem/ob wol der heilig Thomas von Aquin/vnd mit Guili-
elmo Antisiodorensi Platina, verneinen / daß er erstlich die
stationes vnd gemeine Kirchgäng (die zu Rom so herrlich vnnd
hochzeitlich begangen werden/ darumb/ daß man fürnem-
lich in denselben des heiligen Ablaß theilhafftig wirdt)
eingesetzt vnd verordnet habe: Jedoch so hält Onophrius Pa-
ninius, so in Kirchischen Historien hochberühmbt vn erfahren/
nicht allein für sich selbst gewiß/sondern confirmiert es auch auß
den Schrifften Petri Diaconi, dem ich derohalben wegen etli-
cher vhralten Kirchenlehrer/von denen droben genug vermeldt/
Beyfall geben muß/daß die stationes wol vom heiligen Grego-
rio Magno in ein gewisse Ordnung vnd Anzahl gebracht/auch
mit vilen Indulgentien vnd Ablaß geziert/ aber nicht erstlich

Tractat. de Stationib.

seynd

Das 16. Capitel.

seynd von jhm eingesetzt worden / sondern noch vil älter / vnnd von der Apostel Zeit hero entflossen.

Papst Leo der dritte diß Namens / der nach dem Jar vnsers Heyls 803. auff dem Stul Petri gesessen / vnd auß Päpstlichem Gewalt das Römische Keyserthumb Carolo Magno vnnd den Teutschen Fürsten verliehen / hat grosse Indulgentz vnnd Ablaß denen außgetheilt / so die fürtreffliche Kirch zu Aach / von ermeltem ersten Teutschen Keyser Carolo / zu Ehr der vbergebenedeyten Gottesgebererin Mariæ erbawet / besuchten (gestaltsam er auch andere Gottshäuser zu Cölln am Rheyn vnd bey der Mosel gelegen / stattlich mit Ablaß begabt) fürnemlich aber allen Christglaubigen / die den Tag / so dem heiligen Suuiberto / Bischoffen zu Werden / geheiliget ist / gottseligklich zubrächten vnnd ehreten / wie inn ernantes H. Bischoffs Leben zulesen ist. Dann also redet der heilige Ludgerus: Idem S. Leo Papa, Anno Dominicæ incarnationis 803. cum magna solennitate suorum Cardinalium, Archiepiscoporum, Episcoporum & Prælatorum, ad Imperatorem Carolū in Germaniam veniens, & ab eodem Imperatore Imperialiter cum suis susceptus, inter multa pietatis suæ opera, instantia eiusdem Sereniſsimi Imperatoris & Regis, Aquisgrani in Palatio, dedicauit Ecclesiam perpetuæ virginis Mariæ, donans eandē Ecclesiam multis Indulgentiis. Auff Teutsch: Eben diser heilige Papst Leo / da er im Jar des Herrn 803. mit grosser Solennitet seiner Cardinäl / Ertzbischoff / Bischoff vnnd Prelaten zum Keyser Carl inn Teutschland kam / ist er von ermeltem Keyser sampt seiner Gesertschafft keyserlich empfange worden. Vnder andern Wercken seiner Gottsforcht / hat er auff begehren des Durchleuchtigsten Keysers / vnd Königs zu Aach / in seinem Pallast ein Kirch zu Ehren der Jungkfrawen Mariæ geweyhet / vnnd dieselbe mit vil Ablaß begabet.

Platina in eius vita.

Laurent. Sur. Tom. 2. de vit. Sanct. init. Martij, in vita S. Suuiberti Episc. Werdens. desumpta ex Epistola S. Ludgeri cap. 9.

Vnd

Bericht vom Ablaß/

Vnd nach wenig Worten: Et Coloniæ Agrippinæ, tam ad S. Martinum, quàm in Capitolio, Altaria, & multa alia Monasteria & capellas per Alemanniam & Galliam consecrauit, vbique multas Indulgentias conferendo. Das ist: Vnd zu Cölln am Rhein / so wol zu S. Martin als im Capitolio, hat er vil Altär / vnnd anderstwo vil Clöster / Altär vnd Capellen / durch Teutschland vnnd Franckreich consecriert / allenthalben grossen Ablaß außtheilent. Widerumb hernacher: Obtulit idem S. Papa, eidem Ecclesiæ speciales indulgentias, cunctis fidelibus, celebrantibus festum S. Suuiberti Episcopi. Das ist: Eben der H. Papst/ hat sonderlichen Ablaß geben / allen Christglaubigen/ so den Festtag des heiligen Suuiberti begehen.

Platin. in eius vita.

Nachmals Papst Sergius der ander diß Namens/der vmb das Jar 858. den Stul Petri besessen/hat drey Jar vnd drey Quadragen verliehen/allen denen/die des heiligen Martini Kirch zu Rom/in Montibus genant/am Tag des H. Martini besuchen/inmassen auß einer vhralten Marmelsteinerin Taffel bekundigt wirdt/ so mit ältisten / jetzo fast vnleslichen Buchstaben eingehawen/ daß durchauß kein Argwohn einiges Betrugs darhinder stecken mag. Welches ich zum offtermal / wann ich in gedachter Kirch/auß Deuotion Gott dem Vatter das vnbefleckte Opffer der H. Meß auffgeopffert / mit sichtiglichen Augen gesehen/gelesen/ auch einsmals von Wort zu Wort abgeschriben hab.

Es ist ja bey jederman vnlaugbar / bezeugens auch vil alte glaubwürdige Histostorienschreiber/daß Papst Benedictus der 8. so vmb das Jar des HErrn 1006. das Bapsthumb administriert/dem H. Keyser Henrich / vnnd seiner H. eheuertrawten Gemählin/ der H. Kunigunda (mit welcher er allezeit/ biß an sein End/ zu der gantzen Christenheit höchster Verwunderung in jungkfrawlicher Keuschheit stettigs bliben)zu gefallen/ gen

Bam

Das 16. Capitel.

Bamberg kommen/ vnnd allda das newe Stifft/ so nach der Thumstiffts Kirchen Vollendung/ die H. Jungkfrawen vnd Keyserin Kunegunda/ von jhrem Mütterlichen Erbgut/ Gott dem Allmächtigen zum förderften/ vnd dem H. Ertzmartyrer S. Stephan zu Ehren/ vonn Grundtauß erbawet/ vnnd mit grossem Einkommen begabt hatte/ in beyseyn 72. Bischoffen consecriert/ vnd neben jhnen mit grossem Ablaß begabet hat/ jnmassen noch heutigs Tags inn ermeldtem Stifft/ auß vilen alten Monumenten gründtlich zuersehen.

Gregorius der 7. diß Namens/ so im Jar deß Herrn 1063. dem Papstumb löblich fürgestanden/ wie sich in seinen Schrifften zuerspieglen/ hat vnzählich vilmals Ablaß außgetheylet. *Gregor. 7. in Regist. Episto. ad Episco Britan. & lib. 6. Epist. ad Rauennates. Et Epist. 9. ad Cómorantes in Prouincia. Et Epistol. 23. ad Theodoricum Verdun. Episc.*

Vnnd nicht allein die Magdeburgische Centuriatores, so sonsten jhr Kirchenhistori mit allerley Lugenkoth heßlich beschmitzt/ sondern auch alle andere Ablaßfeind/ seynd deß gern gestendig/ daß der Papst Vrbanus diß Namens der ander/ so im Jar 1084. auff dem päpstlichen Stul/ deß H. Petri Nachseß gewesen/ allein denen/ die mit dem H. Creutz bezeichnet/ zu Eroberung der H. Statt Jerusalem/ mit gewehrter vnd wolgerüster Handt gezogen/ Im Claromontischen allgemeynen Concilio, wie der H Antoninus bezeugt/ vollkommenen Ablaß für alle jhrer zeitlichen Sünden Straff verlihen hab/ durch welches Mittel er ein mächtiges Kriegsheer/ in die dreymal hundert tausendt Starck/ zusamen gebracht. *Platin.in eius vita. 2. part. Hist. tit. 16. cap. 1. §. 23.*

Deßgleichen hat Papst Paschalis der ander/ so stracks nach Abgang Vrbani deß H. Petri Stul erhalten/ im Lateranensischen Concilio, wie Vrspergensis bezeugt/ den jenigen Büssenden/ die der Aposteln Petri vnnd Paul Kirchen Limina, oder Geschwell besucheten/ 40. Tag Jndulgentz vnnd Ablaß *Abb. Vrsperg. in Chronicis. Anno 1116.*

Bericht vom Ablaß/

wie vor auch angezogen im nächsten Capitel/gleicher Weiß mit einhelliger Einstimmung deß grossen Lateranensischen Conciliumbs/welches dazumalen versamblet/ grossen Ablaß denen verlihen/so vmb Eroberung deß H. Landes/ mit gewehrter Hand außzogen/ oder aber der zu Hilff vnd Steür liferten.

D. Thomas serm. de Festo corporis Christi, Vide Clement. vnic. de Reliq. & vener. Sanctorum.

Papst Vrbanus der vierdte so Anno Domini, 1249. dem Papstthumb sehr löblich vorgewesen/hat denen/ so das Fest deß Fronleychnams Jesu Christi/ mit allen Tagzeiten andächtiglich begiengen / mit grossem Ablaß / ihrer Deuotion Widergeltung vnd Ergötzung gethan.

Vide Henric. Gādau. quodlib. 15.

Papst Nicolaus der vierdte/ so Anno 1274. floriert/ hat auch Ablaß geben denen/ so zu Eroberung deß H. Landts/ Hilff reichen.

Papst Bonifacius der achte/ vmb das Jar deß Herrn 1281. der allgemeynen Kirchen Haupt gewesen / hat erstlich das Jubeljar/ mit grossem Ablaß eingesetzt.

Henric Gandau. quodlib. 15.

Papst Nicolaus der fünff/vmb das Jar deß Herrn 1439. Hat auff Ansuchen deß Königs auß Hispanien/ denen Ablaß geben/ so wider die Vnglaubigen zu Feld außgezogen.

Sixtus der vierdte / so Anno Domini, 1464. Papst gewesen/ hat den jenigen Ablaß geben/ die das Fest vnser lieben Frawen Empfängkunß andächtigklich hielte. Wil deren Päpsten geschweigen/ die schier zu vnsern Zeiten/ auß mancherley beweglichen Vrsachen Ablaß geben/ als da ist/ Pius 4. vnd 5. Paulus 3. vnnd Leo der zehendt/ welcher nicht allein den Ablaß/ den Julius der ander zu Aufferbawung S. Peters Kirchen zuuor geben/ bestätigt vnd confirmiert/ Sonder auch Martin Luther/der hievon Vrsach seiner Ketzerey vnd Abfals genommen/ vnd derowegen sein höllische Drachengall erstlich Vnder das Volck gesprützet/ von der Gemeyn der Glaubigen außgeschlossen.

Vrtheil nun/vmb Gottes Willen/ gutherziger Leser/ ein
Vnpar-

Das 17. Capitel.

vnpartheyisch / vngefälschtes / vernünfftiges Vrtheyl / ob der Ablaß / wie die Wortsclamanten schreyen / ein newes Papisten fündlein sey / oder nicht / kanst du diß herauß erwinden / wil ich d.r nicht widersprechen.

Das 17. Capitel.

Das die Lehr vom Ablaß durch Wunderwerck auch vonn GOtt bestätigt worden.

Das diser Articul vom H. Ablaß / nicht Abgöttisch oder Abergläubisch / wie in aller Ketzer fälschlichersuchte Jnnzicht / vnbillich beklagen thut / ja jmmerdar in die Catholischen Kirche / von der Apostel Zeit an / biß auff vns: Wiewol auß Vrsach / vilfältiger / der schnöden Welt Sünd vnd Boßheit / so sich je lenger je mehr gemehrt / in den letzten fünff oder sechshundert Jaren / etwas öffter / dann zuuor gebraucht worden / halt ich darfür / ist genugsamlich auß etlichen Capiteln / jetzo nacheinander darthan. Jetzo wil ich zu mehrer Bekrefftigung der Warheit / nur zweyer H. Männer / von welchen der Ablaß nicht allein geprediget / sondern auch mit Wunderzeichen bestätigt / gedencken / andere aber dergleichen vilmehr Historien / beliebter Kürtz willen / hindtergehen.

Der erste sey der H. Vatter Bernhardus / welcher / daß er ein sehr heiliger vnd fürtrefflicher Lehrer gewesen / können vnns weder Lutheraner noch Calninisten in Abred stehen: Dessen geben wir genugsam Zeugnuß / nicht allein seine hinderlassene Schrifften / sondern auch / vnd noch vilmehr / sein heiliger / vor

Bericht vom Ablaß/
der gantzen Welt unsträflicher Wandel/ ja endlich die mehr=
fältige/ von Gott durch jhn gewürckte Wunderwerck diser hei=
lige Mann/ hat beylauffig umb das Jar deß HErren 1134.
den Ablaß/ welchen Papst Eugenius der dritte diß Namens/
allen denen geben hat/ durch Annemung deß H. Creutzzeichens/
sich zum heiligen Hierosolymitanischen Krieg/ wider die Un=
glaubigen/ gebrauchen liessen/ durch sein predigen allenthalben

Lib. 1. de Cō- publiciert unnd außgetheilt. Diß gestehet er selbsten im andern
sid ad Eugen. Buch/ von der Betrachtung an hochernannt Papst Eugenium
sub. init. Cucurrimus planè in eo, non quasi in incertū, sed te iuben-
te, imò per te iubente DEO. Wir seynd fleissig gewesen/ vn̄
in disem Werck (der Publication deß Ablaß) nicht ins Un=
gewiß (oder von Niemands darzu deputiert) sonder auß dei=
nem Befelch/ ja durch dich auß dem Befelch Gottes.

Das aber Gott solche Predig und Publication deß Ablaß/
unnd Vollkommener Verzeyhung aller zeitlicher Straff der
Sünden/ durchauß nicht mißfallen/ sondern zum höchsten be=
häglich und annemlich gewesen/ ist in dem klar unnd scheinbar=
Lib. 4. cap. 4. lich zuvernemmen/ daß zu Bestätigung solches Ablaß/ vil Wun=
vitæ S. Bernh. derzeichen durch jhn gethan/ wie in seinem Leben weitläuffig zu
lesen ist. Dann er auff einen Tag/ nach verrichter Ablaßpredig
mehr dann 20. Personen von underschiedlichen Kranckheiten
gesund gemacht/ die Teuffel außgetrieben/ ja den Blinden von
Mutterleib an/ jhr Gesicht widerumb zugestellt. Solt er auß
Geheyß Päpstlicher Bulln ein Abgöttisch Werck/ daß ist/ den
Marci 16. Ablaß gepredigt haben/ wie wurd der Herr seiner Predig mit=
gewirckt/ unnd das Wort mit folgenden Zeichen bestätigt ha=
ben? Ist aber dazumal untadelich unnd recht gewesen/ das
Papst Eugenius vollkommenliche Verzeyhung unnd
Ablaß für alle zeitliche Straff der Sünden außgespen=
det hat: Auß was Ursach muß es euch Lutheranern und Cal=
uinisten jetzo unrecht seyn und heissen? Kein andere wiße ich zu
ernennen/

Das 17. Capitel.

mercken/ dann ewern grimmig gefaßten Neyd/wider den Römischen Stuel/ deß H. Apostels Petri/ dem jhr nicht einigen Gewalt der Schlüssel/ja auch nicht die zeitliche Straff/die das geringste in der Sünd ist/zuuerzeyhen gönnen wolt: Aber ewrn vngesaltzenen vnnd vngeschmaltzenen Predicanten/ die weder von Gott noch der Kirchen/ mit einiger Macht ein Hund auß dem Ofen zulocken (geschweig ein Sünd zuuergeben) geschickt seynd/ gebt jhr Lutheraner fürnemblich Gewalt mit einem Wort nicht allein die Schuld vnd ewige/ sondern auch die zeitliche Straff zuuerzeyhen. Aber wie ewer Beicht/ also ist auch ewer Absolution: Jene taugt nicht ein Nestelstefft/ oder Schnellfeigen/ dise noch vil weniger.

Der ander deß Ablaß Wunderzeug/ ist der heilige Vatter Franciscus/ein Stiffter deß Franciscaner Ordens/welcher/wie in der Cronic ermelten Ordens/ vnnd anderstwo bey vilen andern Scribenten zu lesen ist/ der weitberhümbten Kirchen/ der vbergebenedeyten Mutter Gottes zu Ehren consecriert/ vnnd S. Maria de Angelis, genennet wirdt/ vnd allernächst bey Assis im Welschland/in der Prouintz Vmbria ligt/ wunderbarlicher Weiß/von Gott dem Allmechtigen grossen Ablaß erlangt hat. Dann als in ermelter Cronic/ vnnd von andern vilen erzehlt wirdt: Ist diser Kirchen Ablaß vnd Jndulgentz vom HErrn Christo selbsten gegeben worden/ durch Fürbitt der H. Mutter Gottes/auff bittlich Anlangen deß H. Vatters Francisci/dises zuuor vnerhörten Verlauffs/ wie folgt.

Da der H. Vatter Franciscus auff ein Zeit in seiner Zellen allernächst bey ernandter Kirchen/ mit jnnbrünstigem Eyfer bettet für das Heyl der Menschen/ erschiene jhm ein Engel deß Herren/ vnd sagt zu jhm/ er solt in die Kirch hinein gehn/ dann Christus der Herr/ vnd die Mutter Gottes warteten seiner mit einer grossen Schar der Engel. Welchem/ da er bestes Fleiß nachkommen/ in die Kirch gangen/ vnnd Christi deß HErren/

Lib. 2. Chronic. Ord. min. Speul. vitæ S. Franci. ca. 88. Franciscus Gonzaga de Seraphicæ Religio. ordine & progressu, parte 2. conuentu L

sambt

sambt seiner gebenedeyten Mutter/ vnd der Himmlischen Heerscharen/ ansichtig worden/ fiel er vor grosser Forcht/ vnnd ehrerbietigem Hertzen/ auff sein Angesicht. Vnd der HErr Jesus sprach zu Francisco/ also auff der Erden ligend: Francisce/ du bist sehr sorgfeltig/ mit deiner Gesellschafft/ für das Heyl der Seelen/ für welche ich mein Blut vergossen hab: Derowegen erlaub ich dir/ zur Fürderung solches Heyls/ vnd Seligkeit der Menschen/ mit Ehrerbietung gegen Göttlicher Maiestät/ was du wilt/ zubegeren/ es soll dir gewährt vnd geleistet werden. Er aber lag fast gantz vnnd gar verzuckt im Geist/ wegen Contemplation vnd Betrachtung der Hochheit vnd Maiestät deß Herren. Endtlichen/ da er ein wenig zu sich kommen/ vnd ein Hertz gefaßt/ bettet er also: Hochheiligster Erlöser Menschlichen Geschlechts/ ich armer Sünder/ bitt dich/ du wöllest dise Wolthat Menschlichen Geschlecht erweisen/ vnd allen vnd jeden Menschen/ so inn dise Kirch kommen/ Verzeyhung aller zeitlichen Straff ihrer Sünd vnnd Missethaten wider dein heiliges Gesatz/ verleyhen/ doch daß sie zuvor dieselbige dem Priester gebeichtet/ vnd durch das Sacrament der Buß/ inmassen du befohlen vnd eingesetzt/ der ewigen Straff vnd Schuld nach/ abgelegt haben. Vnd ich bitt auch demütigklich dein heilige Mutter Mariam/ ein Fürsprecherin deß gantzen Menschlichen Geschlechts/ daß sie/ zu Erhaltung meines Ansuchens/ bey deiner Göttlichen Maiestät ein Fürbitterin seyn wölle.

Auff dise Wort deß H. Vatters Francisci/ hat sich die Königin der Engel von stundan erweichen lassen/ für solch begehren bey jhrem Sohn fürbittlich anhalten/ darauff Christus solche Resolution vnd Andtwort erfolgen lassen. Sehr hochwichtig vnd groß ist/ was du gebetten hast/ Bruder Francisce/ aber du bist dessen/ vnd mehr werth/ wirdst auch grössere Ding erhalten. Ach billige dein Begehren/ vnd laß dein Bitt Statt haben/ jedoch mit dem Geding: Gehe hin zu meinem Statthalter dem
Römischen

Das 17. Capitel.

Römischen Bischoff / welchem ich Gewalt auff Erden geben hab/zubinden vnnd zulösen / vnd begehr von jhm/ inn meinem Namen / den versprochenen vollkommlichen Ablaß: Vnd die zwölff Gesellen deß H. Francisci/ so in jhren Cellen allernächst dem Gebett abwarteten/ wurden deß grossen Liechts/ vnd der Englischen Schaar gewahr/hörcten auch/ vnd verstunden alle Wort/ so allzumal gesprochen wurden/ aber vor grossem schrecken dorfft sich keiner auß der Celln in die Kirchen wagen. Deß andern Tags / verfügt sich der H. Franciscus zum Papst Honorio/ der sich dazumaln zu Peruß/ etwan 3. Stund Wegs/ von ermeltem Ort/ befandt/ legt jhm sein Werbung/ auß Geheiß Christi deß HErrn / für / vnd erlanget was er begeret/ als nemblich/ daß alle Christglaubige/ so jhre Sünd wahrhafftig bereuet vnnd gebeichtet hatten/ inn Besuchung hochgedachtes Gottshauß/ der H. Mutter Gottes von den Engeln genandt/ Verzeyhung all jhrer Sünd/ die sie vonn Kindt auff/ biß auff Eingang diser Kirchen/ Tödtlich oder Läßlich begangen/vollkommenlich erlangeten.

Dieweilen aber zu Eroberung dises vberwirdigen Ablaß kein gewiser Tag erzylet worden / ist Christus der HErr nachmals dem H. Francisco widerumb erschienen/ vnd zu Erarnung vnd Erlangung gedachter Wolthat/ den andern Tag Augusti/ an welchem das Franciscaner Fest/ B. Mariæ de Portiuncula genanndt/ gehalten wirdt/ bestimmet/ diser Gestallt/ das der Ablaß/den ersten Augusti/von der Vesper anfangen solt/vnd wären biß am andern Tag widerumb zur Vesper. Hat solchen Tag nachmals auch Papst Honorius mit Apostolischer Authoritet bestätigt/vnnd siben nächste Bischoffe / als von Assiß/ Peruß/ Fuligno/ Spolet/ Tudert/ Eugulia/ vnd Nuceria/zur Promulgation ermeldtes Ablaß beschriben.

Nach erfolgter Publication / ist diser Ablaß in der gantzen Welt weyt vnd breyt bekandt/vnd von allerley Nationen/ auch

jeder Sort Menschen/höhes vnd niders Stands/järlich besu=
chet worden. Könden deſſen auch/laut etlicher Päpſtlicher dar=
über außgangener Bullen/ nit allein die Franciſcaner Mönch/
wo die ſeyn mögen/ in der gantzen Welt/ ſondern auch alle die/
ſo diſem Orden/ durch die Bruderſchafft S. Franciſci Gürtel
einuerleibt (wie aller anderer Indulgentien vnnd Ablaß / mit
welchen vilgedachter Orden reichlich begabt iſt) durch Beicht
vnd Communion/ mit beſonders hochſchätzlichem Priuilegio/
erlangen vnd erhalten.

 Diſe Hiſtori/ welche ich nach genugfilgiger Lenge erzehlet
hab/weiß ich wol/ kan vor den Ablaßverfolgern nit vngemeulet
bleiben/ muß gewißlich durch ihre ſpöttiſche Laſtergoſchen getri=
ben werden: Dann ſie könden nit gedulden/ thut jhnen im Her=
tzen wehe/ das hie durch drey fürneme Catholiſche Lehrpuncten
vnd Articul confirmiert vnnd beſtätigt werden. Der erſte vom
Ablaß: Der ander von deß Papſt Gewalt: Der dritte von der
Beicht: Jedoch wann jhnen ſchon vor Neyd das Hertz zerkra=
chen vnnd birſten ſolt/ werden ſie doch der Warheit/ mit jhrem
läſtern wenig Abbrüch thun. Dann es beſtätiget diſe Hiſtori/
erſtlich der Franciſcaner Chronic/ ſo beſchriben worden/ langſt
ehe wann Luther auff die Welt kommen. Zeugnuß gibt jhr der
H. Bernhardus/ der ein heiligs/ mit vilen Wunderzeichen ge=
ziertes Leben geführt. Es confirmiert ſie der H. Lehrer Antoni=
nus/ deſſen Geſchicklichkeit/ vnnd H. Vnſträfflicher Wandel/
vil Frucht vnd Nutzes in der Kirchen geſchaffet hat. Krafft gibt
jhr faſt der gantzen Welt Zulauff/ſo an benandtem Tag/vonn
etlich hundert Jaren hero/ noch jährlich beſchicht. Endtlich be=
gründen/ vnnd/ wider aller Ketzer Sturm/ Schützen ſie die
Tägliche Wunderwerck/ſo Gott der Allmechtig heutigs Tags
noch (wie ich Perſönlich mit meinen Augen derſelben vnzäh=
lich vil Indicia vnd Andeutungen geſehen hab) in diſer Kirchen
der hochgelobten Mutter Gottes/ wider den ordenlichen Lauff
der Na=

Tom. 1. Ser. 9.
In Euan. Do-
min. 1. Quadr.

3. part.ſum.hi-
ſtor. tit. 24.ca.
14 §. 3.

Das 17. Capitel.

der Natur/ durch vbernatürliche Krafft würcket/ daß also hiedurch der heylsame deß Ablaß Brauch ⁊c. nicht wenig mag gestärckt werden.

Nimb trewwilliger Leser diß Argumenta abermals/ vnnd ziehe es zu vernünfftiger Erwegnuß/ vnd schließ/ was vom Ablaß zuhalten.

Das 18. Capitel.

Der Ablaß vnd sein Außspendung/ wirdt durch etliche starcke Argumenten krässtigklich erwunden.

Demnach der H. Ablaß nunmehr auß heiliger Schrifft/ vnnd vnucrneinlichen Zeugnussen der H. Vätter/ vnd allgemeynen Concilien/ genugsam begründet/ damit diser/ bey jetziger Zeit/ am allermeysten verhaßte Articul/ ohn allen Mangel/ in der Warheit auch bestärcket vnd geschützet werd/ wöllen wir etliche starcke/ wolgewaffnete Argumenta/ wider die Ablaßfeind zu Feld Staffieren.

Das erste Argument vnd Beweisung.

Vnd erstlich/ wañ der Ablaß/ wie seine Feind fälschlich mit lauter Vngrund fürgeben/ ein newes Papi-

Bericht vom Ablaß/

Merck diß wol Gegentheil/ ist vil hieran gelegen.

eygnet würde/ sag/ man gehe dan zuruck/ auff der Apostel Zeit/ gegen dem Anfang deß Euangelischen Gesatzes. Hergegen aber die Ketzereyen/ haben allzeit ein gewises Haupt/ Authorn/ Ort vnnd Zeit/ von vnnd inn welchem sie Vrsprünglich entflossen.

Sagt mir nun ihr Ablaßgeisel/ wann? Vnter welchem Papst? Zu welcher Zeit ist der Ablaß introduciert/ vnnd erfunden worden? vor zweyhundert Jaren/ wie ewer Predicant

a parte Exam. Concil. Trid. pag. 333. lat.

einer Martin Kemnitz/ in seinem/ vber das Tridentisch Concilium, mit Lügen wie ein alter Haaß/ gespickten Buch/ auß grobem Vnuerstand liegibt? Es ist ein offentliche Vnwarheit. Warumb? Er bekennet doch selbsten/ an gemeltem Ort/ die

Hievõ besih droben das ander Capitel.

Waldenser Ketzer seyen die ersten gewesen/ die den Ablaß angefochten. Ist nun diß war/ so muß der Ablaß schon weit mehr dann 300. vnnd nicht wie Kemnitz sagt/ nur 200. Jar alt seyn.

O was geb Kätzig drumb das sein vnd seins Vatter Luthers fünfftes Euãgeliũ so lang gewert? Behüt Gott wie ward er darauff pochen!

Dann die Waldenser Ketzerey angefangen hat/ beyläuffig/ vmb das Jar nach Christi Geburt/ 1160. zu Papst Alexandri deß dritten/ vnd Keyser Fridrichen deß ersten diß Namens/ Zeiten/ wie ᵃ Æneas Sylvius, vnd ᵇ Gabriel Prateolus bezeugen/ Oder aber zum längsten vmb das Jar da man zehlet/ 1170. wie ᶜ Guido Carmelita vnd ᵈ Claudius Cussordius darfürhalten.

ᵃ De orig. Bohem. cap 15.
ᵇ Lib. 14. de vit. & sect. Hæret. tit. Paup. de Lugduno.
ᶜ Lib. de Hæresibus
ᵈ Lib. vlt. con. walden.

Recht ist von den Alten/ im gemeynen Spruchwort gesagt/ einer der Meisterlich zuliegt willens/ müße wol achtung geben/ damit ein Lug auff die ander Kling/ darinen Keinitz/ der sich mit seinen eigenen widerwertigen wort ins Maul schlägt/ sehr fahrlessig gewesen/ dann so das groß lateranensisch Concilium von deme oben gehandelt/ welches Anno 1215. versamlet ist gewesen/ die Mißbreüch so allbereit gewachsen in Außspendüg des Ablaß eingerissen waren/ ernstlich abgeschaffet hat/ wie kan der Ablaß nur zweyhundert/ will mehr vnd doppelt legen/ nur vier hundert Jar alt sein: wo ist erhöret worden/ das ein Mißbrauch einrisse/ als in die jenige ding so lang geweret haben? wie aber Martin

Kemnitz

Das 17. Capitel.

Kemnitz dißfals die Warheit also kärglich/ vñ brüdermännisch gespart/ oder aber der Kirchen Historien also vnerfahren gewesen/ ist nicht allein auß deme Weltkündig/ daß Papst Paschalis der ander/ im Jar deß Herrn 1089. 40. Tag allen denen Ablaß geben/ so zum außgeschriebenen Concilio kommen waren/ wie Abbas Vrspergensis bezeuget/ der dazumal im Leben gewesen: Vnnd widerumb vor disem/ beyläuffig vmb das Jar 1012. Papst Benedictus der achte in S. Stephans Kirchen in Bamberg Consecration: Vor disem Anno 844. Papst Sergius: Vor Papst Sergio/ Anno 803. Papst Leo der dritte/ damit ich anderer/ als deß H. Gregorij/ vnnd Syluestri/ so noch vil älter/ geschweige. *In Chronic. illius anni.*

Derowegen/ so Kemnitz/ oder ein anderer Ablaßverfolger/ wer der auch seyn möcht/ kein Jar/ kein Tag/ kein Papst/ namhafft machen kan/ in/ vnd vnder welchem/ der Ablaß angefangen/ ja auch keinen Historienschreiber/ der solche Ablaßerdichtung ihrem vnbündigen Verichen nach/ inn seinen Schrifften verzeichnet hab/ benemmen (so doch sonsten vnmöglich/ wann der Ablaß nicht von der Apostel Zeit entflossen/ were/ es wurd sich zum wenigsten ein Scribent erfunden haben/ der solches in seiner Historien Schrifftlich hinderlassen/ wie alle andere/ der Päpsten Statuta vnd Satzungen/ vnd was diser/ oder jener/ in der Kirchen angestellet/ beschrieben seynd) muß folgen/ daß der Ablaß Apostolisch sey/ vnnd alle Zeit in der Kirchen gleichwol erstlich nicht vnderm Namen Indulgentia, oder Ablaß/ sondern/ wie droben angedeudet/ bißweiln vnder dem Namen/ deß fridens/ zu Zeiten vnder dem Tittel der Verzeyhung/ vñ Abkürtzung zeitlicher Straff biß endtlichen/ fast vor 900. Jaren/ der Nam Indulgentia, oder Ablaß gebraucht zuwerden/ angefangen.

T ij   Das

Bericht vom Ablaß/
Das ander Argument vnd Bewerkung.

Ein gute vnnd alters hergebrachte löbliche Gewonheit/so weder Gottes noch der Kirchen/oder der Natur Gesätz zuwider/hat die Krafft/ Stärck/ vnd Vigor/einer gebottenen Satzung vnd Statuts/daß die Gewonheit opponiert/vnd setzt der H. Paulus den Zänckischen zuentgegen/so diß oder jenes nit thun wöllen/mit fürwenden/es were nicht gebotten. Wann einer (spricht Paulus in seiner ersten Epistel zu den Corinthiern) vnder euch zanckisch ist/ der wisse/ das weder wir/ noch die Kirch Gottes / dise Gewonheit habe: (das ist/ daß die Weiber mit blossem vnbedecktem Haupt in der Kirchen sein sollen.) Der H. Hieronymus vñ Theophilactus deß H. Chrysostomi Abbreuiator/ lehren in Außlegung diß Orts (ob es gleich andere etwas anders expliciren) da der H. Apostel Paulus geheissen/ die Weiber sollen mit verhültem Haupt sich inn die Kirchen verfügen/ hab er mit disen Worten einen heimblichen Gegenwurff begegnen vnd widerlegen wöllen. Dann es hätt einer sagen können / wo stehet es geschriben/ daß die Weiber mit bedecktem Haupt in der Kirchen betten sollen? Wil hierauff Paulus antworten/ solches sey ein gute hergebrachte/auß Eingebung der Natur/zimbliche Gewonheit/die so viel Krafft hab/ als ein Gebott vnd Gesätz.

Tertullianus auch / wirffet den Ketzern seiner Zeit die Gewonheit für/ als ein starcke vnüberwindliche Mawer. Eben diß thut der H. Augustinus/ also sprechend. Statuere possumus, ea, quæ obseruamus, licet scripta non sint, sed à maioribus tradita, quasi per manus accepimus, & in toto mundo obseruantur, vel ab Apostolis, vel ab vniuersalibus Conciliis, quorum salutaris est in Ecclesia authoritas, profluxisse. Zu Teutsch: Wir könden schliessen/ das die jenige Ding/ die wir halten vnd obseruieren/ ob sie gleich nit geschriben seynd/ sondern nur von vnsern Vorvättern / gleichsam von Hand

1. Corin. 11.

Hieron. in expos. huius loci Theophil. in hæc verba 1. Cor. 11.

In li. 6. de Coro. Milit.

Epist. 118. ad Ianuar.

Das 17. Capitel.

von Hand zu Hand/ empfangen/ vnd doch in der gantzen Welt im Schwang/ eintzweder von den Aposteln/ oder von den allgemeynen Concilien/ deren Ansehen in der Kirchen heylsam ist/ hergeflossen.

So dann Paulus/ Tertullianus vnd Augustinus/ die gute Gewonheit für ein Gesatz dargebotten/ vnd fürnemblich/wie Augustinus spricht/ein solche Gewonheit/ die inn der gantzen Kirchen bräuchig vnnd gäng/ ob sie gleich nicht in Schrifften verfaßt/von den Aposteln/ oder von den allgemeynen Concilien/entflossen sey. Warumb solt dann die Gewonheit/ den H. Ablaß zuempfangen/ nichts gelten/ der doch vor so vil hundert Jaren/ ehe Luther vnnd Caluin jemals die Sonn gesehen/ bey vilen heiligen Leuthen/die ihres Lebens gottseligen Wandel/mit mercklich vilen vbernatürlichen Wunderzeichen gezieret haben/ dermassen respectiert vnd in Acht genommen worden? Ja allein dannenhero/ wann er gleich weder in den H. allgemeynen Concilien/weder in der H. Schrifft/ vnnd der H. Vätter/ gegründet wäre/ welches wir doch hievor weitläuffig probiert haben/ solt er von allen Christglaubigen angenommen/ geehret/ genützet/ vnd im höchsten werth geschätzet seyn.

Vnnd vmb desto mehr Starck hat diß Argument/ wider Luther vnd Caluinum/ dieweil sie auß ihren Paradoxen vnnd satischen Vnglaubens Articuln/ nicht einem mit solcher Gewonheit der gantzen Christlichen Kirchen/ vor einem/ zwey/ drey oder mehr hundert Jaren/ behaupten vnnd handtvesten könden.

Das dritte Argument vnd Beweisung.

Vnnd damit wir dem vorigen Argument gegen vnser Widerpart desto mehr Krafft vnnd Wirckung eintrucken/ wann der Gebrauch deß H. Ablaß/ nit Göttlich/ gut/ vnd heylsam/wurd er warlich nichts

T iij   Göttlichs/

Matth. 7.

Göttlichs/ guts/ oder heylsams geberen: Dann wil ein böser Bawm gute Frucht bringen? Christus die vnfälbare Warheit verneint es selber.

Was entspringen aber für Frücht auß dem Ablaß? Besserung deß vorigen Lebens/ Zunemung vnnd Fortpflantzung deß wahren Glaubens/ der Lieb vnd Hoffnung/ Ehrerbietung gegen dem Gewalt der Schlüssel/ Würckung viler guten Werck/ als deß Almosen/ deß Fastens/ deß Gebetts/ Beicht/ Buß vnnd Berewung der Sünd/ empfahung der H. Sacramenten/ Besuchung der Heiligen/ Gott/ vnd seinen lieben Außerwählten/ so mit jhme jetzo in seinem Reich regieren/ zu Ehren geweychten vnd dedicierten Oerter/ vnd andere dergleichen vnzählich vil/ lobreiche/ gute/ bey Gott verdienstliche Werck: Dann niemal gewiß vnd vnweygerlich/ beruff vnd ziehe mich auff den Augenschein/ vnd alle Bulln/ in welchen Ablaß geben wirdt/ zu dessen Erlangung eins dergleichen/ oder mehr gute Werck erfordert werden.

Wann dann der Ablaß so vil gute Werck in der Kirchen auffpflantzet/ so gute Frücht bringet/ wie jhr wahrhaffte Bewendung der Sachen selbst reden/ vnd sich verandtworten laß/ wie kan müglich seyn/ daß der Ablaß ein böser Bawm/ daß er ein Melthaw/ Seuch/ vnd Pestilentz aller guten Werck/ das er ein Abgötterey/ vnd Babylonischer Antichristischer Grewel sey? Nimmermehr wurd der Teuffel einem Vrsprung so viler guten Werck/ das ist/ einem so stetigem Brauch deß Ablaß (wo es in seinen Mächten) so lang zusehen/ vnd jhme seinen Lauff gutwilligklich verstatten.

Das vierdte Argument vnd Beweisung.

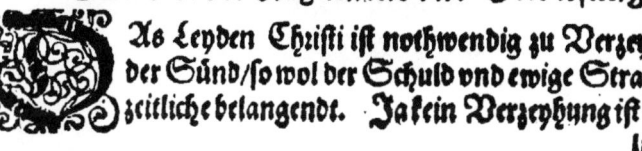

Das Leyden Christi ist nothwendig zu Verzeyhung der Sünd/ so wol der Schuld vnd ewige Straff/ als zeitliche belangendt. Ja kein Verzeyhung ist möglich zu

Das 17. Capitel.

lich zugeschehen/ ohne desselben Wirckung / wie auß vnzåhlich vilen Stellen H. Schrifft zuuernemmen. Kan aber die zeitliche Straff nicht auch ausserhalb der Sacrament durch ermeltes Blut Christi/ inn andern Mitteln erlassen werden? Was verhindert es? Ist es villeicht nicht krafftig genug darzu? Ein gottslåsterlichs Wort were/ solches veriehen. Villeicht kan die zeitliche Straff/ solcher Frucht deß Leydens Christi/ ausserhalb der Sacrament nicht geniessen? Ist nit darfür zuhalten: Daß wann sie sonsten durch Gebett/ durch Fasten/ durch Casteyung deß Leibs/ vnd Allmosen/ ausserhalb deß Sacraments erlassen wirdt/ mag sie zweyffels ohn durch Application/ vnnd Anwendung deß Leydens Christi Verdienst/ welches im H. Ablaß geschicht/ gleichermassen verziehen werden. Daß bey vns gewißlich vn ohnzweyfflich seyn muß/ gleich wie in allen andern Wegen deß Herrn/ nit allein Barmhertzigkeit/ sonder auch neben ir Gerechtigkeit gefundt werde: Also auch inn diser Verzeyhung Barmhertzigkeit/ dieweil Christus vnserer Sünd Beschwernuß gleichsam für sein eigene rechnet: Gerechtigkeit/ in deme/ dieweil das Verdienst deß Leydens Christi dem Sünder zugewendet wirdt/ gleichsamb/ als wann er selbs für die Sünd gelitten hätte/ vnnd diß wegen der Einigkeit mit vnserm Haupt Christo Jesu: Vnd hergegen/ daß der Sünder durch den Ablaß die zeitliche Straffschuld Gott gleichsam auß dem Seinigen bezahle/ aber nicht also/ das der Werth durch jhne/ sondern allein durch Christum/ deme er als ein Glied einuerleibt/ erworben sey.

Hierauß dann schließlich wol zuermessen/ was vom heiligen Ablaß zugedencken/ mit was Krafft
deß Leydens Christi/ er inn vnns
fruchten müsse.

Rom. 5. 5.
Ephes. 1.
1 Ioan. 1. 1.
Apoc. 1.
Hebr. 9.

Das

Das fünffte Argument vnd Beweisung.

DER Gerichtszwangliche Gewalt der Kirchischen Schlüssel/ so von den Theologen/ zur Distinction vnnd Vnderschied vom Schlüssel der Wissenschafft/ Clauis iurisdictionis genennet wirdt/ muß sich nicht allein/ inmassen bißhero zu billiger Benügung dargethan/ vnnd auch mit Grundt kein Ketzer laugnen kan/ auff die Lösung vnd Bindung mit vnnd vonn der Excommunication/ Geistlicher Acht/ vnnd Bann/ so inn dem H: Sacrament geschicht/ ja vil weitter erstrecken. Dann wo diß nicht also gestallt vnd bewendet/ wie hätt die erste Kirch Canones pœnitentiales Bußregeln vnnd Satzungen introducieren/ zeitliche/ vnd wegen begangener Missethat vor Gericht verdiente Straff/ durch ein andere in disem Leben/ vermög bemelter Canonum gleichsam aufferlegte Compensation verzeyhen/ vnd dieselbige allein durch ihre Häupter vnd obriste Vorsteher/ ausser aller Sacrament/ bißweilen ringern/ abkürtzen/ ja gantz vnd gar erlassen dörffen: Daher hat Christus dem H. Petro vnd seinem Nachkömbling Gewalt zu binden vnd zu lösen geben/ daß gleich wie einer in ein verschlossens Gemach ohne die Schüssel nicht eingehen kan/ also auch nicht inn den Himmel/ ohne die Schlüssel Petri/ vnd der Christlichen Kirchen.

Wann dann solche Schlüssel in der ersten Kirchen/ sich nicht allein auff Schuld vnd ewige/ ja auch zeitliche Straff zu binden vnd zu lösen erstrecket/ warumb wolt diser Gewalt jetzo nicht mehr in der Kirchen seyn? Warumb wolt Christus widerumb abgefordert haben/ was er einmal geben? vnd fürnemblich/ da es am meysten von nöthen ist? Vnnd so dazumal solche Bindung vnnd Auflösung zeitlicher Straff/ ausserhalb deß Sacraments der Buß/ geschehen könden/ warumb nicht auch jetzo durch den Ablaß ausserhalb ermelten Sacraments?

Hierauß

Das 18. Capitel.

Hierauß entfleußt ein vnuerneinlich Argument für den Ablaß/ vnd der Kirchen Gewalt/ vber denselben/ als nemblich/ der Kirchen Gewalt auffzulösen/ muß sich so weyt erstrecken/ als der Gewalt zubinden. Dann wo dem nit also/ köndte Christus das Wörtlein/ Quodcunque solueris, Quodcunque ligaueris, alles was du binden/ alles was du lösen wirdst/ nit wie zum binden/ also auch zum lösen/ gebrauchet haben.

Aber die Kirch hat Gewalt ausserhalb deß Sacraments/ durch eusserliche Iurisdiction, zubinden: Wie Paulus den vnkeuschen Corinthier abwesend/ ausserhalb deß Sacraments in Bann gethan/ vnd mit zeitlicher Straff gebunden hat.

1. Corin. 5.

Ergo, muß schließlich folgenn/ das die Kirch ausser deß Sacraments Gewalt hab/ wie mit Straff zubinden/ also auch dar von auffzulösen. Nicht von der Sünden Schuld/ oder ewiger Straff: Derowegen von der zeitlichen. Diß geschicht durch den Ablaß/ so muß der Ablaß nicht verwürffig seyn.

Vnnd wirdt endtlichen dise Aufflösung/ vonn ermelter Straff/ in ansehen der Iurisdiction, vnnd geistlichen Gerichtszwangs der Kirchen/ billiges Rechtens (gleichsam einer am Band der Schuld vnd Pflicht zur zeitlichen Straff angelegt/ vnd gebunden/ durch bare Bezahlung/ auß der Kirchen Schatz ledig gemacht wirdt) Ablaß geheissen.

Das sechste Argument vnd Beweisung.

SA wann wir auch den Discurs vnsers Verstandts/ in Betrachtung deß Ablaß Schatzes/ ob er der natürlichen Vernunfft gemäß/ ein wenig nur bemühen wöllen/ ereygnet sich von stundan/ im ersten Anblick daß sich durchauß gezimmen wölle/ denselben inn der Kirchen Gottes/ als in einem von Gottes Sohn/ durch sein H. Geist zum höchstem wolgeordnetem Regiment zuernennen/ vnd dessen Verwaltung vnd Sorg/ der Kirchen Häuptern einzuantworten:

Bericht vom Ablaß/

ten: Dann einmahl gewiß/das in allen ordenlich bestellten Regimenten vnnd Gemeynden / gemeyner Güter Außtheylung/ dem Fürsten/Hauptregenten/ oder höchsten Obrigkeit zuständig ist. Deroselben Ampt vnd willkürlicher Vollmacht/ist auch anhengig/eines Genugthuung für den andern zu zulassen/wañ sie probierlich verneynen / solches geneynem Nutz fürträglich zuseyn. Zum Exempel/ wann ein Fürst etwan viel vnnd vberflüssig Gelt hätte/ welches an gemeynem Nutz / der Billigkeit gemäß/angewendet werden solt: Warumb wolt nicht in seiner Macht stehen? Warumb wolt vnbillich seyn/ wann er solches Gelt theyls/oder aber gantz vnd gar/in gemeynen Kasten leget/ für Außzahlung vnd Erlösung der jenigen Mitglieder/ solcher Gemeyndt vnnd Polliccy/ die etwan auß einem vnglücklichen Zustand in Schuld gerathen/vnnd derowegen in gefängklicher Verwahruug auffgehalten wurden? Warumb wolte es der Billigkeit Widerig erkennet werden/ wann er jhre Schuld/als Mitburgern vnd Gliedern/ solches Regiments auß gemeyner Anlag bar bezahlet/ solche Bezahlung / als daß höchste Haupt für sie willig auff vnd annåme/ vnnd also die Gefangene ledig zehlet? Kein vnbefügt Beginnen kan hierinn in Warheit nicht gespüret werden.

Besihe hievon das eilfte Capittel. Nun ist vnlaugbar / vnd vestigklich zuglauben/ daß die Bischoffe Fürsten seynd deß Christlichen Völckleins/ vnd der Römische Bischoff/ daß höchste Haupt der Kirch an Statt Christi. Nicht weniger ist weygerlich / welches bißhero dargethan/ das inn Christlicher Kirchen ein Schatz/auß den vberflüssigen/ Christi vnd seiner lieben Heiligen genugthunlichen Wercken/ deren sie selbsten nit bedürfftig waren / auch an gemeynen Nutz anderer Glieder anzuwenden begierig/gefunden werde.

Darzu ist diß auch vnwidersprechlich / daß viel Christen seynd/ so Gott dem höchsten Glaubiger mit zeitlicher Straffschuld zuzeiten hoch verpflicht. Warumb wolten die Bischoffe vnd für-

Das 18. Capitel.

vnnd fürnemblich/ daß höchste Haupt der Kirchen/ der Papst/ auß ehehafften/erheblichen Vrsachen/mit Außtheylung solches gemeynen Schatzes/ der Debitorn vnd Schuldnern verpeente Straffschuld nicht ablegen/ gethane Bezahlung an Statt Gottes/ welche sie vertretten/ als Schaffner solches Kirchenschatzes/für die Schuldner auff vnnd annehmen/dißfals jhnen Ablaß geben/vnd sie von Pflicht der zeitlichen Straff absoluieren könden? Was mißzimbt sich hierinnen? Was ist vnrecht? Was ist vngebürlich? Was ist der Billigkeit vngemäß? Was ist vermässenlich? Was ist jhrem Gewalt vnd Iurisdiction zu viel? Waran brauchen sie ein Vnthat?

So dann kein Vnmacht/ kein Mißzierd/ kein Vnrecht/ kein Freuel/ kein Vnbilligkeit/ hierinn zubegreiffen/mögen wir billich den H. Ablaß wider alles Bellen vnd Gdutzen der Ketzer für rechtmässig/vnd in hohem Werth schätzen vnd achten.

Das sibende vnd letzste Argument vnd Beweisung.

GOTT der Allmächtig hat durch seinen einiggeliebten Sohn seiner Kirchen/ die er auff einen starcken/ auch von den höllischen Porten vnbeweglichen Felß gegründet/ vnd zu einer Säulen vnd Grundsäste der Warheit gemacht/ verheissen/ er wöll jhr den Geist der Warheit zusenden/ sie nie verlassen/ auch in keinen Irrthumb zusincken/ verstatten/ er wölle jhr auch allzeit beyständig seyn/ vnd hülffliche Handtreichung thun: Welches Gott der Himmelische Vatter/dem Herrn Christo seinem Sohn/auch durch den Propheten Isaiam verheissen. Mein Geist/ der in dir ist/ vnnd meine Wort/ die ich in deinen Mund gelegt hab/ sollen von deinem Mund nicht weichen/ noch von dem Mund deines Samens/ spricht der HErr/ vonn nun an biß in Ewigkeit. Derowegen hat Christus versprochen/

Matth. 16.
2. Tim. 3.

Isa. 59.

chen/ er wölle seinen Himmlischen Vatter bitten/ vnd er werd seiner Kirchen ein anderen Tröster schicken/ der bey jhr bleibe/ in Ewigkeit. Vnd widerumb: Wann der Geist der Warheit kombt/ werd er dise Kirch alle Warheit lehren/ vnd er selbsten sagt zu jhr. Ich bin bey euch biß zum Ende der Welt.

So nun Christus wahr gesagt/ er wölle sein Kirch in keinen Irrthumb fallen lassen/ wie kan bestehen/ das der Ablaß so viel hundert Jar inn der Kirchen in grossem Schwang gangen/ Vnrecht sey? ein Irrthumb sey? Ein Ketzerey/ ein Antichristischer Grewel sey? Ist nit die Kirch ein Leib Christi? Ist nit Christus der Kirchen Haupt? Hat der Leib geirret/ so muß daß Haupt auch geirret haben. Dann was ist der Leib ohn das Haupt?

Hat nun Christus geirret/ in dem er sein Kirch in den Grewel vnd Abgötterey deß Ablaß (wie ewere Wort lauten) einzufallen zugelassen/ so muß die vnfehlbare vnnd vnwandelbare Warheit geirret haben/ muß sich die ewige Weißheit verstossen haben/ muß Gott seiner vnuerenderlichen Verheissung kein Krafft/ Stärck/ noch Glauben geben haben/ welches alles mit einen der grewliche/ vnerleydliche Gottslästerungen seynd/ wider Gott/ Göttliche Maiestät/ vnnd seinen eingebornen Sohn Christum Jesum.

Wolt jhr aber sagen/ die Papistische Kirch hab nur geirret/ aber die rechte Kirch/ so dazumals den Ablaß nicht gebraucht/ hab nicht geirret? So frag ich. Wo ist dise rechte Kirch/ so sich deß Ablaß geeussert/ denselben verschlagen/ vñ nicht zugelassen/ dazumal gewesen? In welcher Nation? In welchem Landt? In welcher Prouintz? In welcher Statt? In welchem Dorff? Vnder welchem Volck? Wer war derselben Kirchen Haupt? Wer waren jhre Lehrer? Wer waren jhre Priester vnnd Vorsteher?

Gebt jr mir zur Antwort/ dise Kirch sey gewesen/ die Waldenser/

Das 18. Capitel.

denser/ sonsten die Armen von Lyon genandt (dann vor disem kein Mensch den Ablaß angefochten) ihr Haupt sey gewesen Waldo mit Namen/ angeregter Waldenser Anfänger vnnd Stiffter. Ist diß ewer Bericht/ den ich begehre/ vnnd von euch erfordere?

Wolan/ danck habt deß guten Bescheids/ wir wöllen morgen widerkehren. Danck habt/ sprich ich / ihr arme blinde Luther/ ihr Lutherische vnnd Caluinische Clamanten/ daß ihr kein andere Kirch / mit der ihr ewern Jrrthumb bementeln köndt/ gehaben möcht/ weder ein grobe/ häßliche/ vnflätige/ vngegründte Ketzerey/ welche Anno 1170. in einem allgemeynen Concilio, von der gantzen Welt verdampt/ vnd wenig hernach im Grund vnnd Boden außgethilget worden ist. Danck habt auch/ daß ihr kein anders / eweres gegen dem Ablaß gefaßten/ zornigen/ halßstarrigen Jrrthumbs / Haupt ernennen köndt/ als Waldonem/ ein groben/ vngelehrten Idioten/ Flegel vnnd Bachanten/ ja ein geilen/ fleischlichen/ stinckenden Bock/ der da/ wie [a] Æneas Sylvius vnd [b] Prateolus, bezeugen/ nur ein schlechter Burgersmann zu Lyon gewesen/ vnd mit seiner Kunst nicht ein Hündlein auß dem Ofen hätte locken vnnd betriegen können/ der niemals etwas gestudiert/ auch schier kaum das Magister hätte declinieret gelernet/ der lateinischen Sprach gantz vnd gar vnerfahren/ dermassen/ daß er ihm auch inn seiner Muttersprach etliche wenig Scartecken / mit etlichen vbeluerstandenen Sprüchen der H. Schrifft / vnnd der H. Vätter/ durch ein Schreiber zusamen klauben ließ/ vnd dieselbig vnder dem gemeinen Pöfel für sein newe Euangelische Lehr außspäuet/ der sich Predigens angemaßt/ ohn alle Sändung vonn Gott/ oder der Kirchen: Der in fleischlichen vnkeuschen Lüsten also ersoffen gewesen/ daß er in seinem fünfften Articul zugelassen/ wann einen der Lust ankoffe/ sey alle fleischliche Vermischung/ sowol vnder den Männern (O abschewliche/ schandtbare/ ja mehr

[a] Lib. de orig. Bohé. cap. 15.
[b] Lib. 14. Tit. Paup. de Lugd.

Vide Prateo. loc. citat.
pfuy dich ins höllisch Sew.r mit dir du Vndann stat.

Bericht vom Ablaß/

dann Thierische Geilheit) zugelassen vnd vnsträfflich. Danck habt/ sprich ich/ daß jhr ein solchen Hans Vnflat/ mit seiner/ wider den Ablaß vom Teuffel erdachten Lehr/ allen Concilien allen H. Vättern/ die doch so hochsinnig/ vnd scharpffgelehrte Leuth gewesen/ vnnd jhr Lehr mit vnzählichen Wunderzeichen bestättigt/ der gantzen Kirchen vorziehen dörfft. Wer vernünfftig ist/ kan ewern Verstand/ Sinn vnnd Witz hierauß wol spüren.

Artic. 16.

Aber jhr seydt mir dannoch der Schlingen/ dists zweyhörnigen Arguments/ noch nit entschlupfft/ ich hab noch mehr mit euch zusprachen.

Wolan/ wann dann Waldo ewerer Meynung vnd Lehr gewesen/ dieweil er disen/ ewerer vermeinten Kirchen Articul/ vonn Verwerffung deß Ablaß auch gehabt: Wer hat vil hundert Jar zuuor/ do der Ablaß auch gängig/ wie droben ist probiert/ den Ablaß gleicherweiß verworffen? Wer hat der Kirchen Gewalt also/ wie jhr/ verspottet vnd vernichtet? Wo ist ewer Kirch gesteckt? In welchem Winckel ist ewer Euangelium gelegen? Wer hat euch dazumal die starcke/ veste/ vnbewegliche Mawer deß H. Ablaß zum Sturm/ dann jhr jetzo täglich laufft/ beschossen? Sagt an? Ist dazumaln ewer ertrawte Kirch auff Erden/ oder in rerum natura gewesen oder nicht? Ist sie gewesen? Wo? An welchem Ort? Wie verborgen? Warumb verborgen? Auß was Vrsach verborgen? Wessen wegen nit offenbar? Item nach dem der Waldenser Ketzerey gedempffet/ ja gantz vnnd gar außgewurtzelt war/ wer hat sambt euch den Ablaß jemaln angefochten? Wer hat sich der Catholischen Kirchen widersetzt/ fast zwey hundert gantze Jar durch vnd durch/ als nemblich biß auff 1352. Jar nach Christi Geburt/ vnder Papst Innocentio dem 6. vnd Keyser Carl 4. da der Engelendisch Ketzer Wicleff/ der den Ablaß auch befochten/ erstmals von der Höll aufferstanden? Wo ist dazumal ewer erfabulierte

märlins

Das 18. Capitel.

mårtins Kirch geweſen? Wo? Sagt an. Biß jhr dieſelbig vor zwey/ 3. Item 6. 7. 8. vnnd vilmehr hundert Jaren (welches euch Trutz allen Lutheraniſchen vnnd Caluiniſchen Predicanten zuthun vnmöglich iſt) bekandtlich vnd wißlich macht / biß jhr beweiſet/ das ein Volck/ ein Nation/ ein Prouintz inn allen Puncten/ wie jhr jetzo gelehrt/ ja weniger beger ich nur den Ablaß verworffen hab. Vermögt jhr mir mit einigem Grund den heylſamen/ vnd Chriſtlicher Gemeyndt/ fürnemblich/ zu diſen boßhafftigen Låuffen/ hochnützlichen Brauch deß Ablaß zutadlen/ Frumb anzuſehen/ außzuhönen/ vnd zuuerwerffen. Vnd diß vom letzten Argument vnd Beweiſung.

Trutz vnnd noch einmal ſowol de Lutheranern/ als Caluiniſten Trutz.

Widergeſetzte Såulen vnd Argumenta, ſo in der rechten Warheit ſtarck gegründet / werden gewißlich die Ablaßfeind nichts Bündigs etwan auffklauben/ vnd zu jhrem Fürtrag auff die Ban bringen mögen. Bleibe derowegen bey vnns Catholiſchen gewiß/ das ein ſolcher Schatz in der Kirchen ſey/ deſſen Verwaltung jhren Häuptern/ vnd fürnmblich dem Höchſten/ als deß H. Petri Succeſſorn/ dem Papſt von Gott veranlaßt vnd vertrawt.

Ich wünſch auß grund meines Hertzens/ wie diſe Warheit gewiß vnd vnfehlbar/ klar vnd ſcheinbar an jhr ſelbſten/ daß ſie auch von einem Blinden/ alſo zureden/ erkandt werden möchte/ alſo auch vnſere liebe Brüder/ die jtzige/ verführte Teutſchen/ ohne allen parteyiſchen Affect zu Gemüth vnnd Betrachtung zögen/ wurd gewißlich keiner den Ablaß verneynen/ keiner ſo bößlich verſagen/ vnnd außſchenden/ ja alle mit einander ſich deſſelben theylhafftig zumachen/ vnd der wahren Kirchen/ darinn er allein zufinden/ beyzupflichten begierig ſeyn.

◦§(?)§◦

Das

Bericht vom Ablaß/

Das 19. Capitel.

Aufflösung der fürnembsten Gegenwürff/ welche die Lutheraner wider den heylsamblichen Brauch deß Ablaß einwenden.

Ißhero haben wir/ meine schlechten einfältigen Gutduncken nach/ den Ablaß mit sattem/ beständigem Grund der Warheit/ auß Göttlicher Schrifft/ H. Vättern/ Concilien/ vnd andern vnwidersprechlichen Argumenten/ bestärckt vnd beweißlich gemacht/ welche Authoritates vnnd Rationes gewißlich kein Vernünfftiger laugnen/ vmbstossen/ refutieren/ vnd widerlegen wirdt/ wo fern er nicht Himmel vnnd Erden/ Weiß vnd Schwartz/ Gut vnnd Böß/ Wasser vñ Fewer/ das Liecht an Mittemtag bey klarem Sonnenschein/ ja alles/ was vnderm Himmel ist/ zuuerneynen gewillt vnd entschlossen. Jetzo wirdt für ein Notturfft angesehen/ der Widerpart fürnembste Obiectiones vnd Gegenwürff/ welche dem gemeynen Mann fürnemblich hart inn die Augen stechen/ vnd verhindern/ damit er den Ablaß nicht mit glimpfflichen Gesicht erblicke/ vnnd jhm sein gebürliche Reuerentz vnnd Ehrerbietung/ als einem hochnützlichen Heyl sambsten Mittel die Sünd inn disem Leben gantz vnnd gar abzubüssen/ erzeige. Vnd diß neben rechtmässiger Confirmation vnd Liquidierung der vnwidertreiblichen Warheit/ also klar vnd deutlich/ das auch die gründtliche Bewendung solches zwischen vns vnnd den Lutheranern vnd Caluinisten strittigen Articuls mit Händen getastet werden möchte/ inn Bedenckung fürnemblich/ daß jhre

Wider-

Das 19. Capitel.

Widersprechungen fast allesambt auff ein Sandt vnd Bodenlosen Grund sich stewren vnnd fuessen.

Nun begehr ich anders nicht/als wie anhero/ein vnparteyschen/allein der Warheit/vnd nicht seinem widersinnigen/verstockten/irigen Wohn/ beyfälligen Richter/ der durch vernünfftigen Entschied/ ein Außspruch thue/ wo Recht/ wo Vnrecht/ wo Warheit/ wo Lügen/ wo Grund/ wo Vngrund.

Die erste Einred.

DIe Päpst vnnd Papisten haben den Ablaß/ Gelt vnd Gut/ für jhren Nutz/ zusamen zuscharzen/ erdacht/ wie durch Johann Tetzlen/ vnnd andern in teutscher Nation beschehen: Vnnd damit sie das Gelt desto leichter herauß preßten/ vnd jhrem Finantz ein bessere Farb anstreichen köndten/ haben sie nicht allein die begangne/ sondern auch die künfftige Sünd dardurch verziehen/ welches ein grosse Vermessenheit/ ja grewliche Lästerung ist.

Ergo muß folgen/ das nichts guts noch löblichs vom Ablaß zuhalten.

Aufflösung.

DIser Gegenwurff/ welcher doch von den Lutheranern hochgetriben vnd herfür gemutzet wirdt/ stehet auff durchauß wurmbstichigen/ faulen/ per se, vntüchtigen Füssen: Were derowegen nicht fast nothsamb/ dieselben abhawen/ dann sie sonsten für sich vnlang dauwern mögen.

Sasche Ja-nicht vnnd Aufflag der Ablaßfeind.

Erstlich ist vnwahr vnnd nichtig / das der Ablaß wegen Gelts vnd Guts/ dardurch sich Päpst/ Bischöff/ vnnd andere Kirchendiener/ bereichen/ vnd jhre Seckel spicken köndten/ erfunden worden. Vnd Trutz allen Ablaßfeinden/ daß sie solches mit thätlicher Warheit auß einiger Schrifft oder Historien erweisen.

X   Haben

Bericht vom Abläß/

Haben aber nicht/ sprechen sie mit jhrem Pseudographo Schleydan in seiner mit Lugen wolgemehter Historien/ Papst Julius der ander/vñ Leo der zehendt/vmb das Jar nach Christi Geburt 1505. vñ folgends in etlicher Zeit hernach/ im Teutschland allen dem Ablaß vnd Verzeyhung aller jhrer Sünd/ auch welche sie künfftig/biß an jhr letztes Endt begehen wurden/verlihen/ die benandte ein Summa Gelts/ den Päpstlichen Dienern liferten/welche soldt durch den Ablaß/in vnglaublicher Mäng erkrambte Summa/ ohne Verzug nach Rom/ dem Papst inn seine Klawen einzuhändigen getrungen wurden / der es zu seinem Pracht vnnd Bauchfüll/ alles mit einander durchgeiagt/ vnd verpancketiert. Gezeugen nicht solchen Ablaß die alte Abslaßzettel / so noch bey manchem guten Teutschen zufinden seynd/ was sie für ein Kramerey darmit getriben? So sehe nun einer ob diß nicht Verzeyhung der Sünd vmb das Gelt verkauffen heiß.

O Warheit wo bleibstu.

Hierauff/ O meine Ablaßfeind/ ist leicht zuandtworten/ wo nichts bessers zur Retroguardien vnd Nachzug im Rest verbliben ist/ wirdt diser Floh kein groß Loch beissen. Erstlich bin ich gleichwol nicht in Abred/ das angezogene Päpst/ allen denen vollkommenen Ablaß vnnd Verzeyhung aller zeitlichen Straff jhrer Sünd/ so nach der Beicht vnd Buß eintzweder hie in disem Leben/ oder aber dorten inn jenem abgebüsset werden muß/ ertheylet haben/ die etwan ein kleine Stewer jhrem vermögen nach/ wieuil jedem gefällig/ zu Erbawung S. Peters Münster zu Rom/ in gemeynen Kasten legeten.

Aber vnwahr ist/ das vmb solch Gelt vnd Allmosen nicht allein vergangene/ sondern auch künfftige Straff oder Sünd/ von den Päpsten verziehen worden. Haben sie solches gethan/ wie jhr fürgebe/ so zeigt vns Catholischen die Päpstliche Bullen auff/ darinn solche Vergebung künfftiger Sünd vermeldet wirdt? Wo seynd sie? bey welchem Scribenten mag man sie finden

Das 19. Capitel.

finden? Es müßt ein wunder seyn/ daß jhr alles/ wadurch jhr
dan Päpstlichen Stul ein Klemperl anzuhefften bey dem ge=
meynen Pöfel Verhaßt zumachen vnnd Abbruch zuthun ver=
meynt/ es sey gleich wahr/ oder Neuerenter zumelden/ erlogen
gewesen/ herfür gesucht/ vnd dannoch dise Bulln oder Päpstli=
chen Brieff nicht auffbehalten hättet? Wollan/ könde jhr mir
solche Bulln vnder Augen stossen/ wil ich gelogt haben: Könde
jhr es aber nicht/ inmassen mir bewußt/ dann ich solcher Bulln
glaubwirdige getruckte Transsumbten vnd exemplierte Copien
nicht einmal/ sonder zum öfftern durchlesen/ vnd niemals eini=
ge Meldung künfftiger Sünd/ ja niemals auch Erlassung ver=
gangener/ sie seyen dann zuuor berewet/ vnnd im Sacrament
der Buß gebeichtet worden/ befunden hab/ wil gleichwol zuge=
stehen nicht weygern/ daß solches etwa ein Nichtswerdiger
Tropff zu deß Ablaß Mißbrauchung hätte gethan/ dz ich doch
kaum glaub kan. Muß darumb der Papst schuldig seyn? Muß
ers befohlẽ haben? Was ist diß für ein Consequentz? Ein loser
Lecker hat den Ablaß mißbraucht/ Ergò ist der Papst schuldig
daran/ Ergò hat ers jhn geheissen/ Ergò ist der Ablaß nichts
nutz. Gilt diß Argument? So muß auch gelten. Ein Vollsauf=
fer hat den Wein/ ein Geitzhalß das Gelt/ mißbraucht: Ergò
muß Gott daran schuldig seyn/ Ergò muß ers geheissen haben/
Ergò ist weder der Wein noch das Gelt etwas nutz. Was aber
diß für ein außbündigs/ meisterlichs Argument/ werdet jhr inn
nachstbeygeheffter Obiection Aufflösung genugsam Bericht
einziehen könden. Die Päpstliche Bulln in Original oder inn
Vidimierten glaubwürdigen Copien begehre ich von euch/ jhr
Lutheraner vnnd Caluinisten/ mit derselben allein laß ich mich
bezwingen.

 Vnwahr ist auch vnnd fürs ander/ daß Päpstliche Heilig=
keit solche Verzeyhung zeitlicher Straff fürs Gelt dargelegt
hab: Nicht fürs Gelt/ sprich ich/ sonder allein für das Almosen

X ij   S. Peters

Bericht vom Ablaß/

S. Peters Münster/ so Gott zu Ehren geweyhet/ im bawlichem Esse zuerhalten. Lieber sag einer/ folgt hierauß/ wann einer einem Armen ein Thaler schenckt/ daß jhm GOtt fürs Gelt den Himmel geb? Das Gelt ist nicht allein deß Himmels nicht werth/ ja kan in auch nit verdienen/ das gut Werck der Barmhertzigkeit/ so in Gottes Gnad vnd Lieb geschicht/ durch welchs der Thaler dem Armen geschenckt wirdt/ verdient solche Himlische Belohnung nach der Verheissung Christi. Ebnermassen ist solcher Ablaß nicht fürs Gelt/ sonder allein fürs gute Werck deß Almosens/ oder vilmehr der Tugendt/ so von den Theologen Religio genennet wirdt/ Wann man Gott zu Ehren etwas thut/ vnd Gotteshäusern etwas zuwendet/ außgetheylet worden. Derowegen jederman für ein falsche/ vonn den Ketzern erfabulierte/ Aufflag erkennen mag/ das im Papstthumb Verzeyhung der Sünd vmbs Gelt durch simonistische verbottene Contract verkramet werd.

Vnwahr ist auch/ vnd fürs dritte/ das solch Gelt der Papst verdemmet hab vnd verpancketiert: Vnnd kan gewißlich von keinem ehrlichen Mann mit Warheit affirmiert/ vilweniger mit wahrer That erwisen werden. Dann so die Päpst solch ersamblet Gelt durch die Gurgel geschwemmet/ wie jhr sagt/ woher ist das wunderschöne vnnd herrliche Gebäw/ S. Peters Münster/ in der Statt Rom/ von Grundauß gebawet worden? Woher ist ein solches Gottshauß deßgleichen/ etwan eins oder gar wenig außgenossen/ in Europa nicht zufinden ist/ nunmehr der meisten Theils geendet wordt? Wo hat der Papst solchen vnsäglichen Vnkosten auffgebracht? so er das Gelt/ welches jhme auß Teutschlandt zukommen/ zu seiner Bauchfüll verschwendet hätte/ wurd gewißlich kein solch Gebäw/ welches mit der gantzen Welt Verwunderung gesehen wirdt/ jetzo Menigklich vor Augen stehen.

Ein jeder gutherziger/ frommer/ vnparteyischer Vrtheiler
sollt hie

Das 19. Capitel.

solt hie leichtlich abnemmen/ mit was Grund die Predicanten den Ablaß verfolgen vnd bestreitten/ wie dapffer sie den gemeynen Mann mit falscherdichtem Fabelwerck/ bey der Nasen herumb führen/ vnd ein plawen Dunst für die Augen mahlen/ daß einer schier vermeynen müst/ Stroo were Seyden/ wann er deß Widerspils nicht gründtlich berichtet vnd erfahren.

Der ander Gegenwurff.

ES haben die Papisten den Ablaß/ als Tetzel vnnd andere/ offtermals zum Betrug/ Finantz/ vnnd anderer Büberey/ mißbraucht/ auch nicht selten falschen Ablaß publiciert. Ergò, kan der Ablaß nichts taugen. *Ergò, stehet der Essigkrug bey d´ Ofen.*

Aufflösung.

ERstlich/ damit euch Widersächern genug beschehe/ wil ich den Mißbrauch deß Ablaß nicht billigen/ wan etliche böse Buben vnnd Gottsdieb falschen Ablaß geben/ Gelt auß den Leuthen betrogen/ vnd ihrem eigenem Nutz zugewendt/ oder aber/ das durch den Ablaß auch zukünfftige Sünd vergeben wurden/ geprediget hätten: Dann solches hochsträffliche Sacrilegia, vnd vor Gott vnd der Welt vnverantwortliche Bubenstuck seynd. Ja weder die Catholisch Kirch/ noch die Päpst haben solche Betriegerey/ jemals vngestrafft fürüber rauschen lassen. Zeugnuß gibt/ das dem also/ wie ich sag/ das groß Lateranensisch Concilium vnder Papst Innocentio dem dritten/ Anno 1215. gehalten/ welches/ wie oben vermeldt/ solche Mißbräuch hefftig getadlet/ vnd zu deren künfftiger Verhütung der nachgesetzten Prelaten vnnd Bischoffen Gewalt/ Ablaß außzutheilen sehr limitiert vnnd eingezogen. Zeugnuß gibt Papst Clemens der 5. so Anno 1299. regiert/ der die jenigen ernstlich gestraffet hat/ die Gelt vnd Gut durch den Ablaß sucheten. Zeugnuß gibt zu vnsern Zeiten das Tridentisch *Concil. Later. cap. 62.*

In Clemen. de Pœnit. & Remiß. cap. Abusionibus.

X 3 Concili-

Concilium, welches solche Mißbräuch/ Betrüg vnd Finantzerey/ nicht allein durchauß verbeut/ sondern auch allen Bischoffen/wider solche Vbertretter/ wo die in jhrer Jurisdiction zu betretten/mit ernstlicher Straff zuuerfahren aufferlegt.

Aber hie kan ich nicht vmbgehen/ der Gegenschreyanten Vnbescheidenheit ein wenig ins Bad zuführen / in deme sie die lange Ohren gar zusehr herfürgucken lassen/ vnnd sich vndernemmen mit einem/auß dermassen vbelgereimbten lamen/hinckenden Argument/ so nicht allein der Dialectic/ ja aller Vernunfft zuwider ist/ein so heylsames/ nutzliches Ding/ den Ablaß der Christlichen Kirchen zuentziehen.

Der Ablaß wirdt mißbraucht/
Ergo muß man jhn abschaffen.

Dann es lehren die Dialectici also. Ein Ding/ dessen guter/ seiner Natur gebürlicher Brauch gut/ ist an sich selbsten gut. Hergegen aber: Ein Ding/ dessen natürlich angeborner (nicht wie von euch Warheitsfeinden dem Ablaß beschicht/ angedichter) Brauch/ böß ist/ das ist an sich selbsten böß. Sonsten/ wann ein gut Ding zu einem bösen Brauch wirdt appliciert/ Ist nichts in der Welt/ das man zu Zeiten nicht mißbrauchen kan? Ist nicht der Wein an sich selbsten gut? Wievil mißbrauchen jhn mit Sünd vnd Schand zur Truncken̄heit? Seynd nicht Ehr vnd Digniteten gut? Wie vil mißbrauchen sie zu jhrer Büberey? Seynd nicht die freyen Künsten gut? Wie vil mißbrauchen sie zu eigenem/ ja auch anderer Verderbt? Also sprich ich auch. Der Ablaß ist gut: Soll man jhn dann darumb verwerffen / dieweil er von etlichen mißbraucht worden? O ein spitzfindigs Argument. Man mißbraucht zuzeiten den Wein/die Ehr vnd freye Künst: Ergo soll man gantz vnnd gar / Wein/ Ehr vnnd freye Künst auß dem Land ins Ellend jagen. Ein excellent vbertreffliche/ vnnd außbündig meisterliche Kunst zu Argumentieren. Der H. Paulus

hat den

Das 19. Capitel.

hat den Ehestand ein groß Sacrament genennet/ Ergò weil vil Ehebrecher seynd/ soll man den Ehestand abschaffen. Christus hat in seiner Kirch den Apostel vnd Diacon Stand haben wöllen/ Ergò weiln Judas ein Dieb vnnd Verrhäter/ Nicolaus aber einer auß den ersten Diaconen ein Ketzer worden: Soll man den Apostel vnnd Diacon Standt außmustern. Ey wie ein herrliche Dialectic/ sehet nur lieben Leuth/ sehet zu.

Ephes 5.
Ioann. 6.
Matth. 26.
Apocal. 2.

Wolt jhr recht vnd auß der Kunst argumentieren vnnd ratiocinieren/ jhr Ablaßfeind/ das grob/ vngeschickt Eselßhirn besser üben/ vnd die Ohren ein wenig verdecken/ so macht es also.

Ein Ding/ dessen Mißbrauch böß/ ist an sich selbsten gut. Vrsach: Dann der Mißbrauch ist ein Priuation/ vnd Beraubung deß guten Brauchs/ selbigen Dings.

Aber dieweil der Mißbrauch/ durch den Ablaß die Leuth vmbs Gelt zuberiegen/ böß ist.

Ergò folgt/ daß der gute Brauch/ den Ablaß recht außzuspenden/ gut vnd heylsam sey.

Derowegen mit einem Wort zuschliessen/ weil solche Mißbräuch von der Kirchen vnd den Päpsten nit verstattet werden/ ja vil mehr hoch vnd scharpff zustraffen seynd/ kan nit rähtlich/ (wie Weltkündig) geschlossen werden: Den Ablaß soll man abschaffen/ daß Kind mit dem Bad außschütten/ vnd vmb den blossen hochueppanten vnd verbottnen Mißbrauch/ der gantzen Kirchen ein so heylsames nutzliches Ding verwerffen.

Die dritte Einred.

Christus hat inn seinem Leyden nicht allein für die Schuld vnnd ewige / sondern auch für zeitliche Straff genuggethan.

Ergò/ was bedörffen wir dann deß Ablaß?

Auffld.

Bericht vom Ablaß/
Aufflösung.

WAnn diß Argument gültig seyn sollt/muß auch gültig seyn: Gott ist starck gnug/vns durch sich selbsten zubeschützen/ was bedörffen wir dann der Engel? Item/ GOtt kan vns ohn alle Mittel/ nur allein durch sein Göttlichen Willen selig machen/wozu bedörffen wir dann der Sacrament? Vnd dergleichen vilmehr.

Damit wir nun disen matten/ vnnd vil Jar hero von allen Catholischen Scribenten/außgemergelten Gegenspruch/ zum Vberfluß noch einmal inn Abkrafft bringen mögen/ laugnen wir Catholische durchauß nicht/ daß Christus durch sein bitter Leiden/ für all vnser Schuld vnnd Straff genug hab gethan: Aber solcher Genugthuung/ wirdt durch den Ablaß nit allein nichts benommen/ ja vilmehr erbreittet vnnd erhöhet/ dann sie vns durch den Ablaß gereicht/vnd zugewendet wirdt. Vnd das noch mehr/ ohn solche vnnd dergleichen andere Zuwendungen/ vnd Applicationes, so durch vilfältige vonn Christo geordnete Mittel/ als durch die Sacramenta, durch die verdienstliche Werck/rc. geschehen müssen/ kan vns das Leiden Christi nicht im wenigsten dienlich seyn. Zum Exempel vnd Beyspiel: Wann in diser Statt nicht mehr als ein einiger Springbronn were/der doch alle mit einander/sowol im Trincken/als in anderer Notturfft/ zum Vberfluß begnügen köndt. So nun einer seinen Durst löschen wil/ schawet er den Bronnen nur alleinig an? Verwundert er sich darüber allein? Nein er gehet darzu/ setzet den Mund an den Canal/ oder Rinnen/ vnnd geniesset also deß Bronnens/vnd wirdt der Durst nicht gelöscht von der Röhren/ sonder durch Wasser/ so durch die Röhren fleußt. Also ist auch der heylsame Quellbronn alles Guten/ das Verdienst vnnd Genugthuungen/deß Leidens Christi/ in der Statt Gottes/in der Christlichen Kirchen/wer desselben theilhafftig werden wil/ muß hinzu gehen/muß die Rinn an Mund setzen/das ist/die von

GOtt

Das 19. Capitel.

Gott geordnete Mittel / durch welche die Frucht deß Leidens Christi dem Menschen zugewendet vnd appliciert wirdt / für die Handt nehmen. Vnder disen Rinnen ist eine vñ zwar nach den H. Sacramenten nicht die geringste / der Ablaß. Derowegen gleich wie die Sacramenta, durch welche wir deß Leidens Christi Frucht empfangen / dem Leiden Christi / vnd seiner Existimation nicht abbrüchig seyn / also kan jhm auch der Ablaß / durch welchen eben diß Leiden Christi an vnnd inn vns fruchtet / nicht das geringste benehmen: Vnnd gleich wie die Gnad im Sacrament / allein auß dem Leiden Christi vrsprünglich herrühret / also auch die Verhaissung zeitlicher Straff im Ablaß. Vnnd ob schon im Ablaß auch die genugthunliche Werck der lieben Heiligen / vonn vns auch gesetzet werden: Vericheñ wir doch darneben / das solche genugthunliche Werck der lieben Heiligen / allein jhr Krafft vnnd Wirckung auß dem Leiden Christi haben / ausser welchem sie gantz vnd gar vntüchtig seynd. *Sihe Lutheraner ob wir das Leiden Christi vndertrucken.*

Ist derowegen mehr dann falsch vnnd erlogen / wann vns die Widersächer zeihen vnnd beschuldigen / wir thun durch vnsern Ablaß vnd gute Werck dem Leiden Christi einen Eintrag / vernichten / vnd machens damit zuschanden. Ehren wirs nit? Erbreitets wir nicht sein Glory? Vermehren wir nit sein Frucht / wann wir sagen / es diene vns zu Abbüssung vnserer Sünd / nit allein durch die heilige Sacramenta, sondern auch im Ablaß durch die genugthunliche Werck der lieben Heiligen / welchen es mit seinem Verdienst / solche Krafft erworben hat?

Laß dich derowegen nit so leichtlich bereden vnnd bethören / frommer Teutscher / gib disen Landtsbetriegern vnd Seelmördern nit so leichtlich glauben / wir Papisten seynd nit so Gottslästerliche Leuth / wie vns deine Belias Pfaffen verlogner weiß außschreyen vnd verlumbden / als wann wir das Leiden Christi gantz vnd gar außgemustert hätten. Hie sichstu / daß vns vor Gott vnd der gantzen Welt vnrecht beschicht.

Y   Der

Bericht vom Ablaß/
Der vierdte Gegenwurff.

IHr Papisten zerstört mit ewerm Ablaß den Glauben/ Trost vnd zuuersicht an Christum Jesum/ als vnsern Mittler vnnd Erlöser/ dan jhr verkrambt Verzeyhung der Sünd vmb ewern Ablaß.
Wie kan er dann gebilligt werden?

Aufflösung.

JSem Gegenwurff seynd widerumb zwo alte vonn den Lutherianischen Clamanten auff der Cantzel offt widerholte Lugen eingeflickt. Erstlich/ daß wir durch den Ablaß/ den Glauben vnd Zuuersicht an Christum Jesum zerstöhren. Dann vnser der Catholischen einsame Lehr ist/ der Ablaß sey nichts anders/ als Christi Leiden/ vnd der lieben Außerwählten überschiessende Genugthuungz/ so vns in Krafft ermelts Christi Leidens/ zu Erlösung zeitlicher Straff

Merckt abermals/ was wir Papisten vom Leiden Christi halten. Wir ehrens mehr dann jhr.

ferr dienlich vnd ersprießlich seyn: Dann sie als fruchtbare Reben solchen Safft gesogen auß dem wahren Weinstock Christo Jesu/ auff welchen alle Ehr hierinn retundiert vnd gezogen wird. Vnnd wir begehren nicht von jhnen/ daß sie vnns weder Gnad noch Seligkeit geben/ könders auch nit thun: Sondern durch jhre Werck (gleichsam durch ein Rinn das Wasser) vom Leiden Christi. Ja jhre Werck in sich/ seynd vnns nichts nutz/ sonder/ was vnd wohrinn sie vns nutzen/ haben sie allein auß dem Leiden Christi/ darauff dann auch allein/ vnd nit auff der Heiligen Werck/ vnser Trost/ Hoffnung/ vnnd Zuuersicht gerichtet vnnd geschlichtet ist. Wie mögt jhr vns derowegen/ vnuerschambte Leuth/ also beliegē? Wie dörfft jr von vns sagen/ mir verstöhrten den Glauben/ vnd Zuuersicht an Christum Jesum vnsern Seligmacher/ vnnd steuern vns allein auff der Heiligen Werck? Ein wunder ding/ das jhr euch der offentlichen Lugen nicht schämen wolt.

Fürs

Das 19. Capitel.

Fürs ander ist nicht wahr/ was jhr saget: Wir Papisten verkauffen Verzeyhung der Sünden zeitlicher Straff vmbs Gelt/ dann der Ablaß/ wie oben außgelegt vnd erkläret worden/ nit vmbs Gelt/ sonder vff das gute Werck/ so in Außspendung deß Gelts geschicht/ verliehen wirdt/ vnd wo diß vnrecht/ muß auch vnrecht seyn/ was Daniel dem König Nabuchodonosor gerathen/ da er jhm gesagt/ er soll seine Sünd mit Allmosen ablegen/ vnd sein Boßheit / mit Erbarmung vber die Armen.

Daniel. 4

Der fünffte Gegenwurff.

DAS Verdienst Christi rechtfertiget die Menschen/ der Papisten Ablaß aber rechtfertiget den Menschen nicht/ sonder wie sie sagen/ verzeihet nur die zeitliche Straff/ derowegen kan der Ablaß nit auß dem Verdienst Christi genommen werden.

Aufflösung.

DJe Verdienst Christi geben dem Menschen nit allein die Gnad der Rechtfertigung/ sondern Verzeihung der Sünden Straff/ so wol zeitliche/ als ewige: Dann Christus/ wie Johannes der Apostel bezeugt/ ist ein Versöhnung vnserer/ vñ der gantzen Welt Sünd. Derowegen/ in deme das Leiden Christi/ also wie vermeldt/ genugthunlich/ ist es ein Grund vnd Eckstein deß H. Ablaß.

1 Ioann. 2

Der sechste Gegenwurff.

DJe Papisten hindern vnd verbietten mit jrem Ablaß die Lehr Christi von der Rew/ Leyd/ Buß/ vnd Besserung vber die Sünd/ vnd verzeyhen sie nur durch jhren ertraumbten Ablaß/ wañ einer diß oder jenes/ so oder so vil bettet/ hin oder her Kirchfärten vmbstreunet/ ꝛc. Wie kan aber diß ein Lehr deß wahren Euangelij seyn? Darumb sehe ein jeder/ was von jhrem Ablaß zuhalten.

Bericht vom Ablaß/
Aufflösung.

Alle Lutheraner/ so vnns beschuldigen/ wir Catholische verbieten vnd verhindern die wahre Rew vnnd Leyd/ Buß vnnd Beicht vber die begangne Sünd/ reden jhren Gewalt: Dann wir nit allein mit dem H. Augustino/ für ein hochschädlichen Jrrthumb außruffen/ wann einer sagen wolt/ das Almosen/ Fasten/ Betten/ vnnd andere deß Gelichters gute Werck/ seyen zuerlangung ewiger Seligkeit/ ohn alle Rew/ Buß vnnd Beicht genug: Ja vnsere Theologen lehren einhelligklich alle sambt vnnd sonders/ weder der Ablaß/ noch einander genugthunliche Werck/ seyen dem Menschen ersprießlich zur Seligkeit/ ohne Rew vnnd Buß. Vnd vom Ablaß zureden/ ist vnser/ der Catholischen beständige Lehr/ keiner könde darauß etwas fruchtbars vnd verfüglichs schöpffen/ es seyen dann dise Conditionen verhanden: Authoritet vnd Gewalt/ in deme/ der Ablaß gibt/ Beicht/ Buß/ Betten/ Almosen/ ⁊c. so vmb Erlangung deß Ablaß gebotten werden: Die Gnad Gottes vnnd Christliche Lieb/ in deme/ der jhn empfahet. Endtlichen ein gottsförchtige/ erhebliche Vrsach/ warumb der Ablaß außgetheylet/ vnd verliehen werde.

Hie mag ein jeder abermals der Lutheraner falsch fürliegen nicht allein mit Augen sehen/ sondern auch mit Händen tasten/ das wir Rew vnd Leid/ Buß/ vnd Beicht vber die Sünd nimmermehr verbotten/ weder an jhr Ort den Ablaß gesetzt.

Der sibende Gegenwurff.

Jhr Papisten saget doch/ der Ablaß neme die Buß hinwegk/ welche zu Außthilgung zeitlicher Straff sonsten abgebüsset werden muß.

Aber die Buß ist nichts anders als gute Werck/ Fasten/ Almosen geben/ Gebett/ Castepung deß Leibs/ vñ dergleichen.

Dero-

Das 19. Capitel.

Derowegen ewerer selbs eignen Bekandtnuß nach/ muß der Ablaß ein Verhinderung/ vnnd Pest/ guter Werck seyn.

Aufflösung.

Der Ablaß löset die aufferlegte Buß ab/ nicht/ dem nach solche Buß ein gutes Werck ist/ sonder in Ansehen/ das die Pflicht/ solche Buß zuuerrichten/ waß wir etwan zuuor/ ehe solches geschicht/ vonn disem Leben abgefordert wurden/ am Eingang deß Himmels verhinderlich wäre. Derowegen/ wann die Kirch Ablaß gibt/ verbeut sie nicht allein dise gute Werck nicht/ sondern erfordert allezeit Betten/ Fasten/ Almosen geben/ vnd dergleichen. Geschicht also dem Ablaß vngütlich/ wann man jhn beschuldigt/ er sey ein Seug vnd Verderbung guter Werck.

Der achte Gegenwurff.

Die Straff/ so der Sünd folgt/ kan gantz vnd gar nit nachgelassen werden/ sondern/ wir wöllen oder nit/ muß sie gelitten seyn: Dann also hat Adam auch nach erlaßner Sünd/ die Mühseligkeit dises Lebens vnd den Todt außstehen müssen. Vnd im Psalm stehet geschriben: Wann deine Kinder sündigen/ wil ich inn der Ruthen jhre Boßheit heimsuchen. Wo wolt aber der Papst sovil Stärck haben/ dise Ruthen abzuwenden? Item der Apostel Paulus sagt/ in seiner ersten Epistel zu den Corinthiern: Wann wir gestrafft werden/ so werden wir vom HErren gestrafft/ damit wir nit mit diser Welt verdammet werden: Der Ablaß aber nimbt solche Straff nicht hinwegk.

Derowegen ist er vntüchtig zeitliche Straff der Sünden abzutilgen.

Gen. 3.
Psalm. 18.
1. Corin. 11.

Bericht vom Ablaß/ Aufflösung.

Niemals ist von vnns Catholischen gelehret worden/ das der Ablaß die natürliche/ deß gantzen menschlichen Geschlechts gemeine/ oder aber die Gerechte vnd Burgerliche Straff/ so im eusserlichen Gericht aufferlegt wirdt/ hinwegk nehme: Sonder allein die jenige/ welche wir zuhalten schuldig seynd/ im gericht deß H. Sacraments der Buß. Ist derowegen erstlich Adams Mühseligkeit vñ Todt/ kein persönliche/ sondern nur ein Straff der Natur/ welche außzutilgen/ deß Ablaß Gewalt sich nicht erstrecken thut. Hierzu auch die Straff vnd Heimsuchund/ deren Dauid vnd S. Paulus gedencken/ wirdt vonn Gott/ als vonn einem eusserlichen Richter/ gleichsam im eusserlichen Gericht/ bißweiln zugeschickt die Sünd der Vnbußfertigt damit zustraffen/ vnd sie zur Besserung ihres Lebens anzureitzen. Vnd gleich wie der Ablaß dem Vbelthäter/ im Politischen Gericht deß Todts Straff nit ablösen kan: Also auch/ vnd noch weniger/ solche eusserliche Straff/ welche den Sündern gleichsam im euffern Gericht GOttes/ ausserhalb der Buß aufferlegt wirdt.

Was nimbt dann der Ablaß für ein Straff hinwegk? Die zeitliche Straff/ so nach berewter vnd gebeichter Sünd bißweilen verbleibt/ welche/ wann sie in disem Leben nit bezahlet wirdt/ dorten im Fegfewer bezahlet werden muß.

Der neundte Gegenwurff.

Die Würckung eines Sacraments kan nicht ausser dem Sacrament gehabt werden.

Die Verzeyhung zeitlicher Straff aber/ ist ein Würckung der heiligen Sacramenten/ der Tauff vnnd Buß/ wie bekandtlich ist. Derowegen kan sie durch den Ablaß ausserhalb diser Sacramenten/ nicht gehabt werden.

Auffl-

Das 19. Capitel.
Aufflösung.

Uff die erste Proposition zu andtworten / ist wahr / daß die Principal vnnd gantze Würckung eines jeden Sacraments / ohne dasselbige nicht gehabt werden könde: Aber Nachlassung zeitlicher Straff / ist nicht die gantze Würckung der heiligen Tauff / welche darzu die Schuld vnd ewige Straff außtilget / noch die Principal Würckung deß H. Sacraments der Buß / so fürnemblich eben auff die Schuld vnd ewige Straff sich erbreitten thut. Ist derowegen allhie kein Hinderung / damit solche Krafft / zeitliche Straff zuuerzeihen auch ausserhalb der H. Sacrament / dem Gewalt der Schlüssel anhänggig seyn könde.

Der zehende Gegenwurff.

ES Ablaß Namen vnnd Gebrauch wirdt nierngendts in der Schrifft gefunden.
Ergò taugt der Ablaß nichts.

Aufflösung.

Rstlich / ist in diser Einred nicht wahr / das weder deß Ablaß Namen / nach Gebrauch / in der Shrifft zu finden sey: Dann das Wort Indulgentia, daß wir Ablaß teutschen / wie droben vermeldet / auch im Propheten Isaia geschriben stehet. Nachmals hat Christus seinen Jüngern Gewalt geben / die Sünd / sowol inner als ausserhalb deß Sacraments zuuerzeyhen / dessen sich der H. Paulus auch gebrauchet hat.

Besihe das vierdte Capitel droben.

Isaiæ 61.
Matth. 16. 18.
Ioann. 2.
1. Corin. 5.
2. Corin. 2.

Fürs ander / ist diß Argument ab authoritate negatiua scripturæ, das ist / wann einer auß Authoritet H. Schrifft verneintlich etwas Schleußt / zum Exempel: Diß oder jenes stehet nicht in H. Schrifft. Ergò, soll mans nicht glauben / nit einer Schnellseigen werth: Ja probiert so vil / als wann einer sagte / der tregt der tregt kein Beuttel an der Gürtel/ Ergo hat er kein Gelt. Dann solch vnbündig Argument/ nicht allein allen dialecticis præceptis, vnnd der Vernunfft selbs zuentgegen/ ja weder die Apostel/ noch Christus/ noch die H. Vätter habens jemals also wie die Lutheraner gebraucht.

Ebnermassen/ wolt auch Arrius der Hauptketzer nit glauben/ daß der Sohn Gottes einer Substantz/ Natur vnd Wesen mit dem Vatter were / dieweil er das Homousios nicht geschriben fand. Vnnd was dann mehr? Glauben wir nicht vnzehlich vil Ding/ so nicht in H. Schrifft zufinden seynd? Das man die kleine Kinder tauffen soll/ wo stehet es geschriben? Dannoch glauben wirs / allein auß blosser Apostolischer Tradition vnd Kirchenbrauch. Niergend wirdt gelesen/ daß Melchisedech ein Vatter oder Mutter gehabt: Soll er aber ohn Vatter vnd Mutter erboren seyn? Was haben die H. Ertzvätter deß alten Testaments/ die auch Paulus in seiner Epistel zu den Hebreern zum theil benennet/ biß auff Moysen für ein Schrifft gehabt? in welchem Testament oder Propheten/ hat Noe gelesen? Warauß hat Abraham/ Loth/ Isaac/ Jacob/ ıc. seinen Glauben gelernet? Auß den Büchern? Es wahren keine dazumaln noch in der gantzen Welt beschriben. Derowegen auß der Tradition. Woher haben die erste Christen/ deren so vil Tausendt jhr Blut vmb deß Glaubens willen vergossen/ jhren Glauben anfänglichen gelernet? Ist doch zur selbt Zeit/ noch kein Euangelium gewesen? Dann 8. Jar nach Christi Himmelfahrt/ hat Mattheus sein Euangelium im Jüdischen Land: Marcus nach 10. Jaren im Welschland: Lucas nach 15. Jaren in Bythinia/ Johannes in Asia nach 32. Jaren beschriben. Muß derowegen hierauß schließlich folgen/ das nicht allein zuglauben nöthig/ was in der Schrifft verfaßt/ sondern auch was durch Kirchische Tradition/ auff vnns gebracht/ vnnd als von Hand zu Hand gelanget ist.

Hebræ. 7.

Diß be-

Das 19. Capitel.

Diß begehret vnder andern / vonn allen Christen Irenæus Lib. 3. aduersus der Vralte Lehrer/ da er spricht: Quod si neque Apostoli seri- Hæret. cap. 4. pturas reliquissent nobis, nonne oportebat ordinem sequi traditionis, quam tradiderunt iis, quibus cōmittebant Ecclesias? Auff Teutsch. Gesetzt/ daß vnns auch die Apostel kein Schrifft hinderlassen / solten wir dann nicht folgen der Tradition vnd Satzung/ die sie denen geben haben/ welchen sie die Kirchen zu regieren befohlen?

Vnd Epiphanius spricht also: Oportet & traditione vti, Lib. 1. Hær. 6. non enim omnia ex diuina scriptura accipi possunt; quapropter aliqua in scripturis, aliqua in traditione S. Apostoli tradiderunt. Das ist/ Wir müssen vns auch der Tradition vnd Kirchensatzung gebrauchen / dann es kan nit alles durch die Schrifft außtrucklich gelehret werden.

Ist derowegt ein sehr vnuerständisch/ tölpisch/ bachantisch Argument von den Lutheranern/ die sonsten so außbündig gelehrte Leuth seyn wöllen: In der Schriffe stehet es nicht/ darumb muß mans nicht glauben. Dann hierinn streitten sie erstlich wider sich selbsten / vnd wer wirdt dessen nit gewahr? Lehren sie nicht/ man müß glauben / was im alten vnnd newen Testament geschriben stehet? wo ist es aber in H. Schrifft gebotten? Lehren sie nicht die Bücher/ so wol newen als alten Testaments/ welche sie annemmen vnd Canonisieren/ seyen die rechte H. Schrifft? Wo ist aber diß in H. Schrifft selbst zufinden? Lehren sie nicht/ man soll das H. Sacrament deß Leibs vnnd Bluts Christi Nüchtern empfangen? an welcher Stell heiliger Schrifft hast du diß gelesen? Eintweder sie müssen sich selbs auff ihr Lugentasch klopffen/ oder aber/ das auch nothwendig/ auff die vonn Anfang hergebrachte Traditiones vnd Kirchensatzungen zugehen sey/ bekennen.

Vnd gesetzt (welches doch in Ewigkeit nicht mit all ihrer Kunst kan erzwungen werden) das zulässig sey/ ab authoritate

Z negati-

Bericht vom Ablaß/

negatiua der H. Schrifft zu Argumentieren: Folgt doch auß disem Paralogismo, vnd vngereimbter Schlußred/ das in viLoset auff ir-len vnsers Glaubens Articeln keinem Theil der Contradiction/ Lutheraner das ist/ man affirmier vnd verjehe es/ oder/ negier vnnd es ist kein Sophisterey verlaugne es/ glauben zugeben sey. Zum Exempel: In H. Schrifft stehet nicht geschriben/ ob man die kleine Kinder tauffen soll oder nicht. Ist nun/ wie die Ketzer sagen/ nichts anders zuglauben/ als was in H. Schrifft verfasset ist/ so folgt/ man dörffe diser Proposition nicht glauben/ Die Kinder soll man tauffen/ dann sie ist nicht in H. Schrifft geschriben. Vnd hergegen folgt auch/ das man die widerwärtige/ oder negantē propositionem, gleichfals nit glauben soll. Die Kinder soll man nicht tauffen/ dañ sie ist auch nicht in H. Schrifft geschriben. Vnd schließlichen entspringt hierauß/ dz zwey Contradictoria, das ist/ Ja vnd Nein von eim Ding/ mit ebenmässigen Circumstantien wahr seyen/ welches/ was es für ein jämmerlich Absurdum, können nur ein wenig verständige Leuth ohne Beschwernuß erachten. Sehet nur jhr Lutheraner/ wie könden ewere Schreyanten also Freyharts meisterlich argumentieren.

Vnnd hab ich diß derowegen etwas nach Läng außführen wöllen/ damit ein jetweder der Warheit liebhabender Christ erkennen köndte/ wann schon der Ablaß weder inn der Schrifft/ weder in den Concilien/ vnd H. Vättern/ gegründet wäre (welches doch alles hiebevor weitläuffig ist dargethan) jedoch weil er so vil hundert Jar inn der Kirchen gebrauchet worden/ solt man jhn ja billich derenthalben/ nit allein nit verwerffen/ ja vil mehr ein grossen Respect auff in haben. Vnd wañ dann nun allerley Beweysung auß H. Schrifft/ Vättern vnd Cocilien/ zur Tradition getrettē seynd/ wie kan/ vmb Gottes willen/ der Ablaß nichts werth/ ein Gauckel/ vnnd Narrenthäding seyn? Vnsäuglich ist/ das einem Menschē das Liecht der Vernunfft also verdunckelt sey/ auff daß jhn dise sonnenklare/ lautere Warheit/ ja nicht ein wenig erleuchten köndte. Der

Das 19. Capitel.
Der eilffte Gegenwurff.

BEy den alten Vättern/die etwa vor tausendt Jaren gelebt haben/ist das Wort Indulgentia oder Ablaß nicht zufinden/ist auch in der alten Kirch selten oder niemals gebrauchet worden.
Ergo muß er nichts werth seyn.

Aufflösung.

OB gleich die alten Vätter das Wort Indulgentia oder Ablaß nicht gebraucht hätten/welches ich doch im H. Cypriano/nicht selten/in vnserm Verstande gelesen hab: Jedoch melden sie zum offtermal/das Remissio oder Dimissio temporalis poenæ, das ist/ Verzeyhung zeitlicher Straff/ den Büssenden in der ersten Kirchen geben worden/welches anders nichts dann Ablaß ist.

Das aber die H. Vätter Anfänglichen stracks/vom Ablaß nicht also außtruckliche Meldung gethan/ warumb wolt also hoch zuuerwundern seyn? Dann als im Anfang die Schnieter/ das ist/ die H. Kirchenlehrer/im weytten Feld der heiligen Schrifft abgeschnitten/ das ist/ die fürnembsten Puncten außtrucklich erkläret hätten: Ist nicht vnglaublich/ das von jhren Händen etliche äher vberbliben/ den folgenden mit grösserem Fleiß auffzuklauben/vnd eynzusamblen/das ist/ etliche Stellen der H. Schrifft/ so an vilen Orten gar dunckel vnd schwer zuuerstehen/ je länger je mehr zuerklären/ vnnd zubenambsen mit den allerfüglichsten Namen/fürnemlich im Nothfall auffwachsender Ketzereyen/ die solches erfordern. Daher wirdt die Kirch im hohen Lied Salomonis der Morgenröt verglichen/ welche erstlichen Schwartz/ nachmals je länger je Röter vnnd Klärer wirdet. Dannenhero füglich zuermessen/ wie von vnsern Nachkömblingen zweyfels ohne noch vil mehr auß H. Schrifft erleutert werden könde/als bißhero/ fürnemblich/wann etwan (das

Cant. 4

Gott

Bericht vom Ablaß/

Gott gnädig verhüte/ weil jhrer vor mehr als zuuil) newe Ketzereyen einreyssen wolten.

Ist derowegen ein Schulerisch Argument: In der ersten Kirchen hat man das Wort Ablaß nicht gebraucht/ Ergò, muß der Ablaß nichts gelten. Was ist vns am Wort gelegen/ wann wir die Grundsach auß der Kirchischen Tradition vnd Vättern haben? Hat die Kirch macht gehabt/ die erste Glaubigen/ so zuuor/ wie in der Apostel Geschicht zulesen/ Discipel genennet worden/ mit einem andern Namen Christen zu nennen: so hat sie auch Gewalt Erlassung zeitlicher Straff/ Ablaß zuheissen. Geschweig jetzo/ daß mir biß Dato noch kein Predicant erwisen hab/wass vnd vnder wessen Papst Regierung das Wort Indulgentia oder Ablaß/ inn die Kirch eingeführet worden sey/ welches ein gewiß anzeigen/ das es vonn der ersten Kirchen hergeflossen.

Das aber der Ablaß inn der alten Kirchen nicht also im Schwang gewesen/ ist diß die Vrsach/ daß die Lieb Gottes/ in den Chistglaubigen/ dazumaln gantz jnbrünstig vnnd eyferig/ vnnd wann einer auß Schwachheit in ein Sünd gestraucheit/ ward er gantz willig vnd bereyt/ grosse vnd scharpffe Bußstraff bißweiln etliche Jar eher außzustehen/ als die Bezahlung deß letzten Hallers/ dorthin inn das Fegfewer zuuersparen. Wurd damals auch gar steiff vber den Canonibus pœnitentialibus, vnnd der Kirchen Bußsatzung gehalten/ der Gestallt/ das deß Ablaß embsiger Brauch nicht also hoch von nöthen wie jetzo/ da die schweren Sünd gleichwol mächtig sehr vber Hand genommen/ aber niemand darfür/ etwa wenig Täg/ geschweigen vil Jar zubüssen/ bereyt gefunden wirdt.

Bißhero haben wir mit den Lutheranern vnnd jhren vngegründten Einsprechung/ theils auch gar erdichten Calumnien/ zuschaffen gehabt: Nun ist nothsam vnd räthlich/ auch der Calvinisten meyste Gegenwürff/ wie vorgehende vmbzustossen.

Das 20.

Das 20. Capitel.

Widerlegung der fürnembsten Gegenwürff mit welchen Caluinus vnnd sein Hauff wider den Ablaß streytten.

Die erste Caluini Gegenred.

Caluinus/ in seine Institutionibus, Cap. 4. num. 3. fichtet erstlich den Ablaß mit dergleichen Worten an. Wie hätt das Blut Christi häßlicher prophaniert vnnd verunreynigt werden können/ als wann sie (die Papisten) laugnen/ das es genug sey/ zu Verzeyhung der Sünd/ wann es nicht gleichsam es außgedürret were/ vonn den Genugthuungen der Heiligen ersetzet wirdt? Diß sagen die Papisten.

Derowegen muß jhr Ablaß ein grosser Grewel vnd Gotslästerung seyn.

Aufflösung.

Caluinus spart allhie strack anfängklichen die Warheit seinem Brauch nach: Dann kein Catholischer niemals in Ewigkeit gesagt/ das Leyden Christi sey nicht genug zu Verzeyhung der Sünd. Im fall es aber einer gelehrt/ Wer ist er? Wie heißt er? Er mach jhn Namhafft/ citier seine Wort/ so wöllen wir Catholische jn/ als ein Ketzer/ verdammen/ daß er in disem/ der Catholischen Religion/ nicht gemäß gelehret hätte. Ja also falsch vnd erlogen ist/ was Caluinus vnns mit Gewalt aufftringen wil/ das nicht allein vnsere Theologi/ sondern auch der Papst Clemens 6. in der Constitution vom Schatz deß Ablaß außtrucklich lehren/ das Blut

Caluini Freyheit zu liegẽ.

Z iiij   Christi

Christi sey also vnendtlichen Werths/ das desselben nur ein eintziges Tröpfflein/ für aller Welt Sünd gnug gewesen wäre. Wie kan er vns dann bezüchtigen/ als sagten wir/ das Leyden Christi/ weil wir zu demselben der heiligen Genugthuungen setzen/ sey gleichsam außgedorret? Ja wir veriehen noch darzu/ das ein einiges Tröpfflein/ nicht allein eine/ sondern auch vil tausendt Welt (wann ihrer Gott so vil erschaffen) hätte können erlösen/ vnd zur ewigen Seligkeit erkauffen.

Warumb die Genugthuunge der lieben Heiligen im Schatz deß Ablaß sey vnd.

Daß wir aber zum Leyden Christi die Genugthuungen der lieben Heiligen setzen/ geschicht darumb/ auff daß dieselbe nicht müssig vnd vergebens seyen/ vnnd durch sie das Leyden Christi in solchem Schatz/ desto mehr geehret werde: In Bedenckung/ das solche Genugthuungen der Heiligen/ die Krafft zeitliche Straff abzulegen/ allein auß dem Leyden Christi geschöpfft/ darauß dann ohne Zweyfel deß Leydens Christi Macht vnnd Würckung/ Sonnenklar erblicket/ vnd herfür scheinet. Endtlichen auch derowegen/ damit die lieben Heiligen auch ein Frewd vber ihre gute Werck empfiengen/ die Christus also hoch in seiner Kirchen geehret hat.

Diß erkläre ich zum Vberfluß in einem Exempel. Hat vns nicht Christus den Himmel vnnd ewige Cron genugsamlich in seinem Leyden erstritten? Warumb wil er dann/ daß wir mit ihm streitten/ gute Werck thun/ vnd solche Cron erlangen? Was sagt er anders durch den Apostel Paulum: Keiner gekrönet werden/ dann der ordenlich gestritten. Wann vns dann Christus die ewige Cron erworben hat/ warumb sollen wir vnns hart darumb reissen/ beschwärlich darumb kämpffen? Dieweil diß vns nutz/ Christo dem Herren rhümlich/ der mit seinem Leyden erworben/ das vnsere Werck durch sein Christi Verdienst/ den Himmel auch verdienen könden. Schicht hieran Christi deß Herren Verdienst kein Eintrag/ wann vnser eigen Verdienst zu seinem tretten thut/ warumb wolt

2.Tim. 2.

Das 10. Capitel.

ner für vns dem Himmlischen Vatter auffgeopfferten Satisfaction vnd Genugthuung nachtheilig seyn / wann im Schatz deß Ablaß / der lieben Außerwehlten genugthunliche Werck / zu jhr gesetzet werden? Vnd diß zum forderſten derowegen / weil solche Werck / allein inn Krafft deß Leidens Christi / zu Verzeyhung zeitlicher Straff / in andachtem Schatz würcklich seyn.

Gleichermaſſen iſt vngültig / wann einer sagen wolt. Du sprichſt / deß Himmels Lauff / die Sonn / vnd andere Cauſæ ſecundæ, nachgeordnete Vrsachen / bringen auß der Erden allerley Gewächß herfür: Derowegen muß Gott vnmächtig seyn / weil er solches nicht ohne Mittel vollbringen mag. Es folgt nit / sprich ich / Gott vermöcht es durch sich allein: Aber sein Weißheit dardurch zuerzeigen / wil ers durch nachgesetzte Vrsachen vnd Mittel ins Werck setzen. Also wäre das Leiden Christi allein gnug für ewige vnd zeitliche Straff aller Sünd: Aber er hat im Schatz deß Ablaß der lieben Heilign Genugthuung auch haben wöllen / seines Leidens Frucht anzudeuten / vnnd dessen Ehr zuerbreytten.

Die ander Caluini Einred.

Eiter wil Caluinus / wir entheiligen das Leiden Christi / mit der Heiligen jhren Genugthuungen / auß folgenden Sprüchen erzwingen.

In der Apostel Geschicht lesen wir / das alle Propheten bezeugen: Durch Christum allein / komme vnns Verzeyhung der Sünd her. Vnd Johannes spricht: Das Blut Christi reinigt vnns von vnsern Sünden. Vnnd Paulus zu den Corinthiern sagt: Nicht er / sondern allein Christus ſey für sie gestorben / vnd in jhm seyen sie allein getaufft. Zu den Hebreern widerumb: Christus hab mit einem Opffer alle Außerwählte geheiliget inn Ewigkeit. Das Johannes in der Offenbarung bezeugt widerumb: Die

Actor. 10.

1. Ioan. 1.

1. Cor. 1.

Hebræ. 10.

Apoc. 11.

Heiligen haben jhre Kleider inn dem Blut deß Lambs gewaschen.

Aber die Papisten sagen von den Verdiensten der Heiligen im Ablaß/ kome auch Verzeyhung der Sünd her/ die Heiligen reinigen vnsere Sünd auch/ von jhnen haben wir auch Verzeyhung/ ꝛc.

Derowegen ist nicht ohn/ das jhr AblaßKramb ein grosse Lästerung deß Leidens Christi sey.

Aufflösung.

Aller diser Sprüch gestehen wir/ vnnd sagen sie seyen wahr: Aber in allen wirdt allein von Erlassung der Schuld/ fürnemblich tödtlicher Sünd/ vnd ewiger Straff/ vnnd von der Gerechtfertigung deß Menschens/ durch welche wir Kinder Gottes werden müssen/ gehandelt vnd tractiert. Diß geschicht im Sacrament der Tauff vnd Buß/ darinnen die Verdienst der Heiligen durchauß kein platz habt. Der Ablaß aber verzeihet keines fals ein tödtliche Schuld/ zu Latein Culpa genandt/ sonder allein die zeitliche Straff/ zu welcher auch die Gerechtfertigten bißweiln verbunden seyn könden/ als Dauid/ zu dem Nathan sagt: Der Herr hat dein Sünd hinweg genommen/ aber jedoch/ weil du die Feind deß Herrn hast lästern gemacht/ soll das Kind/ welches dir geboren ist/ sterben.

2. Reg. 2.

Derowegen ist ein falsche Inzicht/ von der höllischen Gifftschlangen Caluino/ auß Neyd vñ Haß erdicht/ wir Papisten legen auff den Ablaß vnd Genugthuung der verstorbnē Heiligen was die H. Schrifft Christo/ vnd seinem Leiden zumessen.

Der dritte Caluini Gegenwurff.

Vnd damit Caluinus sein Vnwarheit mit einem Schalcksdeckel gantz vnd gar vberheute/ auff daß sie nicht leichtlich erdappet werden mög. Allegiert er auch die heiligen Vätter/ für sich vnd sein intent.

Das 20. Capitel.

Erstlich den H. Papst Leonem/ der also sagt. Quamvis multo- Epist. 38. ad
rum Sanctorum in conspectu Domini preciosa mors fue- Palaest.
rit, nullius tamen insontis occisio, propitiatio fuit mundi.
Das ist: Ob gleich viler Heiligen Tod im Angesicht deß
Herren köstlich gewesen/ ist doch keines auch Unschuldi-
gen Entleibung/ der Welt Versöhnung gewesen. Und
ein wenig hernach. Singulares quippe illorum mortes fue-
runt, nec alterius quispiam debitum suo fine persoluit; cum
vnus extiterit Dominus Christus, in quo omnes sunt resu-
scitati. Das ist: Dann ihr (verstehe der Heiligen) Tod/ ist
sonderlich vnd einsamb gewesen/ vnd hat keiner deß an-
dern Schuld mit seinem End erlöst/ dann allein Chri-
stus, in dem wir alle aufferweckt seynd. Also auch Augu- Tract 84. in
stinus. Etsi fratres pro fratribus moriamur, nullius tamen Ioan.
sanguis Martyris, in remissionē peccatorum funditur, quod
fecit Christus pro nobis. Das ist: Vnnd ob gleichwol ein
Bruder für den andern stirbt/ wirdt doch keines Mar-
tyrers Blut zu Vergebung vnserer Sünden vergossen/
alleine Christus allein für vns gethan.

Aber die Papisten halten darfür/ das neben dem Todt Chri-
sti Ablaß auch durch das Leiden der Heiligen/ Verzeyhung
der Sünd erlanget werde.

Dero wegen lästern sie das Leiden Christi.

Aufflösung.

Diser Calvini Gegenwurff streittet eben so wenig
wider vns als der vorig. Dann der H. Papst Leo re-
det in allegierter Epistel wider den Ketzer Eutyche-
tem, der ein warhafftige/ natürliche Fleisch in Chri-
sto verlaugnete. Derowegen spricht der H. Vatter: Es muß
ein warhafftig rechtes Fleisch in Christo gewesen seyn/ dann ohn
ein warhafftiges Fleisch/ hat er nicht warhafftig sterben können/
                         Aa   wann

wann daß Christus nit warhafftig gestorben wäre/ so hätten wir
nit erlöset/ noch Gott versöhnet werden könden: Dañ keines an-
dern auch deß vnschuldigsten Menschē Tod/ hätt das Mensch-
liche Geschlecht vermögen zuerlösen. Diß ist deß H. Leonis Di-
scürs/ darinnen allein von Errettung ab deß Teuffels Gewalt/
von Versöhnung der tödtlichen Schuld/ vñ Genugthuung für
ewige Straff gehandelt wirdt. Vnd wann Caluinus wolte/ er
hätt es auch auff zeitliche Straff verdeut: Müßt Leo jhm selber
anderstwo zuwider gelehrt haben/ da er offtmals widerholet/
durch gute Werck könde man Gott genug thun/ vnnd zeitliche
Straff der Sünd entrichten. Laugnet derowegen der H. Leo
gantz vñ gar nit/ das wegen Einigkeit/ deß Bands der Lieb/ vnd
Gemeinschafft der Heiligen/ so vnder allen Glidern Christi ist/
einer Gnugthuung dem andern/ nur zu Erlassung zeitlicher
Straff ersprießlich seyn möge/ welches allein wir Catholische
den Ablaß vermeinen.

Der H. Augustinus/ an fürgebrachtem Ort/ redet von
Verzeyhung der Sünd/ welche in der Rechtfertigung beschicht/
in dero die Schuld vnd ewige Straff nachgelassen/ vnd die Ge-
nad Gottes/ ohn all vnser Verdienst/ erlangt wirdt/ könd auch
dieselbig vns kein Heilig mit seinem Todt erwerben: Vnd dise
Verzeyhung gewarten wir Catholische gantz vnd gar nit (wie
vns Caluinus fälschlich dargibt.) von dem Ablaß/ oder von der
Heiligen Verdienst/ sonder allein wirdt hierinn Christus von vns
durchauß/ als ein warhaffter einiger Erlöser/ respectiert.

Hierauß magst du Ehr vnd Warheitliebender Leser abneh-
men/ mit was Vngrund diser natergifftige Kirchenfeind/ den
Ablaß zustürtzen sich verfangen/ als nemblich/ mit purlautern
Lugen/ Falschheit/ vnd erdichten Aufflagen: Oder aber/ wann
es bey jhme wol gerathen thut/ zum wenigsten mit corrumpier-
ter/ oder vbel außgelegter H. Schrifft/ vnnd der H. Vätter
Sprüchen.

Serm. 1. de Ie-
iun. 10. Mēsis.
Episto. 79. ad
Nicetam.
Episto. 91. ad
Theodor.
Episto. 92 ad
Rustic.

Der

Das 20. Capitel.
Der vierdte Calvini Gegenwurff.

WEitter ruckt Calvinus fort im Lästern / vnd spricht: Gott gibt den Martyrern / vnd seines Sohns Blutzeugen / für jhr Creutz vnd Leiden / mehr als sie verdient haben.

Wie kan derowegen etwas vberbleiben / das die Papisten zu jhrem Ablaßhafen legen?

Aufflösung.

HRoben hab ich zuuor gesagt / wäre nicht vonnöthen solches widerumb zuerholen / welchermassen das Leiden Christi / auch alle gute / mühsame / peenliche Werck der lieben Außerwählten / zweyerley Respect vnd Würckung haben: Erstlich seynd sie verdienstlich / dann sie wie alle andere gute Werck / so in der Gnad Gottes verrichtet werden / inn Krafft deß Leidens Christi / den Groschen ewiges Lohns verdienen. Zum andern / seynd sie auch genugthunlich für zeitliche Straff der Sünd / wie droben auch genugsam dargethan.

Ein jedes gut Werck hat zweyerley Würckig

Demnach nun solche Werck verdienstlich / seynd wir Catholische durchauß beständig / Gott hab sie höher belohnet / als verschuldet ist worden. Aber der Genugthunligkeit nach / die weit ein ander ding ist / als das Verdienst / wirdt mir weder Calvinist noch Lutheraner vmbstossen könden / das vil heilige Leuth ein grossen Vberfluß / an deme / so sie auff diser Welt / wegen der Ehr Gottes außgestanden / zusamen gehäuffet haben könden / dessen sie zu Endtrichtung zeitlicher Straff eygner Sünd / nit bedörfftig. Wil allein vom H. Johanne dem Tauffer sagen / wie ein heiligs / vnsträfflichs / von allen Sünden vnbeflecktes / vntadelichs Leben hat er geführt? Hergegen aber / was für ein strenge Buß? Wievil Fastens? Wievil Bettens / Wachens / Casteyens / hat er außgeheriet an seinem Leib? Solt er diser ge-

Aa ij   nugthun-

Bericht vom Ablaß/

nugthunlichen Werck zu seiner eigener Sünd-Straff Abzahlung bedörffet habe? Ja mehr/ ist er endtlich vmb Gottes Warheit vnd Gerechtigkeit willen/ gemartert worden: Vnnd sagt doch der H. Cyprianus/ das Martyrium, vnd der erlittene Tod wegen Christlichen Glaubens/ dieweil es das fürtrefflichste Werck der Lieb ist/ verzehre alle zeitliche Straff der Sünd/ wie groß vnd vilfältig die auch gewesen seynd. Solt derowegen ein Stockblinder sehen/ das dem H. Johanni/ welches auch in andern vnzalbar vilen Heiligen Platz haben mag/ ein mechtiger Vberrest seiner Genugthuungen bliben/ welche in dem Schatz der Kirchen auß Christi Göttlicher Veranlassung/ andern dürfftigen Glidern zum besten/ auffbehalten seynd/ ob sie gleichwol ihrem Verdienst nach/ in ewiger immerwerender/ frewdfölliger Seligkeit reichlich vergolten werden.

Lib. 5. Epist. 25. Et lib. de laud. Mart. post me.

Der fünffte Gegenwurff.

In wunderbarlichen/ gramhässigen Neyd gegen den lieben Heiligen vnnd Außerwählten Gottes/ erzeigt Caluinus, in dem er ihnen/ ja nicht die geringste Ehr wil gönnen/ darumb scrupuliert er fort an/ vnnd spricht: Wann der Heiligen Genugthuungen durch den Ablaß vnsere Sünd verzeyhen köndten/ müßten sie vnsere Erlöser genennet werden.

Diß aber wäre Christo/ der vnns allein vom Todt vnnd Sünd erlößt/ an seiner Ehr gantz nachtheilig vnd schädlich.

Derowegen muß der Ablaß nit gut geheissen seyn.

Aufflösung.

Ob schon der lieben Heiligt Verdienst zu vnserer zeitlichen Straff Nachlassung erspriessen mögen/ folgt doch nicht/ daß sie vnsere Erlöser von vns genennet werden/ wie vns Christus allein erlöset hat. Dann solche Würckung zeitlicher Straff abzutilgen/ vrsprünglich nit
von den

Das 20. Capitel.

von den Heiligen/ sondern von Christo vnd seinem Leiden entflossen. Derohalbē solche Erlösung mehr Christo/ als den Heiligen von vns zugeeignet/ vnnd er allein vnser Absolut Erlöser genennet wirdt.

Was kan aber dem HErrn Christo an seiner Ehr benommen werden/ wann wir im Ablaßschatz/ die Heiligen nach dem Herrn Christo setzen? Wann wir sie auch (doch fürnemblich in Krafft deß Leidens Christi) vnserer zeitlichen Straff Erlöser machen? Hat Paulus Christo sein Ehr geschmälert/ da er sich inn der Epistel zu den Corinthiern/ Christi Mitgehilffen macht? Hat er Christo zu kurtz gethan/ da er sich selbsten zu den Ephesiern/ einen Illuminatorn aller Menschen nennet? Hat sich Christus/ Paulum zu einem Coadiutorn/ vnd also zu reden/ Miterleuchter der Menschen/ zu gedulden/ nicht gewidert/ hat jme Paulus hierinn an seiner Ehr kein Eintrag gethan/ so wirdt Christo kein Vnbilligkeit inn Warheit zugefügt/ ob gleichwol der Heilige genugthunliche Verdienst/ neben dem seinigen/ Ablassung vnserer zeitlichen Straff wircken/ fürnemlichen/ weil solche Würckung erstlichen auß dem Leiden Christi entspringen thut. Derowegē der Ablaß kein Grewel vor Gott/ vnd deß Leidens Christi Lästerung/ sondern höchste Verehrung seyn muß.

1. Corin. 3.

Ephes. 3.

Der sechste vnnd letzste Caluini Gegenwurff.

ES ist ein Narrentandt/ glauben/ deß Papst pergamentina verbleyte Bulln/ können die Sünd verzeyhen: Dannoch seynd die Papisten solche Thoren/ die sich darmit äffen/ vnd am Gümpelseil herumber ziehen lassen.

Bericht vom Ablaß/
Aufflösung.

JR Papisten seynd nit so grobe Knöpff/ die nit wissen/ was sie glauben sollen. Welcher Papist hat jemals gelehrt oder geschribt/ deß Papst Bulln haben Gewalt vnd Krafft zeitliche Straff nachzulassen? Wer war er? Wie hat er geheissen? Sag an Caluine/ was war sein Nam? Wer war er? Mach einen Namhafft? Wo bleibstu Caluine? Wo bleibstu? Da ist niemand im Hauß/ da leugt man was vnd wie man wil/ ist alles recht/ muß alles purlauter Wort Gottes seyn/ wann man nur die Papisten dapffer außscaliert. Vnrecht/ sprich ich/ thut vns Caluinus/ vñ wer es mit jhm halten wil: Dann wir solche Verzeyhung nicht der pergamentinen Bulln/ sonder allein dem Gewalt der Schlüssel/ welchẽ Vollmacht/ die Verdienst Christi vnd der Kirchẽ Schatz außzutheilen/ gegeben ist/ zumessen vnd anhängig machen.

Warzu seynd dann die Bulln nutz? Anzeig vnd Verkündigung/ wie vnd welcher Gestalt/ solcher Schatz außgespendet werde/ schöpffen wir darauß. Vnd gleich/ wie nit folgt/ propriè dar von zureden/ wann dir einer durch ein Brieff 100. Gulden Schuld schencken thät/ der Brieff hab dise Würckung/ ermeldte Schuld nachzulassen/ nein/ sonder er zeigt allein dessen Willen an/ der dirs geschenckt hat. Also verzeyhet die Bulln die Straff nit/ sonder verkündigt den Willen dessen/ der durch Anwendung deß Kirchenschatzes/ solche auff dise oder jene Gestalt/ Art vnd Weiß zeitliche Straff erlösen wil.

Diß seynd die meisten Einspruch Caluini wider den Ablaß. Was er anders mehr auß seiner Drachengall darwider außgeschüt/ seynd lauter Lugen/ denen er mit seiner Schwätzerey ein solche Faßnachtlarfen angezogen/ daß bißweilen einer vermeynen solt/ es stecke vil darhinder/ vnd were lauter Euangelium. Wilt du aber recht hinder die Büberey/ so vnder disem Deck-
mantel

Das 20. Capitel.

mantel der hochtrabenden/geschmuckten Wort verborgen ligt/ kommen/ vnd sein Gifft erkennen: Laß dir wol zu Sinn vnnd Gemüth gehen/ was wir bißhero mit beständigem Grund der Warheit gelehret haben/ wirdt dein Wunsch gewehrt/vnd dein Begeren ersätiget werden.

Das 21. Capitel.

Auß was Vrsachē Christus disen jetzo offtmals angeregten Schatz seiner Kirchen habe hinderlassen wöllen.

Ißhero haben wir deß H. Ablaß Schatz/ vnnd Gewalt denselbigen außzutheylen/ für gemeyne Leyen/ oder sonst einfeltige/ schlechte Leuth/ deren Verstand/ subtile/ spitzfindige Fragen nit fassen kan/ genugsam auß aller Hand Zeugnussen erwisen vnd bekundtschafftet. Wöllen aber die Gelehrten/ welchen diß geringfügige Tractätlein durchauß nicht ist vermeynt/auff andere/ so hievon in lateinischer Sprach statlich vnd hochfürtrefflich geschriben/ angewisen vnd verleittet haben.

Nun laßt sich nicht weniger für nothsamb/ als räthlich ansehen/ etlich andere fragen/ so zu mehrer Erkandtnuß deß heiligen Ablaß vonn seiner Außspendung bewegt werden mögen/ angemaßter kürtzer Einfalt gemäß/ auch erkleren/ vnd außfündig machen.

Vnd ist bey allen Theologen vnd Canonisten gewiß vnnd vnfählbar/ das den Ablaß zugewinnen 4. nothwendige Conditionen müssen vorhanden seyn. Erstlich Authoritet vnd Gewalt

walt den Ablaß außzutheylen: Vnnd diß gehet den Auß-
spender an. Fürs ander: Ein gottsförchtige/ zu solches
Ablaß Gewin genugfügige Vrsach: Vnd dise Condition
hält sich auff deß Ablaß Septen. Zum dritten: Daß der/ wel-
cher den Ablaß empfangen wil/ dessen fähig/ inn dem
Stand der Gnaden/ vnd mit keiner Todtsünd beflecket
sey. Zum vierdten: Daß er verrichte/ was deß H. Ablaß
Außspender gebeut: Vnd dise zween letzte Puncten/ werden
vonn deme/ welcher deß Ablaß theilhafftig zuseyn begehrt/ er-
fordert.

Ehe wir nun zur ersten Condition/ von Gewalt deß Auß-
spenders greiffen/ sicht mich für gut/ vnd nothtringlich an/ mit
kürtz ein wenig Meldung thun/ warumb Christus vilgedachten
Schatz in seiner Kirchen verlassen wöllen? Dann hierauß diser
Articul vom Ablaß/ auch nicht wenig gestärcket werden mag.

Wann ich derowegen mit besonderm Fleiß vnnd Ernst er-
wig die Vrsachen/ warumb Christus disen vberreichen Schatz
nach seiner Himmelfarth/ seiner geliebten Gesponß der Christ-
lichen Kirchen verlassen hab/ find ich der fürnembsten fünff/ an-
dere so durch scharpffsinnige Speculation/ etwa ersonnen werden
möchten/ zu vmbgehen.

**Erste Vr-
sach.** Dann erstlichen hat er sein vbermässige Gütigkeit/ vnd vn-
endtliche Barmhertzigkeit/ hierinnen scheinbarlich ans Liecht
geben/ in deme er vns kundtbar vnd wißlich macht/ daß er vil lie-
ber ein kleines/ geringes/ in der Lieb vollzogens Werck/ als da
seynd/ Gebett/ Fasten/ Allmosen/ Kirchfärten/ vnd dergleich-
en gute Vbungen/ so vmb Erlangung deß Ablaß/ vom obri-
sten Schatzmeister/ in Außspendung der Indulgentien gebot-
ten seynd/ zu acceptiern vnnd anzunemen gewillt/ als das der
Mensch ein so schwere Straff eintzweder hie auff Erden/ wie sie
in den Canonibus pœnitentialibus taxiert/ oder aber dorten
im Fegfewer/ ohn alle Erbarmung leiden soll.

Nachmals

Das 25. Capitel.

Nachmals hat Gott der Allmächtig/ der nichts anders su͞chet vnd begehret/ als daß wir durch Würckung guter Werck/ vnsern Beruff vergwissen/ vnnd verheissenen ewigen Lohn im Himmel mehren/ vnd endtlichen durch das Verdienst Christi inn Verharrung bey der Gerechtigkeit darzu glücklich gelangen/ auch dißfals inn Außspendung deß H. Ablaß vnsern Nutz vnd Frommen werben/ vnnd vns zu den Wercken der Gerechtigkeit anreitzen wöllen. Dann wie vor jederman Weltkündig ist/ wirdt der Ablaß außgetheilt nach einem vollbrachten guten Werck/ es sey was Art es wölle: Eintzweder muß man fasten/ betten/ Allmosen geben/ oder aber heilige Oerter/ darinnen der lieben Heiligen Gebein vnnd Reliquien mit grosser Ehrerbietung auffbehalten werden/ heimsuchen vnd visitieren: Welches Werck vor andern/ wie es Gott annemblich vnd behäglich sey/ damit seine Freund geehret werden/ bezeugt er in vilen Wunderthaten/ so bey jhren heiligen Gebeinern vnd Heylthumben/ vilmals zu Nutz der Christglaubigen geschehen. Vnnd damit der Ablaß mit Frucht erlanget werde/ muß der Mensch ohne Todtsünd in der Genad Gottes seyn: Dann wo diß nit ist/ vnd was der Außspender deß Ablaß zu dessen Erlangung befohlen/ nicht verrichtet wirdt/ kan der Ablaß durchauß nicht gewonnen werden.

Andere Vrsach.

Mich bedunckt auch/ es habe der gütig Gott den Reichen Rath schaffen wöllen/ so in allen Wollüsten dises Leben zärtiglich erwachsen vnd erzogen/ vnd sich vor den harten/ strengen Wercken der Gerechtigkeit/ so billiger Massen/ würdige Frücht der Buß/ darzu vnns der H. Vorlauffer Christi vermahnen thut/ genennet werden mögen/ ober die massen schewen/ vnd dieselbige fliehen: Hergegen aber/ damit jhnen Hertz vnnd Muth in Erlangung der Seligkeit nicht gantz vnd gar entfalle/ wann sie von den vnerleidlichen Peenen deß Fegfewers/ allda auch der letzte Haller für ein jede Sünd/ sie sey läßlich/ oder tödtlich/ be

Dritte Vrsach.

B b   zahlet

zahlet werden muß/Meldung geschehen hören/ wirdt jhnen/ in Gelegenheit der Eroberung deß heiligen Ablaß/ deß Propheten Danielis Rath ersprießlich/ damit jhre Sünd im zeitlichen Leben durch Allmosen/ so ohne Schmertz vnnd Pein vollzogen werden kan/ verbüssen vnd abtilgen mögen.

Danie. 4.

Vierdte Vrsach.
Matth. 25.

Gleichermassen hat auch hierinn Christus/ so im letzten Vrtheil sagen wirdt/ was jhr einem auß meinen Geringsten gethan/ ist mir geschehen/ den Armen Rath vnnd Trost schaffen wöllen/ damit die Reichen Woluermögenden/ vmb Theilwerdung deß H. Ablaß/ zu mildtreicher/ freygebiger Außspendung jhrer vberflüssigen Haab vnd Güter angereytzet werden.

Letzte Vrsach.

Fürnemblich aber/ wie ich mich bedunckenlaß/ hat vnser Seligmacher seinen Glaubigen/ den Weg zum Himmel leichtern/ vnsern Glauben stärcken wöllen/ in Bestätigung deß hohen Gewalts/ welchen er dem H. Hauptapostel Petro vnd seinem Nachsatz dem obristen Bischoff vnd Hirten seiner Kirchen geben hat: da er gesagt/ was du auff Erdt lösen wirdst/ soll auch im Himmel auffgelöset seyn: Darinn wir vberflüssig bißhero dargethan/ jhme vnd seinem Successorn/ nicht allein durch die Schuld vnnd ewige Straff der Sünder im H. Sacrament der Buß zuuerzeyhen/ sondern auch die zeitliche/ in welche die ewig auß grundloser Barmhertzigkeit Gottes verendert ist/ ausser deß Sacraments zuerlassen vollkomliche Macht vnd Gewalt verliehen worden.

Matth. 16.

Hat endlichen der gütige Gott/ wie in allem seinem Thun vnnd Lassen/ also auch in Einsetzung deß H. Ablaß/ nach seiner Ehr vnd Glori nichts anders/ als vnser Heyl vnd Seligkeit gesuchet/ dardurch wir billich verursacht werden solten/ dise hohe vnermeßliche Wolthat/ mit danckbarem Hertzen anzunemmen/ vnd mit höherm Fleiß zubewahren/ als bißhero von vilen lawen/ oder ja gar kalten Christen/ auß falschem Angeben der Ablaßfeind/ beschehen ist.

Wirdt

Das 21. Capitel.

Wirdt herauß schließlichen / wie offtermals bißhero zum Vberfluß bezeugt / wie bößlich vnd vngegründt vnsere Widersacher den Ablaß ein schädliche Seug vnd fressenden Todt aller guter Werck / vnd Zulassung / Scham vñ meisterloser Boßheit freuentlichen Mutwillens / vermeßlicher Fleischlichkeit / die auch den Teuffeln in der Höll nit gefallen könde / außgeschryen / bey jederman verunglimpfft / vnnd verdächtlich gemacht haben. Daß wie vermeldt / der Ablaß niemals außgetheylet wirdt / vnd fruchten kan / man habe dann zuvor die Sünd berewet / daneben auch / wo es / wie zu Zeiten / gebotten ist / das hochheilig Sacrament deß Leibs vnd Bluts Christi empfangen / vnd das Almosen / Betten / Fasten / Walfahrten / vnd dergleichen / so von ermeltee Schatzes Spenditorn vmb seiner Früchtl Theilwerdung gebotten wirdt / mit Fleiß verrichtet.

Das 22. Capitel.

Wer disen Schatz der Kirchen außzuspenden von Christo verordnet sey?

Rstlich ist in disem Punct bey vns Catholischen gewiß / deß HErren Christi Statthalter inn der sichtbaren Kirchen / deß H. Petri Successor, vñ Nachsäß / der obriste Hirt vber die Schäflein deß Herrn Christi / habe auß Göttlichem Recht vnd Befelch vollkommlichen Gewalt vber disen Schatz: Die andere nachgesetzte Hirten aber / sie seyen Patriarchen / Ertzbischöffe / oder Bischöffe / haben gleichwol ebenmässig auß Göttlicher Veranlassung / jedoch gemäßenen Gewalt / vber disen Schatz: Derosswegen sie nicht mehr auß demselben außtheilen könden / als jnen

Bb ij   vom

Bericht vom Ablaß/

vom obristen Hirten bestimmet/vnd vorgeschrieben worden: In Bedenckung/ das jhr Gewalt dem obristen sichtbarlichē Haupt der Kirchen/ dem so wol die Lämmer als Schäflein Christi/das ist/ sowol die Bischoff vnd Priester (wie diß Ort die H. Vätter einhelliglich außlegen) als andere gemeyne Leyen zuweyden/ vnd mit seiner Hirten Sorg zuregieren befohlen worden/ vndergeben ist.

Ioann. 10.

Warumb der Papst vollkommenen Gewalt hab Ablaß in der gantzē Christenheit auß zutheylen.

Vrsach vnd Grund/ vollkommenen vnnd gemeßnen Gewalts/ ist nichts anders/ als vollkommene oder gemeßne Iurisdiction, vnd Kirchischer Gerichtszwang von Christo hinderlassen. Dann dieweil dem Römischen Bischoff in seinem Vorfahren Petro vollkommener Gewalt vnd geistliche Iurisdiktion, vber die gantze Christenheit/ von Christo erstlich nach seiner offentlich außgesagter bekandtnuß/ verheissen ist: Dir/ Sprechend/ will ich die Schlüssel deß Himmels geben/ vnnd was du auff Erden lösen wirdst/ soll im Himmel gelößt seyn/ vnnd was du auff Erden binden wirdst/ soll auch im Himmel gebunden seyn. Vnnd nachmals nach seiner Vrstand/ da er sein Verheissung ins Werck gesetzt/ vnd zu jme drittenmals gesagt: Er soll seine Schäflein weyden/ er soll seine Lämmer weyden/ ꝛc. Darinnen er alle seine Schäflein/ alle Christglaubige dem Kirchengewalt vnnd Weydung Petri vnderworffen: Als wil sich gebüren/ das er vollkommene Iurisdiction, allen vnd jeden/ sowol Lämmern als Schaffen/ das ist/ allen Christglaubigen/ was Stands vnnd Würden die auch in der Kirchen seyn/ solchen Schatz der Verdiensten Christi ausserhalb der H. Sacrament/ durch den Ablaß zu applicieren genollmächtigt sey.

Matth. 16.

Ioann. 10.

Vide cap. Cum ex eo, de Poenitentia & Remißione.

Warumb die Bischoff nur gemessenen Gewalt habē den Ablaß außzutheilē.

Hergegen aber/ vnd anderseits/ ob gleichwol andern Vorstehern vnnd nidern Häuptern der Kirchen/ als Patriarchen/ Ertzbischoffen/ so der andern Aposteln Nachkömblingen seynd/ von Christo Gewalt gegeben worden/ zubinden/ vnnd zulösen/

die

Das 22. Capitel.

die Sünd zuerlassen/ oder zubehalten: Hat er doch keinem andern jemals/(in massen mit Petro/ wie vermeldet/ beschehen) seine Schäflein vnnd Lämmer zu weyden/ das ist/ die gantze Christliche Versamblung zu regieren angesprochen. Derowegen auch keiner mit vollkommenlichem Gewalt/ wie Petrus vber die gantze Christenheit/ im Stuel der Seniorn vnnd Aeltern/ inn der Kirch deß Volcks erhoben werden. So muß der Gewalt disen Schatz außzutheilen/ auch limitiert/ beschnitten/ vnd gemessen seyn. Derowegen wann die Bischoff oder Ertzbischoff mehr Ablaß außtheilen wolten/ als jhnen vom obristen Haupt der Kirchen/ vnd allgemeynen Concilien/ vergönnet/ wirdt der Vberschuß nichts mehr fruchten/ als wann ich ohn Gewalt/ von einem Casu reseruato, absoluieren vnd endtbinden wolt. Vnd diß ist nicht mein/ sonder der H. Vätter vnnd Kirchenlehrer/ S. Thome von Aquin/ vnd vil anderer einhellige Meynung/ vnd warhaffte Lehr.

Auß disem kan fürs erste leichtlich erachtet werden/ das ein erwehlter vnnd bestätigter Bischoff/ oder Ertzbischoff/ wann er gleich noch nicht zum Bischoff oder Priester ist consecriert/ inn seinem Bißthumb Ablaß/ den Bischoffen von geistlichen Rechten zugelaßner Maß nach/ geben könden: Dann Ablaß geben auß der Jurisdiction sein Vrsprung nimbt/ welche durch die Confirmation ermeldten Bischoffen/ vom obristen Bischoff dem Papst verliehen wirdt/ ob sie gleichwol noch der Zeit nicht Priester oder consecrierte Bischöff seynd.

Fürs ander/ ist allhie wol in Notam zunemen/ das geringere Prelaten/ Als Pröbst/ Dechant/ Abbt/ Generales, vnnd Prouinciales, vnnd dergleichen geistliche Stände/ so vnder Bischofflicher Dignitet/ keinen Gewalt Ablaß außzutheilen/ von Christo empfangen haben/in massen geistliche Recht/ Lauter vnd außtrucklich erklären. Dann solche nicht Iure diuino, der Kirchen vorsteher seynd/ sonder nur auß Anordnung vnnd

Psalm. 16.

D. Tho. in 4. sent. dist. 20.
Gerson Tr. de Potest. Eccles. per tot. & præcipuè Alphab. 4. L. M.
Aug. de Anchona. Tr. de Potest. Eccles. q. 29. art. 5.
Habetur cap. Transmissa, de Election:.

Cap. Accedentibus, de Eccle. Præla.

Bb iij   Authori-

Bericht vom Ablaß/

Authoritet der Kirchen höchsten Haupts/ vonn welchem ihre Ordens Statuta, seynd approbiert vnd confirmiert. Erstrecket sich auch ihr äusserliche Jurisdiction vnnd Gewalt/ ihre Vndergehörige zu regieren nicht auff den geistlichen Schatz deß H. Ablaß/ ob sie gleich als Priester/ die Sünd verzeyhen/ vnnd die heiligen Sacramenta administrieren könden. Vnnd vonn den Priestern die Seelensorg haben/ allein zureden/ ob sie gleich ein Jurisdiction/ vnnd Kirchischen Gerichtszwang/ der heiligen Sacramenten Administration fürnemblich belangend/ vber ihre Pfarzkinder von den Bischoffen empfangen/ ist sie doch bey weytem nicht also vollkommlich/ als Bischofflicher Gewalt Iure diuino, auß Gottes Satzung verliehen/ welche auch außerhalb deß H. Sacraments/ zeitliche Straff durch Außtheylung deß H. Ablaß erlassen könden. Solches aber/ wie Augenscheinlich/ stehet nicht in der Priester Vollmacht.

Hie beneben soll auch bestehen/ das ermelte Prelaten/ vnnd schlechte Priester/ ja auch alle andere/ so die geistliche Weyhen auff sich haben/ deß Ablaß Außtheylung publicieren könden/ wann ihnen solche Macht von Päpstlicher Heiligkeit/ oder einem andern Bischoff delegiert vnd befohlen wirdt/ dann sie hierdurch nicht deß Schatzes Außspender/ von der Sach rechtmessig/ vnd mit Eygenschafft der Wort zureden.

Aufflösung einer Frag. Wie/ wann ein Bischoff/ oder ein anderer deß Ablaß Außspender/ ein Todsünd auff sich hätte/ vnud dannoch deß Ablaß gebens sich anmaßte/ wurd seyn Ablaß gültig seyn? Antwort/ zweifels ohne/ wo fern er wegen der Excommunication/ geistlichen Banns/ oder anderer geistlicher Peen vnd Censur/ solches Gewalts vnnd seiner Jurisdiction noch nicht entsetzet worden. Dann Jurisdiction vnd Gewalt Ablaß zugeben/ in Gnad der Rechtfertigung nicht gegründet ist.

Aufflösung einer andern Frag. Dieweiln/ wie jetzo offt vermeldet worden/ der obrist Seelen Hirt/ deß heiligen Petri Successor, vollkommlichen Gewalt

Das 22. Capitel.

walt Ablaß außzutheylen/ auß Göttlicher Veranlassung empfangen haben/ wie weit erstreckt sich dann ermelter geendter Gewalt der nachgesetzten Hirten/ als der Patriarchen/ Primaten/ Ertzbischoffen inn jhren Prouintzen/ vnnd Bischoffe in jhren Stifften? Antwort: Papst Innocentius der dritte diß Namens ein sehr heiliger Mann/ wie Platina von jhme bezeugt/ hat im allgemeinen Concilio zu Lateran in Rom gehalten/ der Bischoff Gewalt mit disen Worten/ so auch in geistlichen Rechten verfasset seynd/ determiniert. Dieweil durch die zuuil reichliche vnd vberflüssige Indulgentien vnd Ablaß/ so etliche prelät der Kirchen zugeben sich nicht schuhen/ die Schlüssel der Kirchen zu Verachtung kommen/ vnnd die Bußwirckende Genugthuung geschwächt vnnd gemindert: Befehlen wir/ das wann ein Kirch geweyhet wirdt/ von einem oder mehren Bischoffen/ der Ablaß sich vber ein Jar nit erstrecke/ vnd am Jartag der Kirchweyhung/ nit vber 40. Tag/ der aufferlegten Buß/ ꝛc. Ist auch in ermeldtem Concilio den Abbten der Gewalt Ablaß außzutheylen versagt/ vnd dessen Vollmacht in der gantzen Christenheit allein dem obristen Bischoff vorbehalten worden. Dise Decreta, vnd Satzungen von deß Ablaß Außtheylung/ seynd vom Papst Innocentio dem vierdten / im Lugdunensischen Concilio auch auff vnnd angenommen / vnnd dieweil durch solche Beschneydung deß Gewalts der nachgesetzten Hirten/ grosse Verachtung deß Ampts der Schlüssel verhütet/ vnd abgethan/ ebenmässig approbiert vnd bestätigt worden.

Platina in eius vita.
In Concil. Lateran. cap 60.
Cap. Hostio. de l'exit & Rem. Et cap. cum ex eo. cod. in 6.

Bericht vom Ablaß/

Das 23. Capitel.

Das Päpst vnnd Bischoffe von GOtt Gewalt haben/ zeitliche Straff nachzulassen/ wirdt zum Vberfluß noch mit etlichen Beweisungen dargethan.

Wann etwa einer an deme nicht benügt seyn wolte/ mit welchem bißhero der Gewalt zeitliche Straff zuentlassen/ so den fürnembsten Fürsten der Kirchen von Christo hinderlassen/ fast mehr dann nöthig begründet worden/ dem wöllen wir zu wahrer vnnd fernerer Satisfaction/ solches auch mit etlich starcken/ theyls auß der Vernunfft/ vnd Liecht der Natur/ theils auß gemeynen geschribnen/ rechten/ geschöpfften Argumenten/ probieren vnd ereignen.

Das erste Argument.   Erstlich: Wann ein Fürst seinem Statthalter vollkommenlichen Gewalt gibt/ ohn alle Vorbehaltung vnnd Exemption/ inn Vbergebung vnnd Commission ermeltes Gewalts außgetruckt: Der kan nach völle gegebenen Gewalts/ dem Brauch seiner Macht gemäß/ in allen Sachen nachlassen/ vnd behalten/ relaxieren/ vnd einziehen/ erweitern vnnd schmälern/ wie jhm beliebt: Dann seyn Gewalt nicht gemässen/ sondern vollkommlich ohn alle Hindernuß. Ist aber dem H. Petro nit solch vollkommlicher Gewalt vom Herrn Christo gegeben/ da er zu jm gesagt: *Matth. 16.* Alles/ ohn Außsönderung nichts außgenommen/ was du lösen wirdst auff Erden/ soll im Himmel loß seyn: Gleichermassen/ ist diser Gewalt alles ohne exception zubinden/ auch andern Aposteln/ jedoch anderer Gestalt/ als *Matth. 18.* Petro/ geben worden/ da Christus zu jhnen gesagt: Alles was

jhr lö-

Das 23. Capitel.

jhr lösen werden auff Erden/ soll auch im Himmel gelöset seyn. Hat nun Christus Petro vnd den Aposteln/ vnnd in jhrer Person allen andern Fürsten seiner Kirchen/ solchen volltommenlichen Gewalt gegeben/die Sünd auffzulösen/ vnd die zeitliche Straff/ so auch der Sünd Band eins ist/mit welchem der Sünder bißweilen nach verrichter Buß verpflichtet vnd gebunden ist: So kan gewißlich der Statthalter Christi/ vnd andere der Kirchen Prelaten/ auch die zeitliche/ der Todsünd gebürende Straff verzeyhen. Dann vermög der Rechten / wer Alles nennt/nimbt nichts auß. *Cap. Solitę. de Maioritate & Obedientia. Qui totū dicit nihil excipit.*

Hierzu auch/ waß ein Fürst einem etwas grosses vertrawt/ verstehet sich/ daß er das kleiner/so demselben anhängig vnd einverleibt/ auch vertrawe: Derowegen/ so ich einem Gewalt ein Vrtheil zufellen gib/ verstehet sich auch/ daß ich jhm Gewalt auff die Partheyen zu inquirieren/ auch zugleich verlihen hab. Ist aber (vonn der Sünd jetzo zureden) nicht mehr vonn der Schuld vnd ewigen Straff/ als allein von der zeitlichē zuendtbinden? Gewißlich/ sonders Zweyfels/ haben nun der Kirchen Vorsteher vollkommenen Gewalt die Sünd absolutè, ohne Restriction vnnd limitation zuuerzeyhen/ ja endtbinden vonn der Schuld vnd ewigē Straff de facto im Sacrament: Warumb nit von der zeitlichen/ so vil geringer ist/ es geschehe gleich ausser oder jnner dem Sacrament/ dann der Kirchen Gewalt beyderseyts operieren vnd würcken kan? Vnd zwar diß desto mehr/ dieweil solche zeitliche Straff wegen der Sünden Schuld vñ ewigm Straff/ in welcher Statt / Gottes Gerechtigkeit neben der Barmhertzigkeit/ damit zusaluieren/ sie succedieren pflegt/ nicht selten ausserhalb deß Sacraments aufferlegt wirdt. *Das ander Argument. Cap. Præterea de off. delegat. Et l. 2. ff. de Iu. om. Iud. Dans authoritatē seutentiandi, intelligitur, dare quo que authoritatem inquirendi.*

Widerumb/ welchem in einer Gewaltsam Vollmacht geben wirdt/die grösser Straff nachzulassen/verstehet sich/daß er die geringer / so der grössern folgt/ auch schencken könde: Dann dem gebürt was grösser ist/gebürt auch was kleiner ist in selbiger *Das dritte Argument. Cap. Cui licet. de Reg. Iu. in 6. Et L. Nō debet: ff. de Reg. Iu.*

Sach

Bericht vom Ablaß/

Non debet cui quod plus est licet, quod minus est, non licere.

Sach. Nun hat Christus der Kirchen Prelate[n] von Pflicht der ewigen Straff zuentledigen/ [auch] von der Zeitlichen: Dann wer Gewalt hat vber [das] muß auch Gewalt haben vber das Nachgehen mit folgt/ als auff solch Vorgehendes. Zum [Exempel] das der Tod nit folge/ dann auß vorgehender [...] cher alle Kranckheit hinweg nemmen köndte/ auch allen Todt hinweg nemmen. So daß b[ei] die zeitliche Straff/ welche in läßlich[en] Sünde[n] auch nach berewter Schuld im Rest verbleibt/ die Schuld/ vnd in Todsünden auch auff ewi[g] die Kirch Vollmacht hat/ alle Schuld vnd [...] weg zunemmen/ was wil verhindern/ daß sie n[it ma]chen/ es geschehe auff was Weiß es wölle/ [...]

Vierdte Beweisung.
l. Adrian. ff. de acti. & obed. Omnis Princeps Iustitiæ debet esse prōprior ad remittendum quam puniendam.
a Ezech. 18. Ioann. 20.

Ein jeder Vorsteher der Gerechtigkeit/ so nachzulassen/ als zustraffen. Wie der HErr d[urch den Prophe]ten sagt a: Der Tod deß Gottlosen ist nit mein[wille]/ der vilmehr/ daß er sich bekehre vnd lebe. Zu de[m] geneigt/ das laßt er jhm desto eher vnd leichter [das gute] Werck zuziehen. So dann Christus der Kirch[en Gewalt] hat/ mit zeitlicher Straff zubinden/ wieuil me[hr] lösen: Dann, denen jhr die Sünd verzephet/ so[llen ver]zphen seyn/ denn jhr sie behaltet/ sollens behalt[en seyn] aber die Priester keinen Gewalt/ die Sünd de[nen zu] behalten/ wofern sie recht berewet vnnd gebei[chtet] sonsten könden sie einem wider seinen Willen [nit] auffhalten/ das doch nicht ist. So müssen der [Worte] Christi deß Herrn/ vonn Behaltung vnnd E[rlaß der] Straff auch verstanden seyn: Vñ geschicht so[lches] ausserhalb der H. Sacrament sowol/ als jn[en/ wie] fast vnzählich vilmal widerholet worden/ d[a Ver]zephung mit der Behaltung recht in massig vergl[ichen]

Das 24. Capitel.

Schließlichen wurd mich wundern/ wann die Lutheraner solchen Gewalt zeitliche Straff zuverzeyhen vnseren Bischoffen / die in ordenlicher Succession von den Aposteln jhren Gewalt vberkommen/ nit zulassen wolten/ do sie doch jhren vngesalzenen Clamanten vnd Predicanten/ welche niemandt darzu gesandt/ die jhren Gewalt im Schlaff ertraumet haben/ Vollmacht zumessen/ mit einem Wort durch vermeynten Lutherischen blossen Glauben/ alle Schuld/ alle Straff/ sowol Zeitliche als Ewige/nachzulassen.

Letstes Argument.

Kan derowegen/in meinem/gleichwol engem vñ geringem Verstand/nit erreichen/daß einer billiche Vrsach haben köndte/ an solchem Gewalt der Kirchen etwan zudubitieren.

Hierwider möcht einer sagen: Das Vnderhaupt kan nicht vonn der Straff entbinden/ welche das Oberhaupt aufferlegt. Aber Gott/ der die Schuld verzeyhet/ verpflichtet zu einer zeitlichen Straff: Derowegen wirdt kein Mensch daruon entledigen könden.

Aufflösung deß ersten Zweyfels.

Antwort: Ob gleich die Vorsteher der Kirchen/ solche zeitliche Straff nicht auß eigenem Gewalt verzeyhen könden/ vermögen sie doch solches/auß Gewalt deß Oberhaupts jnen hierinnen vbergeben. Vnnd diß derowegen/fürnemblich auch desto mehr/daß Päpst vnd Bischöff ausserhalb deß Sacraments/nit schlecht hinwegk die zeitliche Straff verzeyhen/ sonder dieselbig auß dem Schatz der Kirchen ablösen.

Widerumb wann einer weitter scrupulieren wolt/ vnd sagen/ ein jeder Priester hat Gewalt der Schlüssel in Verzeyhung der Sünd/ derowegen kan ein jeder Ablaß geben: Antwort ich/ nicht auß eigenem Kopff/ sondern der Theologen einstimmiger Meynung/ der Gewalt der Schlüssel sey nicht gantze Vollmacht Ablaß zugeben/ sonder der Gewalt der Schlüssel/ sampt der Jurisdiction/ vnd eusserliche Macht den Ablaß außzuspenden/welcher Ordinarie allein den Bischoffen zuständig ist.

Aufflösung deß andern Zweyfels.

Cc ij   Das

Bericht vom Ablaß/

Das 24. Capitel.

Von der andern Condition, als nemblich der genugsamen Vrsach deß Außspenders/ welch erfordert wirdt/ damit der Ablaß gültig sey.

Ißhero habe wir von erster Condition gültigen Ablaß/das ist/von Authoritet vnd Gewalt außzutheilen/ tractiert: Jetzo soll die ander / so auff deß H. Ablaß Seyten(als nemlich ein genugsame gottsförchtige Vrsach / deß Außspenders) sich halten thut/ auch erörtert werden.

In disem Punct ist vnzweyfelich gewisse Notturfft/ damit deß Ablaß Außtheylung Fruchtbar sey/ der Außspender darzu verursacht werde/ von einer gottseligen Vrsach/ daran eintweder der Ehr Gottes/ oder aber der Kirchen/ so geistliche/ so zeitliche Wolfahrt/ oder der Seelen Heyl nicht wenig gelegen sey. Exemplirt/ wann man Ablaß gibt für Allmosen/ für Fasten/ Betten/ Besuchung der Gottshäuser/ Predig hören/ für Beywohnung der heiligen Ampter/ für der Kirchen Vorsteher/ vnd jhres Gewalts Verehrung/ für der Christenheit/ mit Gelt vnd Gut/ oder Leib vnd Blut/ Beschützung/ vnd dergleichen mehr tugendtsame Gottsförchtige Werck.

Warumb ein genugsame Vrsach deß Außspeders erfordert werde. Warumb muß ein solche Vrsach der Außspendung vorhanden seyn? Haben nit die Vorsteher der Kirchen freyen Gewalt vber disen Schatz jhres Gefallens denselben zuuerwalten? Ich laugne es nit mit Vnderschied vnd Bescheydenheit: Wir sehen in Politischen Gemeynden vnnd Communiteten/ das der gemeyne Schatz fürnemlich auß zweyen Vrsachen auffgethan/

distribu-

Das 24. Capitel.

distribuiert/ vnd außgetheylet werde. Erſtlich die Ehr vnd Glori deß Fürſtens ſolcher Policey zuerhalten/ inmaſſen vom großmächtigſt König Aßuero in dem alten Teſtament beſchehen iſt. Heſt. 1. Fürs ander wegen Nutzbarkeit gemeiner Statt/ vnnd gantzen Regiments: Derowegen/ wann etwan die Communitet mit feindſeliger Hand angegriffen wůrde/ dem Feind Widerſtand zuleyſten/ beſoldet man die Soldaten/ auß gemeinem Schatz: Alſo muß der Kirchl geiſtliche Schatz auch auß zweyerley Vrſachen auffgethan werden/ woferrn jhm die von Chriſto geſetzte Schaffner recht vorſeyn/ vnd nicht ſorgliche Verantwortung/ vor dem höchſten Haußhalter auff ſich laden wöllen. Erſtlich wegen der Ehr Gottes/ Chriſti ſeines geliebten Sohns/ der diſes Regiments der Chriſtlichen Kirchen Haupt vnnd obriſter Vorſteher iſt/ welcher in Betten/ Faſten/ vnd diſes Geleichens andern guten Tugendten/ Vbungen ſtehen thut. Darneben auch/ weil der Prophet befilcht/ wir ſolten Gott in ſeinen Heiligen loben vnd ehren/ beſchicht Gottes Ehr vnnd Glori nicht wenig Fürtrags/ an jhrer Zunemmung/ wann man Gott vnnd ſeinen Heiligen zu Ehren Kirchen auffbawet/ weyhet/ vnd ddchtig beſuchet/ darinnen bettet/ Meß vnd Predig höret/ ꝛc. Vnd mag diſem allem beygefügt werden/ wann man den Gewalt der Schlüſſel/ welchen Chriſtus Petro vnnd ſeinen Succeſſorn in der Kirchen hinderlaſſen/ hoch reſpectiert/ vnd gebůrlich verehret/ welche Ehr/ weil ſie ſich endtlichen auff den Gewaltgeber ergieſſen thut/ nicht für die geringſte Vrſach/ den Ablaß außzutheylen/ geſchetzet werden kan.

Fürs ander/ kan der Ablaßſchatz wegen gemeynen Nutzes/ der H. Kirchen Regiments eröffnet werden: Als da iſt Beſchützung deß heiligen Lands/ Beſchirmung deß Glaubens/ wider die Ketzer/ Bewahrung vnd Defenſion der Chriſtenheit/ wider den Erbfeind/ da denen auß dem geiſtlichen Schatz Ergötzung geſchicht/ ſo hierzu ſich brauchen laſſen.

Zweyerley Vrſach der Außſpendung.

Cc iij Diß/

Bericht vom Ablaß/

Diß/ was ich gesagt/ das solcher Schatz ohn sonderbare Vrsach nit möge angegriffen werden/ ist der heiligen Aposteln Petri vnnd Pauli Meynung die vonn sich bekennen/ sie seyen Diener Christi/ vnnd gute vertrewliche Außspender der vilfältigen Gnad vnnd Geheimnussen Gottes. Deß Außspenders Gewalt aber/ erstrecket sich nicht so weyt/ daß er ohne Vrsach/ vnnd wider seines Herrn Intention vnd Meynung/ der Außtheylung sich vnderneme. Hierauß dan schließlich wächst/ Das ein gute Vrsach/ warumb der Ablaß außgetheylet wirdt/ müsse vorhanden seyn. Ferrner ist von nöthen/ das solche Vrsach auch ehehafft/ wichtig/ erheblich/ verfänglich/ vnd deß Ablaß würdig/ es habe das Werck vnd erwandte Vrsach/ warumb der Ablaß geben wirdt/ solche Dignitet/ auß eigener/ in seinem Wesen vnnd Substantz begriffener Güte vnnd Verdienstlichkeit/ oder aber auß andern Circumstantien vnnd Vmbständen: Dann sonsten wurd vom Ablaßschatz nicht mehr empfangen/ als so weyt der Vrsach Werth/ vnd Verdienst sich erstreckt/ welches viler Theologen vnd Canonisten Sin vnd Meynung ist/ also das/ wann vollkommener Ablaß deme gegeben wurd/ der nur in ein Kirch hinein gieng/ vnd nichts anders thäte/ solcher Ablaß gewiß so vil nicht gültig wäre. Dann so der Kirchen Häupter die zeitliche Kirchengüter nicht vmbsonst hinwegk schencken könden/ wievil mehr die Geistliche/ so vil höher zuschätzen seynd? Vnnd diß fürnemblich/ weil Christus die Bischöff nicht zu Außschenckern vnnd Gäudern/ sondern zu Dispensatorn/ Verwaltern/ vnd Außspendern/ diß hochachtbern Schatzes bestellet hat. Item Politisch daruon zureden/ wann einer gemeiner Statt allhie 500. Gulden im Testament verließ/ Haußarmen Leuthen außzutheylen/ wirdt seinem letzten Willen genug beschehen/ wann man ohne Vrsach vnnd Erwegnng anderer Circumstantien/ die helfft solcher Verlassenschafft allein einem zuwenden wolt? Es spreche es recht wer es wil/ bey mir kan ichs nit be-

1. Petri 4
1. Corin. 4.

S. Tho. in 4 dist. 20.
S. Bonaue. ibi. dist 20. q. 6.
Alex. de Fial. quæst 6.
Gerson 2. par. sum. Tract. de claub.
Caiera. quod lib. 2. Tr. de Indulgentiis.

Das 24. Capitel.

nit befinden. Derowegen mit Proporß zureden/ der Billigkeit auch vngemäß/ so der geistlich Schatz von Christo seiner Kirchen hinderlassen/ ohn genugsame vnnd dessenwegen eigener/ innerlicher/ oder zum wenigsten eusserlicher auß beyligenden Vmbständen erwachsener Güte/ wolwürdige Vrsach/ außgetheylet wurd.

Gleichwol ist zumercken/ wie nicht von nöthen/ das solch Werck in sich zum höchsten verdienstlich/ vnnd genugthunlich sey/ wiewol diß auch billich hierinnen respectiert/ vnd angesehen werden muß: Allein wirdt erfordert/ das es als ein Vrsach/ zum wenigsten einsfals erheblich/ qualificiert vnd proportioniert/ den Ablaß zuerlangen.

Hie möcht einer sagen/ so müßt der Papst nicht recht thun/ so er am Ostertag allen denen/ die zu Rom auff S. Peters Platz stehen/ wann er den Segen gibt/ vollkommenen Ablaß außtheilt: Item daß die/ so S. Peters Münster an disem oder jenem Tag visitieren/ so vnd so vil Jar Ablaß haben. *Außlösung eines Gegenwurffs.*

Antwort: Zuuor hab ich gesagt/ wann ein Werck/ wie klein es auch anzusehen/ doch zu der Ehr GOttes/ der Einigkeit der Kirchen/ vnd Verehrung deß Gewalts/ welchen er der Kirchen hinderlassen/ gereichen thut/ das es nicht gering/ sonder hoch zu schätzen sey. Dieweil aber solches inn ermeltem Werck am H. Ostertag beschicht/ vnd dardurch deß Statthalters Christi Gewalt auff Erden nicht wenig erhebt vnd geehret/ ist solch Werck nicht geringschätzig/ sondern/ wo nicht zum Vberfluß/ jedoch aller Gebür nach/ solcher Wolthat wirdig zuachten. Besuchung der Kirchen aber/ wirdt nicht bloß verstanden/ als wann einer hinein gucken wolt/ wie ein Hund in die Kuchen/ vnd sich widerumb drollet/ sonder die Andacht im eusserlichen oder innerlichen Gebett/ so mehrertheyls in Betrachtung deß Leidens Christi/ vnd anderer Göttlichen Dingen stehet/ muß sich dabey finden lassen.

Es ist

Bericht vom Ablaß/

Gabr. in suppl. 4. dist. 20. q. 4. Franc. de Maione, Tr. de Clau. Caiet. Tr. de Indulg. quodlib 4. Turrecr. in c. Quod autem. Et cap. Cum ex eo de Pœnit. & Remiß.

Es ist aber hie wol zuuernemmen/ was vil Doctores lehren/ ob gleichwol der Ablaß ohn alle Vrsach gegeben/ vngültig ist/ kan er doch bißweilen ertheylet werden/ ohn Aufflegung eines künfftigen guten Wercks/ sondern allein in Ansehen/ dieweil villeicht zuvor hie etwas geschehen ist/ in dessen beweglichem Ansehen/ der obriste Bischoff/ wol vnd zimblich befügt/ Ablaß zugeben/ in massen nicht Seltmaln mit den Sterbenden sich zutregt/ denen vollkommener Ablaß mitgetheilt wirdt/ vñ darneben nichts auffgelegt/ welches sie oder andere darfür verrichten. Item es pflegt der Papst auch offt denen/ so einer Sermon oder Predig beywohnen/ ein gewise Anzahl/ Ablaß zeitlicher Straff zuertheylen/ ohne Aufflegung sechtes guten Wercks/ allein dieweil sie mit ihrem Glauben/ Andacht/ vnd Ehrerbietung gegen dem Gewalt der H. Schlüssel Christlicher Kirchen/ sich darzu etlicher massen bereytet haben/ vnd disponiert/ welches so vil ist/ als ob sie sonsten ein gutes/ vnnd deß Ablaß verdienstlich Werck verrichtet hätten: Vnnd zwar nicht vnbillich/ dann besagter Glaub/ Ehrerbietung/ vnd Andacht/ so eintweder vergangen/ gegenwärtig oder zukünfftig ist/ gereicht fürderlichsten zu Gottes Ehr/ zum Heyl deß Nächsten/ vnd der Christlichen Kirchen zu gutem/ damit andere zu dergleichen lobsamen Wercken gereytzet werden: Derowegen es auch an Statt einer genugfügigen erheblichen Vrsach passieren muß/ Gestaltsam Christus offtermaln wegen Andacht vnnd Glauben der Ansuchenden/ Wunderzeichen gewürcket hat.

Matth. 2. 9. 15. Luc. 7. 8.

Erörterüg einer Frag. Ob aber hierzu genug sey/ das vom Papst oder Bischoffen den H. Ablaß zugewinnen ein gut Werck gebotten werde/ zu dem wir sonst verpflichtet seyn? Zum Exempel/ der vmb die österliche Zeit beichtet vnd cōmuniciert/ in der Golt oder Quatemberwochen dreymal fastet/ der in eusserster Noth einem Armen zuhilff käme/ ꝛc. solt gemessenen oder vollkommenen Ablaß haben?

Antwort/

Das 24. Capitel.

Antwort: Daran ist kein Zweyfel/ dann für die heiligen auch bitten zu zeit der Noth/ Verfechtung der Christlichen Gemeynde inn eusserster Gefahr/ Erbreytung vnnd Beschützung Christlichen Glaubens/ fürnemlich denen es Ampts vnd Beruffs halber zuständig/ seynd Werck/ zu denen man auß Gottes Gebott verpflicht ist. Jedoch damit sie desto freywilliger vnnd vollkommenlicher verrichtet werden/ kan der Papst/ wie offtermals mit der That geschicht/ durch freygebige Außspendung deß heiligen Ablaß behülfflich seyn/ vnnd Fürschub geben.

Vnnd diß ist allhie/ für gemeyne einfeltige Leyen genug vonnöten/ von der andern Condition gültigen Ablaß/ das ist/ von schädlicher Vrsach/ vmb welcher willen/ der Ablaß außgespendet werden soll.

Nun wöllen wir von der dritten Condition/ wie vnd wann der jenig Ablaß gewinnen wil/ in der Genad GOTTES vnnd ohne Todsünd seyn müsse/ auch etwas weniges geben/ vnd zwar mit schlechtem rundtem Bericht/ die spitzfindige theologische Fragen/ den Gelehrten/ bey andern zuerkündigen/
verbleiben lassen.

Das

Das 25. Capitel.

**Ob vnd wann der/ so den Ablaß zugenieſ-
ſen begierig/ in der Genad GOttes/ vnd
ohne Todſünd ſeyn müß.**

IN diſer Frag/ iſt erſtlich gewiß/
vnd ohne Controuerſien/ das welcher deß
H. Ablaß Frucht theylhafftig werden wil
im Stand der Genad Gottes/ vnnd aller
Todtſünd quit vnd ledig ſeyn muß/ vnnd
warumb nicht? Was wirde durch den Ab-
laß anders erlaſſen/ als zeitliche Straff/ ſo
nach verzyhener Schuld der Sünd durch Rew vnd Beicht ver-
blieben iſt? ſo kan aber die Schuld (von der tödlichē Sünd ſe-
tzuzreden) nicht erlaſſen werden/ dañ durch Eingieſſung der
Gnad vñ Liebe Gottes/ welche vns auß Teuffels Sclauen/ zu
Kindern Gottes machet. Derowegen/ der den Ablaß vnd Er-
laſſung zeitlicher Straff gewinnen wil/ muß von den ſchweren
Todſünden zuuor durch Rew vnnd Beicht gereynigt ſeyn. Ja
vnuermeldet/ daß keinem die Straff erlaſſen werden möge/ der
die Schuld noch auff ſich hat/ wie kündte deß Leidens Chriſti
Verdienſt durch den Ablaß ſecht was Fruchten/ bey einem ver-
ſtorbenen Glid/ vnd abgehackten Reben? Dann Chriſtus vnd
die lieben Heiligen jhre Genugthuungen/ nicht den dürren Ver-
ſtorbenen/ ſondern den lebendigen/ grünen Glidern vermeint/
geſtaltſam auch kein abgeſchnittens Glid vom Leib/ vnd abge-
hackter Zweyg vom Bawm/ jenes vom Haupt/ diſer von der
Wurtzel/ den Safft vnd Krafft zuwachſen/ grünen/ Frucht zu
tragen/ an ſich bringen mag.

Zum andern iſt vnlaugbar/ inn gegenwärtiger Condition

Das 25. Capitel.

vnd Beding/ so von dem/ der den Ablaß mit Nutz vnnd Frucht empfangen wil/ erfordert wirdt/ daß er zum wenigsten/ zur Zeit der Erlangung deß Ablaß in der Gnad Gottes sey/ wiewol waß in der Form vnd Bulln der Außspendung Gebotten wirdt/ daß man das gute Werck/ das ist/ Allmosen/ Betten/ Fasten/ ꝛc. auch in der Genad Gottes/ vnd in wahrer Rew verrichte/ Noth: tringlich ist/ zuuor auch/ ehe dann der Ablaß empfangen wirdt/ alle Todsünd gebeichtet haben/ jedoch wäre wol zurathen/ daß man auch zur Zeit/ da man fastet/ bettet/ Allmosen gibt/ ꝛc. vist Erlangung deß Ablaß schon allbereit gebeychtet/ vnnd sich bey Gott/ der durch die Sünd erzürnet ward/ eingesöhnet hette/ vnd diß fürnemblich/ wann der Ablaß darumb außgetheylet wirdt/ daß die/ so jhn empfangen wöllen/ Gott den Allmächtigen/ für diß oder jenes Anligen der Christlichen Kirchen bitten/ seinen Zorn abzuwenden/ vnd Barmhertzigkeit von jhme zuerlangen: Dann Gott der Sünder Gebett/ Fasten/ Allmosen/ nicht er: hört/ darumb hiezu die Freundtschafft Gottes vonnöthen ist.

Derowegen Summariter/ vnnd mit guter bescheidener Verständlichkeit/ hievon zureden/ wann das Werck/ so vmb Erlangung deß H. Ablaß vom Außspender gebotten wirdt/ zu: gleich mit der Zeit/ in welcher der Ablaß kan vnd soll empfan: gen werden/ concurriert vnd eintrifft/ lehren alle Theologi vnd Canonisten/ das auß angeregten Vrsachen/ der Mensch/ bey welchem der Ablaß könde vnnd soll verfangen/ inn der Genad Gottes seyn müsse. Zum Exempel: Wann Päpstliche Heilig: keit ein gewise Anzahl Tag oder Jar Ablaß gibt/ denen/ so jhrer Heiligkeit Meß/ Gottsdienst vnd Segen beywohnt/ ein Kirch besuchen/ beichten/ ꝛc. Ist das Werck mit der Zeit/ darinnen der Ablaß empfangen werden soll/ vereinigt/ vnd muß kurtzumb/ wo fer: der Ablaß erspriessen soll/ die Genad GOttes in dem Menschen verhanden seyn/ in der Zeit/ da er solch Werck voll: bringt.

Was man zu Empfahung deß Ablaß in der Genade Gottes seyn muß.

Ob ij   Herge:

Hergegen aber/ wann das Werck/ so vmb Erlangung deß Ablaß Gebotten/ von der Zeit/ in welcher der Ablaß empfangen werden soll/ abgesöndert/ vnnd verscheiden ist: Zum Exempel/ der in diser Wochen 3. Tag fastet/ vnnd an jedem ein benandte Kirch besucht/ beneben Allmosen seinem Vermögen nach außtheyle/ soll am künfftigen Sontag/ nach der Beicht vnd Communion vollkommenen Ablaß/ aller seiner Sünd erlangen: Als dann ist nit von nöthen/ das die Beicht/ vor dem Fasten/ Betten/ Kirchfarten/ Allmosen/ ꝛc. hergangen sey/ sonder ist genug daß der Mensch mit Fürsatz/ künfftigen Sontag seine Sünd zuberewen/ vnnd zubeichten/ solche Gottselige/ von deß Ablaß Verwaltern gebottene Werck/ verrichte/ wofern inn der Concession Bulln/ nicht etwas anders/ das disem zuentgegen/ verordnet ist.

Schließlich ist diß auch nicht vnwürdig zuerwegen/ welcher Massen läßliche Sünd/ so zur Zeit/ inn welcher der Ablaß empfangt wirdt/ geschehen/ deß Ablaß Frucht für zeitliche Straff der Sünden/ so zuuor abgebüsset seynd/ nicht hinderlich seyn: Wiewol selbiger läßlichen Sünd zeitliche Straff/ nit auch zugleich abgelöset wirdt/ wie der vergangen/ vnd die jetzo gebeichte oder zum wenigsten berewet seynd: Dann zeitliche Straff einiger Sünd/ sie sey Tödtlich oder Läßlich/ kan nicht geschencket werden/ es seye dann Culpa, das ist/ die Schuld zuuor abgelegt/ vnd kan die Schuld weniger vergeben werden/ in der Zeit vnnd Augenblick/ in welcher die Sünd allererst geschicht/ wie scharpffsinnige/ gelehrte Leuth/ leichtlich auß vernüfftigem Discurs zuermessen haben.

Anderwerts aber/ wañ ein läßliche Sünd das gute Werck auch verderbet. Zum Exempel/ so ein läßliche Sünd der eyteln Ehr etwa verursacht/ damit Bettl/ Fasten/ Allmosen geben/ ꝛc. so vmb Eroberung deß Ablaß aufferlegt/ allein wegen eyteler Ehr verrichtet/ vnd also auch zu einer läßlichen Sünd gemacht wird/ist zweyfels ohne zuerachten/ was die Frucht vnd Erlangung deß H. Ablaß verhindert werde/ woferrn dasselbig Werck gebotten ist/ Gott zuuersöhnen/ oder aber/ für zeitliche Straff genug zuthun: Daß vnmöglich ist/ daß Gott/ dem auch die geringste Sünd zuwider/ sich durch ein läßliche Sünd versöhnen/ vnd durch andere Missethaten verdiente Straff/ dannoch auß lauter Güte vnd Barmhertzigkeit schencke.

Diß von der ersten Condition dessen/ so deß Ablaß theylhafftig zuwerden/ gewillt vnd endtschlossen.

Das 26. Capitel.

Was vnnd wie der verrichten müsse/ so den Ablaß nutzbarlich empfangen wil.

Die ander Condition/ so zu fruchtbarlichem Genuß deß H. Ablaß/ in dem/ der ihn begehret/ erfordert wirdt/ ist alles Thun/ was der Außspender deß Ablaß/ zu dessen Erlangung/ gebotten hat. Dann wo angeregte Condition vnd Beding nicht vorhanden/ kan keiner gewinnen/ was mit solcher Condition vnd Beding verheissen ist. Derowegen/ weil Päpstliche Heiligkeit den Ablaß gibt/ mit angehencktem Befelch/ daß diß oder jenes darfür geschehe/ vnd wo nicht/ soll der Ablaß vnkräfftig seyn/ wann solchem Mandat nit nachgesetzt/ vnd gelabet wurde/ kan gewißlich kein Nutz vnd Frucht hierauß erspriessen: In massen auch Finis, wie die Theologi mit den Philosophen lehren/ das End/ ohne Mittel nit erreichet werden mag/ vnd im bemeldtem Fall/ aufferlegte Werck gleichsam Mittel seynd/ deß Ablaß Frucht zuempfahen.

Bericht vom Ablaß/

Außlösung einer Frag.
Was soll aber vonn dem gehalten werden/ der angefangen hätt die gebottene Werck für den Ablaß zuvollbringen/ vnnd nachmals durch Armut/ Schwachheit/ oder ein andere rechtmässige erhebliche Vrsach/ verhindert wirde/ soll er der Frucht deß Ablaß theilhafftig/ oder beraubt seyn?

Antwort/ mit vnderscheidung: Wann die Päpst wöllen/ daß auch alle die/ so auß erheblichen Vrsachen an Verzichtung gebottener Werck/ wider ihren Willen gehindert werden/ deß Ablaß auch geniessig seyn/ pflegen sie solches inn der Bulln mit disen oder dergleichen Worten zuuermelden/ daß die Beichtvätter solche gebottene Werck/ in andere gottselige Vbungen/ denen sie füglich außwarten mögen/ verendern: Als dann ist gewiß/ das der Ablaß vonn ermeldten Personen auch empfangen werden mag.

Herwider aber/ vnnd entgegen: Wann solches nicht exprimiert/ vnnd außtrucklich zugelassen ist/ verstehet sich per se, auß hievor besagten Vrsachen/ wer das Werck nicht vollzogen/ die Frucht deß Ablaß auch nicht empfange.

Außlösung einer andern Frag.
Ist aber allzeit von nöthen/ daß man mit der That gebeichtet hab/ jetzo wann der Ablaß empfangen werden soll/ oder aber ist bißweilen die vorlangst gethane Beicht genug/ waß man jetzo nur in der Genad Gottes ist? Oder aber kan der Fürsatz zubeichten zuzeiten auch hierinn verfänglich sein?

Antwort: Wann in der Form oder Bulln der Concessio außtrucklich gesetzet wirdt/ das/ wer solchen Ablaß gewinnen wölle/ innerhalb soviel Tagen benandtlich/ seine Sünd dem Priester beichte/ ist Vnzweyffenlich/ daß man in bestimpter Zeit/ in Warheit beichten müsse/ dann solche Beicht/ als ein Condition vnd Mittel/ den Ablaß zuerlangen/ gebotten ist. Wann aber solches Werck nit außtrucklich gebotten ist/ sondern stehet nur/ der Ablaß werde geben/ verè pœnitentibus & contritis, denen so warhafftige Rew vnd Leyd vber ihre Sünd vnnd geeichtet haben/

Das 26. Capitel.

haben/ alsdann/ so einer/ der den empfangen wil/ sich keiner Todsünd schuldig weißt/ ist ihm genug der Stand der Genad Gottes/ insonderheit zubeichten vnuerpflicht/ wiewol es sehr rathsam ist/ fürnemblich/ wann etliche gröbere läßliche Sünd/ so das Gewissen etwas hefftiger/ dan andere beschweren/ vnnd eines Beichtvatters gelegenheit vorhanden ist. So er aber nicht allein läßliche/ sondern auch tödliche Sünd auff sich hätte/ halt ich darfür/ mit dem H. Antonino/ vnd vilen anderen Lehrern/ er müß mit der That seine Sünd dem Priester beichten/ wo er anderst Ablaß zunemmen entschlossen ist.

Vide Cordul. Tr. de Ind. q. 15.
Et S. Antoni. 1. pæ. tit. 10. cap. 1.

Vnd in gemeyn/ ist diß zumercken/ als offt in Außspendung deß H. Ablaß/ der Beicht Meldung geschicht/ vonn der Sacramentalischen particular Beicht/ so vor dem Priester geschicht/ zuuerstehen sey/ vnnd nicht von der Gemeynen/ so gemeyniglich der Meß vor/ vnd der Meß nachgehet.

Hie entstehet ein Zweyfel/ wann ein gewisse Maß deß Ablaß denen geben wirdt/ so diß oder jenes gute Werck verrichten: Zum Exempel/ den Armen ein Almosen geben/ oder zu Erbawung eines Gottshauß/ vnbenandtlich/ wieuil es seyn soll/ etwas stewren nach jhrem Vermögen/ ob ein jeder/ der etwas dargelegt/ solchen Ablaß erlange.

Erörterung der dritten Frag.

Dise Frag beantwortet der H. Thomas von Aquin/ wann der Ablaß/ benandtlich in einer Größ vnnd Qantitet gegeben wirdt/ denen so mit Almosen den Armen oder einem Kirchenbaw Handtreichung thun/ nach jhrem Vermögen/ müsse der Reich für seinen Stand etwas mehr außlegen/ als der Arme/ dann sonsten er nicht mehr vom Ablaß erlangen wurde/ als so fern sich das Verdienst/ vnd Würdigkeit dises Wercks/ in Ansehen deß Ablaß/ erstrecket. Gleichermassen erlange der den Ablaß gantz/ oder aber das mehrer Theyl daruon/ der weiter komme ein Kirch zubesuchen/ oder solche Besuchung mit eyffriger/ inbrünstiger Andacht verrichtet/ als der von der Nähe/ vnnd

In 4. dist. 20. quæ. 3. questiuncu. 2. in respons. ad 5. Et in addit. 3 par. q. 25. a. 2. ad 3.

Bericht vom Ablaß/

mit geringerer Andacht in diß Gotteshauß sich verfügt / welches in Gleichheit fast allen andern guten Wercken / vmb derentwegen der Ablaß gewonnen wirdt / zugeschätzet werden mag. Vnd diß vorin den vier Conditionen / so zu fruchtbarlicher Empfahung deß H. Ablaß / ins Werck gezogen werden müssen.

Das 27. Capitel.

Von Hindernussen der Früchten deß heiligen Ablaß.

Jeweil jetzo von den Conditionen / durch welche deß Ablaß Frucht erhalten wirdt / Weytschweiffig genug gehandelt worden / seynd die Hinderungen vnnd Impedimenta, solcher Erspriesligkeit / desto leichtlicher zuersinnen.

Die erste Hinderung. Die erste Verhinderung der Frucht deß H. Ablaß in deme / so in empfangen soll / ist der Vnglaub / das durch den Ablaß zeitliche Straff der Sünden abzahlet werden könde. Dann wie der H. Augustinus lehret / hat Christus also der Kirchen die Schlüssel geben / daß alle die / so nit glauben / es könde jhnen dardurch Verzeyhung der Sünd geben werden / solcher Verzeyhung beraubet wurden: Vnd hergegen / die so glaubeten / vollkommene Erlassung / sowol der zeitlichen / als ewigen Straff erlangeten. Derowegen Christus in Ansehen gedachten Glaubens / die Sünd offtermals vergeben hat: Wie du geglaubet hast / sprechend / also geschehe dir / dein Glaub hat dir geholffen. O Weib / groß ist dein Glaub / es geschehe dir / wie du witt.

Lib. 1. de doctr. Christ. cap. 18. Et in quæstio. vet. & nou. Testam. quæst. 10.

Lucæ 7. Matth. 15.

Die ander Hinderung. Die ander Hinderung ist / Mangel der Rew vnd Leyd vber

Das 27. Capitel.

die begangene tödtliche Sünd: Dann vnmüglich ist/wie zuuor vermeldet/das die Straff einer Sünd nachgelassen werde/was die Seel noch mit der Schuld behafftet ist/ dieweil deß Fürsten/ der seiner Gemeyndt ein Schatz versamblet/ Will vnnd Meynung nicht ist/ das ermelter Schatz seinen Feinden/ sondern vil mehr seinen Freunden mitgetheylt werde. Der aber nur ein einige Todsünd auff sich hat/ ist gewiß ein Feind Gottes/ vnd deß H. Ablaß Schatz vnfähig/ dieweil er von den andern lebendigen Glidern Christi abgesöndert/ vom Haupt kein Influß haben mag.

Das dritte Impediment ist der Bann vnd Excommunication/dann der mit solchem Last beschweret/ kan deß Ablaß nit theilhafftig seyn/ inn Bedenckung/ das er vonn den Schatz der Kirchen ist abgesöndert/ vnd Sequestriert/ derowegen jm auch die H. Sacramenta, Vermög geistlicher Rechten/ wie ersprießen können. Vnnd wie ein abgesöndertes Glied vom Leib der Wolthaten anderer Glieder nicht geniessen kan: Also auch vil weniger ein Verbannter/ der Wolthaten Christlicher Kirchen von jhrem Erlöser hinderlassen. *Die dritte Hinderung.*

Die vierdte Abhaltung/ vor Frucht deß Ablaß/ ist mangel der Beicht/ wofern solches deutlich in Außtheylung deß Ablaß erfordert wirdt. Dann ob gleichwol vollkommenliche/ warhafftige Rew vnd Leyd vber die begangene Sünd/ mit dem Fürsatz auff eheste Gelegenheit zubeichten/ Verzeyhung der Sünd erlangt/eher dann auch die Beicht ins Werck gerichtet wirdt: Jedoch kan keiner deß Ablaß Frücht ohn die Beicht/ wo sie anderst darzu gebotten ist/ ergreiffen. Ein anders wäre hievon zusagen/ wann denen Ablaß geben wurd/ die auch zum wenigsten wahre Rew vnd Leyd vber jhre Sünd empfangen hätten/ daß alsdan die Beicht zuempfahung deß Ablaß nit von nöthen wäre. *Die vierdte Hinderung.*

Die letzte Hinderung ist/ wann nit alles verrichtet worden/ was vom Außspender erfordert wirdt/ ob gleich einer sonsten gebeicht *Die letzte Hinderung.*

Ee

Bericht vom Ablaß/

gebeichtet/ vnnd aller dings berewet: Dann in Vollmacht deß höchsten/ von Christo geordneten Schaffners vnnd Verwalters dises Schatzes/ gelassen ist/ mit was Conditionen vnd Bedingen jhn beliebet/ er solche Verdienst Christi/ vnnd seiner lieben Heiligen außtheylen möge.

Ist gleich hie schließlich zuerinnern/ vonn Menigklich wol zumercken/ ob gleich einer nicht alle gebottene Werck verrichtet. Zum Exempel: Wann zu Erlangung 50. Jar/ oder gantz vollkommenen Ablaß/ sampt der Beicht vnnd Communion/ drey Tag zufasten auffgesetzet wären/ vnnd du einen Tag zufasten/ auß erheblichen Vrsachen vnterliessest/ zween aber gefastet/ auch die Beicht/ sampt der Communion verrichtet hettest/ ob du gleichwol den zeitlichen Ablaß 50. Jar/ oder den vollkommenen/ nicht wurdest gantz vnnd gar/ jedoch zum theyl erlangen/ so weit sich der Werth vnnd Verdienst solcher Werck gegen vnnd in anschawen deß Ablaß erbreitten thut.

Derowegen sich keiner soll abwendig machen lassen/ wann er auß tringender Noth verursacht/ etwas so zu Erlangung deß heiligen Ablaß gebotten ist/ zuhinderlässen/ sondern desto mit grösserer Andacht/ vnnd Eyffer/ dem andern nachsetzen soll/ damit er/ wo nit den gantzen/ doch mehrern Theyl/ publicierten heiligen Ablaß/ ergreiffen möge.

Das

Das 28. Capitel.

Ob vnnd welcher Gestalt einer für den andern/ so noch bey Leben/ Ablaß gewiñen könde.

Jn diser Frag ist diß für gewiß zu schätzen/ nach Lehr deß H. Thomæ vonn Aquin/ daß keiner/ er sey so Gottsförchtig vnnd gerecht als er nur jmmer wölle/ Ablaß für ein andern/ so Verstorbenen/ so Lebendigen/ verdienen könde/ wann der Dispensator vnd Außspender/ solches in der Bulln deß Ablaß Publication betreffendt/ nicht vermeldt vnnd erlaubet hat: Dann in Bedenckung/ das Ablaß außtheilen/ ein Act der Kirchen eusserlicher Jurisdiction/ vnd dem Gewalt dessen/ so jhn empfanget/ gar nicht vnderworffen/ wann nicht von jhme/ dem Außspender solches gestattet wirdt/kan es keinem/ als deme/ welchem ers vermeynt/ jechtwas fruchten.

In addit. 3. pa. q. 27. art. 3. de communiter Theol. in 4. dist. 20.

Vnnd wo jemandt alhie solches widersprechen wole/ mit Fürwendung/ gleich wie einer seinen Mitbruder/der jedoch auch in der Genad Gottes/ die Genugthunligkeit seines Bettens/ Fastens/ Allmosen gebens/ ohne deß Papsts Bewilligung vnd Consens/ zuwenden kan: Also auch den Ablaß/ weil kein Verschendenheit/ sonder vilmehr ein gleichheit hiezwischen zuerspehen. Ist Antwort: Das handgreifflicher Vnderschied/ zwischen einem guten genugthunlichen Werck/ vnnd zwischen dem Ablaß. Dann jenes/vnter dessen Gewalt stehet/ so es gewürcket hat/ mag derowegen seinen Werth jhme selbsten/ oder andern appliciren nach eigendunckenden belieben. Der Ablaß aber/ kompt an der Jurisdiction vnnd Gewalt deß Dispensatorn/

Aufflösung eines Gegenspruchs.

Ee ij   derowe-

derowegen er keinem andern zugewendet werden mag / als welchem er jhn vermeynt gehabt. Wann aber solches vom Papst / oder andern Gewalthabenden Außspendern deß Ablaß zugelassen, solche Portion deß Kirchenschatzes / einer andern Person zuuerdienen / bin ich nicht allein diß nit vngeständig / ja bekenne auch vestigklich / das solcher Ablaß gültig sey / wofern alles was befohlen ist / geschicht / vnd jener / dem der Ablaß verdienet werden soll / der Genad GOttes habhafft. Zum Exempel / wann Päpstliche Heiligkeit in solcher Form Ablaß außschribe: Welcher durch sich / oder durch einen andern / den Armen / so vnd so vil Allmosen gibt / soll 40. Tag Ablaß haben: Kanst du alsdañ deinem Diener oder einem andern befehlen / der es für dich ins Werck richte / vnnd so du in der Genad Gottes bist / wirdt dir Zweyfels ohne der Ablaß gedeyen. Vnd diß / wie gesagt / mag gültig geschehen / wann es in der Bulln außtrucklich zugelassen ist / sonsten must du solche / zum Ablaß erforderte Werck / selbs verrichten.

Vmbstoßung einer Replick   Vnnd wann einer hierwider repliciren wolt: Keiner kan dem andern seines guten Wercks Verdienst mittheilen / derowegen kan auch keiner dem andern Ablaß verdienen / durch sein gutes Werck. Antwort: Es hat ein andere Meynung mit dem Verdienst eines guten Wercks bey Gott / vnd mit Verdienung deß Ablaß / durch ein gutes Werck / welches du auß Befelch in eines andern Namen thust: Dann diß / proprié daruon zureden / nicht dein / sondern dessen / der dirs befohlen / Werck ist / gestaltsam alle Recht vermögen / was einer durch ein andern thut / so vil gilt / als hab ers selbsten gethan. Derowegẽ kein wunder ist / daß einer dem andern Ablaß verdienen könde / wann es vom Außspender zugelassen ist.

Hierauß erfolgt / das keiner / er sey so From / so Gerecht / als er jmmer kan / ja aller Verzeyhung vnbedürfftig / die Nutzbarkeit deß Ablaß / den er jhm selbsten verdienet hat / vnd vom Außspender

Das 28. Capitel.   203

spender andern zu appliciren nicht zugelassen worden / einem
andern zuwenden könde: Dann eintweder hat solcher Ablaß
sein Würckung / in deme / der jhn erlanget / schon allbereyt ver-
übt / oder aber / so er dessen zu Abtilgung eigener Straff nit be-
dürfftig gewesen / ist er zum Schatz der Kirchen widerumb ge-
leget / vnd andern Christglaubigē zum besten hinterlegt worden.

Das 29. Capitel.

**Ob der Ablaß auch den Verstorbenen mit-
getheylet werden könde.**

Nzweyffenlich ist gleichwol bey al-
len Theologen / das einer für den anderen
in disem Leben Ablaß verdienen könde / wañ
es vonn dem Papst / oder andern deß Ablaß
Schaffnern / ist admittiert / vnd zwar keiner
andern Gestalt. Hieruon aber ist kein merck-
liche Verwunderung zuspüren / dann beyde der Jurisdiction
vnd Gerichtszwang Christlicher Kirchen vnterworffen seyn.

Was ist aber von denen Seelen / so im Fegfewer gesäubert
werden / zuuerriehen / die vnter der Kirchen Jurisdiction vnnd   Matth.16.18.
Gewalt / auff Erden allein zubinden vnnd zulösen nicht mehr
seyn?

Erstlich gesetzt für gewiß / wie es auch vnsers Glaubens vn-
verneinlicher Articuln einer ist / vnd von allen Vättern vnd all-   Dionysi. Areo.
gemeynen Concilien jeder Zeit gelehrt worden / wie auß hiebey   lib. de cœlest.
allegierten Orten zusehen ist / vnd wir jetzo / weil es vnserm pro-   Hier. cap.7.
positoungemäß / nicht weitleufftig erweisen mögen / das ein Feg-   Athan. lib. de
fewer sey / oder ein Ort / darinnen die Seelen / so die zeitliche   varijs quæstio,
Straff jhrer Sünd in disem Leben nicht gantz vnd gar abgebüs-   ad Antioch.
                                                                   quæst. 34
                    Ee iij   set/   Orig. Homil.
                                                                   11. in Hierem.
                                                                   Aug. libro de

Bericht vom Ablaß/

set/vnd jedoch in der Genad Gottes verschieden seynd/Pein leiden müssen/biß Gottes Gerechtigkeit/die dorten ohne Barmhertzigkeit allein Platzmeisterin ist/ gantz vnnd gar ersättiget werde.

Fürs ander die Jurisdiction hindan gesetzt/ist nicht zuvernepnen/daß der obrist Hirt der Kirchen/ deß H. Petri Successor, Macht habe vnd Gewalt/ [a] den Verstorbenen zum besten vmb Erledigung von solcher scharpffen Peyn/ Ablaß zuertheylen. Vrsach: Dann ob sie gleich nit mehr Kirchischer Jurisdiction/ zubinden vnnd zulösen vntergeben/ seynd sie doch mit den Glaubigen/ so noch bey Leben/ also durch das Band der Lieb vereiniget/daß sie sambt jhnen/ ein streittende Kirch/ vnnd einen Leib Christi/als lebendige Glider macht. [b] Neque enim, sagt der H. Augustinus/ piorum animæ defunctorum, ab Ecclesia separantur, quod est Regnum Christi. Das ist: Daß es werden der gottsförchtigen verstorbnen Seelen/ von der Kirch/ die ein Reich Christi ist/ nicht abgesöndert. Vnd so ein jeder privat Mensch mit seinem betten/ fasten/ Almosen geben/ic. den Verstorbenen/so fern solche Werck für zeitliche Straff genugthunlich seynd/ zuhilff kommen kan/ als Mitglidern/welche in einer Gemeynschafft der Heyligen seynd/ Vermög vnsers Glaubens Articul: Warumb wolt jnen das Haupt der sichtbarlichen Kirchen/ der obriste Bischoff den Schatz der Genugthuungen Christi vnd seiner lieben Heyligen nicht auch zuwenden könde? Warumb wolt er jhnen nit Hülff zureichen vermögen? Die genugthunliche Werck/ Opera satisfactoria, zu Latein genandt/haben solche Würckung/ damit sie auch den Verstorbenen/ zu Erledigung zeitlicher Straff/ dienen mögen allein auß dem Leiden Christi: Warumb wolt deß Leidens Christi Frucht auch ohne Mittel allein durch den Ablaß/ jhnen als dessen hochbedörfftigen/nicht können zugeeignet werden? Vnd diß desto mehr/dieweil solches der H. Papst Gregorius Magnus
zu Rom

Marginalia:
Haræc. c.55.
Et in libro de cura pro mortuis agenda, multis in locis præsertim c. 4.
Concili. Carthag. 4. Can. 4
Valentin. c. 7.
Agathen c. 4.
Toletanum cap. 11.
Vide etiam Aug. in Psalm 37. de ciuit. Dei li. 21. cap. 15. & 16. & alios plures Patres.

a Den Verstorbnen dienet der Ablaß auch.
b Libro 20. de Ciuit. Dei, c. 9.

Das 29. Capitel.

zu Rom / inn S. Andreæ Kirchen hinter dem Berg Palatino, am Berglein / so Clivus Scauri vor Zeiten genennet worden / Vermög der alten Traditionen / mit Weyhung der privilegierten Altären auch gebraucht / wie heutigs Tags zusehen / auff welcher einen / wann für ein Seel das hochheilig Söhnopffer deß Leibs unnd Bluts Christi / im Ampt der H. Meß gehalten wurde / so sie anderst im Fegfewer / durch Darlegung vollkommen Ablaß / darvon errettet werde. Eben gises bestätigt er auch in seinen Dialogis, an unterschiedlichen Stellen / gantz deutlich und klar. Und Papst Paschalis hat vor 700. Jaren beylduffig auch Ablaß geben / für die Verstorbene / wie zu Rom in Sanct Praxedis Kirchen zusehen ist / im Eingang S. Zenonis Capellen, derwegen hieran bey Rechtglaubigen kein Zweyfel einfallen soll.

Der H. Gregorius hat den Verstorbenen Ablaß geben.

Lib. 2. Dialog. cap. 22. Et lib. 4 cap. 57.

Es hat aber die Kirch kein Gewalt uber das Fegfewer / wie kan sie dann die Seelen darauß erlösen?

Erster Gegwurff.

Antwort: Durch Ertheylung und Zuwendung der Verdiensten und Genugthuungen Christi / unnd seiner lieben Heiligen / so im Kirchenschatz auffbehalten werde / zu welchem nichts anders erfordert wirdt / als daß der / dem solcher Schatz zugewendet werden soll / tauglich sey / dessen zugeniessen / unnd durch Gottes Satzung / ihme solches nit verbotten / und diß ist zuversehen / allein in Erwegung der Person / dessen / bey dem der Ablaß fruchten soll. Warumb wolten aber die Christliche Seelen im Fegfewer untauglich seyn / vonn disem Schatz ein Nutzbarkeit zuhaben? Seynd sie nicht Glider Christi / sowol als wir? Seynd sie nicht sowol inn der streittenden Kirchen / als wir? Seynd sie nicht dises Schatzes sowol / ja vilmehr / inn deme sie jhnen selbs nicht helffen könden / bedürfftig als wir? Unnd wer hat jhnen solche Hülff verbotten? Warumb kan jhnen die Genugthuung eines jeden glaubigen Christens / für sie im Stand den Gottes auffgeopffert / zu guten Statten kommen /

unnd

Bericht vom Ablaß/

vnnd nicht die Genugthuung Christi durch den Schatz der Kirchen? Kan nit ein jeder Fürst/auß dem Schatz seiner Gemeynde/vber welchen er Vollmacht hat/ vnnd von niemand in Außspendung verhindert werden mag/ auch denen/ die ausserhalb seiner Fraisch vnnd Jurisdiction/ etwas nach seinem Gefallen geben/ vnd zuwenden? Derowegen auch vnnd vmb sovil mehr dem Statthalter Christi deß Herren auff Erden/ der allen Gewalt vber disen Schatz bekommen/nicht vnmöglich seyn wirdt/ den Seelen im Fegfewer/ ob sie gleich vnter sein Gebiet nit gehörig/ auß disem Schatz etwas zuuerleyhen.

 Fürs ander/ ist allhie zu Auflösung dises Gegenwurffs wol zumercken/ was wir in folgendem Capitel weitläuffiger erklären werden/ welchermassen Christi Statthalter auff Erden den Verstorbenen im Fegfewer/den Ablaß nicht gebe/als wäre er gewaltsam vber sie verordnet/ sonder allein Hülffsweiß/vnd wie die Theologi sagen/ per modum suffragij, darzu kein Gerichtszwang vnd Jurisdiction erfordert wirdt.

Der ander Gegenwurff.
 Den Verstorbenen Ablaß geben ist nicht inn H. Schrifft verfaßt/möcht einer weitter widersprechen: Derowegen hies nichts verfangen.

 Antwort: Droben hab ich genugsam erwisen/ w[...] tölpisch Argument sey/ ab authoritate negatiua, der heil[igen] Schrifft etwas probieren wöllen/ist derowegen vnnöthig zu[...] derholen. Beneben aber ist zuuernemmen/ das solches nich[...] lein H. Schrifft nicht zuwider/ja vilmehr darinnen wol ge[grün]det vnnd fundiert: Dann Christus dem H. Petro vnnd sein[en]
Ioann. 10.
Successorn gesagt/ weyd meine Schäflein/ vnnd erst[...] das weyden nicht allein auff die Lehr/sonder auch vber alle g[eist]liche Wolthaten/ so den dürfftigen/ vnnd derselben fähig[en] Schäflein Christi/ wo die auch seynd/ erzeiget werden soll[en.] So ist aber gewiß/das vnter disen geistlichen Wolthaten/ Au[ß] spendung deß Ablaß nicht die ringste: Ist darneben vnlang[st]
daß die

Das 29. Capitel.

daß die liebe Seelen im Fegfewer dessen hochbedörfftig. Warumb wolte dann solches nicht zuläissig seyn? Widerumb hat die Kirch Gewalt/ allen Christglaubigen den Himmel auffzusperren/ den Lebendigen durch Gewalt der Schlüssel/ vnnd jhr Jurisdiction: Warumb dem Verstorbnen nicht Hülffsweiß/ vnd per modum suffragij? Derowegen weil fürnemblich dise Seelen mit vnns in einer Gemeynschafft der Heiligen/ in Christlicher Kirchen vereinigt/ sowol ein jeder insonderheit/ als die Kirch in Gemeyn/ jhnen zu Erlangung der hocherwünschten Seligkeit/ ohne Zweyfel verhülfflich seyn mögen.

Das 30. Capitel.

Wie/ vnnd welcher Gestalt/ der Ablaß den Verstorbenen dienlich sey.

Den Ablaß der Verstorbenen im Fegfewer verhafften Seelen recht zuerklären/ seynd etliche kurtze nothwendige Fragen auff die Baan zubringen.

Die erste Frag: Ob der Statthalter Christi die Seelen im Fegfewer/ vonn der Straff absoluier/ als wie ein Richter/ wie die Theologi reden/ per modum absolutionis, oder aber/ nur per modum suffragij/ das ist/ Hülffsweiß?

Antwort: Ob gleichwol die Seelen/ so im Fegfewer/ biß auff ein bestimbte Zeit/ arrestiert/ Peyn vnd Marter/ wegen zeitlicher/ von disem zergänglichen Leben mit sich hinweggebrachter Straffschuld/ leyden müssen/ vñ derowegen noch einstheyls Pilger diser zeitlichen Wanderschafft/ weil sie noch nicht zum Vaterland gelanget/ zuschätzen seynd/ vnd also noch der Hilff

Cordub. T. de Induge. q. 15. art. 1.

diser

Bericht vom Ablaß/

diser vnserer sichtbarliche Kirchen/welcher sie durch den Glauben vnd Liebe vereinigt seynd/bedörffen/ ist doch allein in disem Ansehen billig daß ihnen Handreichung nicht verweygert werde. Dieweil aber ihnen der Ablaß/ durch den Weg der Absolution (dann sie nicht mehr vnter die gerichtszwangliche Jurisdiction deß obristen Hirtens/ welche sich nur auff die sichtbarliche Glider erstrecken thut/gehörig) vnd der Gestalt/ daß ihnen dardurch ihr zeitliche Straff geschencket/ vnnd als Vnderthanen nachgelassen wurde/ nicht dienlich/ muß solches geschehen per modum suffragij, das ist/ Hülffsweiß.

Die ander Frag: Was bedeut/ vnd ist der Ablaß/ welcher den Verstorbenen/ wie vermeldt/ Hülffsweiß verliehen wirdt?

Caiet. Tr. 16. de Indul. q. 6. Antwort: Ein genugthunliche Hülff/ also zureden/welcher dem Kirchenschatz der Genugthuungen Christi/ vnd seiner lieben Heiligen/ Gott dem Allmächtigen für diser Seelen zeitliche Straff/ in solcher Quantitet vnd Grösse/ als sie zuerlösen/ ihrer Straff Bewendung erfordert/ vom Presidenten vñ Verwalter dises Schatzes/dargelegt wirdt. Entbindet also deß Ablaß Außspender die Seelen nicht von der Straff deß Fegfewers sondern offeriert nur für sie sovil auß dem Schatz der Genugthuungen/ als sie zuerlösen genug ist. Vnnd Gott der Allmächtig nimbt solche frembde/für ermeldte Seelen dargestreckte Genugthuungen an/ vnd Erlöset sie von der Pein deß Fewers.

Vnderschied zwischen dem Ablaß der Verstorbenen vnd anderen Suffragien/ so für sie geschehe. Vnd ist in disem zwischen einem genugthunlichen Werck/ als Fasten/Betten/Allmosen geben/ so für die Verstorbene geschicht/ vnnd offtberandten hilffreichenden Ablaß/ ein grosser Vnterschied zuerkennen. Dann erstlich/ damit die Genugthuungen/ Gott für solche Seelen auffgeopffert werden/ ist kein Jurisdiction vnd Gerichtsgewalt vonnöthen/in Bedenckung/ das solches vonn einer jeden Christglaubigen Person geschehen mög: Aber hergegen/ damit diser Ablaß den Seelen ertheylt werde/ ist vonnöthen/ daß der Außspender Gewalt der kirche

Das 30. Capitel.

schen Schlüssel habe. Fürs ander/der ein genugthunlich Werck auffopffert/ ist nicht vergwissert/ ob sein Werth genug sey ein solche Seel nur zuerquicken/ vnnd theyls/ oder aber gar zuerlösen. Aber deß Ablaß Verwalter kan auß dem vnendtlichen Schatz der Kirchen sovil darlegen/ als zu Genugthuung für zeitliche Straff/ die eine oder andere Seel zu leyden Pflichtig/ erfordert wirdt. Daher man sagt/ er erlöse die Seelen durch vollkommenen Ablaß Hülffsweiß/ in deme er für sie sovil offeriert vnd darlegt/ als zu ihrer vollkommenen Genugthuung von nöthen ist.

Die dritte Frag: Ob GOtt den Ablaß für die Verstorbene Hülffsweiß auffgeopffert/auß Gerechtigkeit/oder nur auß lauter Barmhertzigkeit auff vnd annemme.

Antwort: Wann ich die Seel hin vnd wider mit allen Vmbständen recht erwig/ muß ich mit dem H. Thoma vonn Aquin/ vnd zwar nicht ohn erhebliche Motiuen darfür halten/ daß GOtt gleichwol vnzweyffenlich/ weil solches die gantze Christliche Kirch allwegen vestigklich geglaubt/ jedoch nur auß purlauter Güte vnd Barmhertzigkeit/ solchen Ablaß/ wie auch andere Suffragia, für die Verstorbene auff vnd annemme. Vrsach: Erstlich/ dieweil sich Gott darzu außtrucklich nit verbunden/ vnd doch hergegen vnlaugbar ist/ das disen Seelen/ als die mit vns durch die Lieb/vnd Gemeynschafft der Heyligen/ vnnd als vnsere Glider mit vns vereynigt aller massen/wie durch vnsere gute Werck/ also auch/ vnnd vmb sovil mehr durch den Ablaß/ inn welchem fürnemblich daß Leyden Christi ohne Mittel würcket/geholffen werden möge. Zum andern sehen wir auch in weltlicher Policey/ Rechten vnnd Gerichten/ daß der Richter auß Gerechtigkeit nit gezwungen ist/ wann einer sich darbeut/ für seinen Bruder oder Freund/ mit Ruthen schlagen/ oder anderwerts sich straffen zulassen/ diß auff vnd anzunemmen/ ober es gleichwol mit Vrsach auß Barmhertzigkeit thun kan: Also

S. Thom in 4. dist. 45. quæ. 6 art. 2.

Ff iij   auch

Bericht vom Ablaß/

auch im Gricht GOttes. Schließlichen erklären solches viel Erscheinungen der Verstorbenen Seelen/ wie auß glaubwürdigen Historien kan erwisen werden/ daß sie es selbs bekeñt haben.

Epist. 5. ad Dominic. cap. 4. Dann es schreibt Petrus Damianus, daß die Seel deß Papsts Benedicti/ so im Fegfewer war/ einem erschienen/ vnd von jhme begehret/ daß man jhr durch ernandte Mittel zuhülff käme/ welches so geschähe/ wurd sie auß Gottes vnergründtlicher Barmhertzigkeit/ von stundan auß der Pein errettet werden. Vnd Pe-

Lib. 1. de Mirac. cap. 10. trus Cluniacensis, schreibt eben diß von einer andern Seel/ die ebnermassen gesagt/ wann man jhr also/ wie vermeldt/ zuhülff käme/ wurde sie auß Gottes Barmhertzigkeit von der Pein er-

Lib. 1. cap. 27. löset werden: Vnd nachmals noch von einer andern. Derowegen wol darfür zuhalten/ daß Gott den Ablaß für die Verstorbene/ gleichwol vnfehlbar/ jedoch auß Barmhertzigkeit/ auff vnd annemme.

Die vierdte Frag: Was ist von nöthen/ damit der Ablaß den Verstorbenen fruchtbar sey.

S. Thom. in 4. dist. 45. quę. 2. art. 5. quęst. 2. Antwort: Erstlich höchste Vollmacht deß Apostolischen Stuls/ dañ anderer Kirchen Vorsteher Gewalt gemessen/ vnd sich allein auff jhre Vntergehörige erstrecken thut. Zum andern ein gerechtfügige/ vnd besonders erhebliche Vrsach/ als nemblich Beförderung der Ehren Gottes/ vnd Nutzbarkeit der Kirchen/ wie wir vom Ablaß der Lebendigen gelehret haben: Vnd ist nicht allein genug/ daß solcher Ablaß den Seelen nutzlich ist/ sondern es müssen Motiuen da seyn/ daß der Statthalter Christi/ der den Ablaß gibt/ probierlich darfür halten könde/ die Vrsach/ deren wegen er Ablaß gibt/ sey Gott annemblicher/ als das Werck der Gerechtigkeit/ inn welchem er die Seelen durch das Fegfewer straffet. Zum dritten/ daß der den Ablaß für die Verstorbene gewinnen wil/ das Werck/ so vmb Erlangung diß Ablaß gebotten ist/ erfülle/ wie/ wann/ vnd welcher Gestalt/ es der obrist Hirt Christlicher Kirchen befilcht. Zum vierdten/

daß er

Das 30. Capitel.

daß er in der Gnad Gottes sey/ vnd diß fürnemblich/ weil das Werck/ so gebotten ist/ solches erfordert. Als zum Exempel/ wann der Papst Ablaß geben hätte/ das wer die siben Bußpsalmen/ für das gemeyne Anligen der Christenheit dreymal bettet/ vnd darneben beichtet vnd communicieret/ solt Hülffsweiß/ vnd per modū suffragij, ein Seel auß dem Fegfewer erlösen/ müßte der/ so sich solcher Erlösung anmassen wolte/ gewißlich inn der Gnad Gottes seyn/ dann Gott keinen Sünder erhöret.

Die fünffte Frag: Ob solcher Ablaß allen Seelen im Fegfewer/ in gemeyn/ oder aber nur einer/ für welche er erlanget wirdt/ fruchtbar vnd nutzlich sey?

Antwort: Das sowol die gute Werck/ als der Ablaß der Genugthuung vnd Erlösung nach/ allein denen/ für welche er appliciert wirdt/ von den Lebendigen/ dienlich vnd ersprießlich sey: Dann es spricht der heilige Augustinus/ das die Christliche Kirch etliche gemeyne Suffragia, vnd hülffliche genugthunliche Werck/ für die verstorbenen Seelen/ in gemeyn auffopffere/ damit/ welche kein particular Hülff vonn jhren Freunden haben/ zum wenigsten der Kirchen Hülff empfinden.

S. Thom. in 4. dist. 45. quæ. 2. art. 4.

In lib. de cura pro mortuis cap. 4.

War ist gleichwol/ daß sich alle Seelen erfrewen/ wann einer auß jhnen vonn den Lebendigen geholffen wirdt/ dann sie seynd mit Christlicher Lieb/ welche verursacht/ daß sich einer deß andern Wolstands erfrewe/ auch gegeneinander gantz jnbrünstig endtzündt.

Zum Beschluß dises Capitels/ vom Ablaß der Verstorbenen/ ermahne ich alle vnd jede rechtglaubige/ Catholische Christen/ daß sie sich befleissigen wollen/ für die Abgestorbene zubitten/ mit jhren guten genugthunlichen Wercken zuhülff zukommen/ in Erwegung der vnermäßlich Pein vnd Marter/ welche sie auß Strengigkeit Göttlicher Barmhertzigkeit/ im Fegfewr leyden müssen. Vnd fürnemblich derowegen/ dieweil vnns mit der Maß gemessen wirdt werden/ mit welcher wir jhnen jetzo messen

Matth. 7.

Bericht vom Ablaß/

messen. Das ist/ seynd wir hochgeflissen/ jhnen mit guten Wercken zuhilff zukommen/ den Ablaß für sie (wann Päpstliche Heiligkeit solches erlaubt) zuuerdienen/ vnnd sie von jhrer Straff entledigen/ wann wir einmal auch dort/ in gleichmässige Noth gerathen/ wirdt Gott andere gutherzige Christen/ vnns mit jhrem Gebett handlangende Hülff zubeweisen/ auch anreizen vnd erwecken. Dann die H. Väter Gregorius vnnd Augustinus mit außführlichen Worten lehren/ daß Gott der Allmächtig im Fegfewer denen am meysten Hilff vonn der Christlichen Kirchen hie auff Erden erweisen laß/ die fleissig für anderer Errettung auß solcher Straff in jhrem Leben sich bemühet haben.

Gregor. lib 4 Dial cap. 39. 57. 58.

Das 31. Capitel.

Erklärung etlicher vnerörterter Fragen/ die in Verstandtnuß deß H. Ablaß Außtheylung/ fürlauffen.

Nach Entrichtung/ Ob/ wie vnnd warın/ auch wem/ der Ablaß tüchtig vnnd fruchtbar sey? scheindt räthlich seyn/ etliche wenig zweyffelhafftige Fragen/ so biß Dato noch nicht erleutert seynd/ auch liquidieren.

Die erste Frag: Was für ein Buß oder Straff durch den Ablaß außgelöschet werde? Die vom Priester aufferlegt/ oder die/ so wir vor Gott schuldig seynd/ vnnd entweder hie/ oder dort bezahlen müssen?

S. Thom in 4 dist. 20. q. 1. 2. 3. Anton. Cordu. Tr de Indul. 4. 5. prop. 3.

Antwort: Erstlich/ wann in der Bulln/ oder in der Form vnnd Worten/ in welchen Ablaß geben wirdt/ folgende Wort stehen/ de pœnitentiis iniunctis, von aufferlegten Bussen: Ist gewiß alßdann/ daß kein andere Straff dardurch verziehen

Das 31. Capitel.

werde/als diejenige/welche er ableget/wann er die befohlene vnd iniungierte Buß recht vnd eyfferig vollbrächte/ohn allen Mangel/eines Vmbstandts vnd Circumstantien. Dann der Ablaß vermag nit mehr zufruchten/als der Außspender/der in geben kan/in was Mensur vnd Gröſſ jhme beliebet/Willens ist/das er fruchten soll. Hiebey ist aber wol zumercken/obgleich der Mensch durch solchen Ablaß/vonn der Buß/so jhme vonn der Kirchen aufferlegt/erlöset wirdt/jedoch in allweg sehr rathsam seye/vnd die sicherste Straß/als man treffen kan/daß die Büssende/welche solchen Ablaß de iniunctis pœnitentiis, vonn aufferlegter Buß/empfangen wöllen/darneben auch jhr Buß verrichten. Vrsach: Dann zugeschweigen/daß solche Buß/in Würckung vnd Krafft deß Ampts der Schlüssel/auß welchem sie aufferlegt/bey Gott mehr vermag/als wann sie auß eigener Willkühr geschähe: Beneben auch zu vmbgehn/das solche Buß nicht allein ein heylsame Medicin deß Büssers ist/vnd ein mächtig groß Verdienst bey GOtt dem Allmächtigen haben wirdt/ ist nicht allzeit gewiß/ob wir vns recht zu solchem Ablaß bereytet haben/vnd disponiert/vnd ob kein Impediment vnd Hinderung seiner Frucht vorhanden sey: Darumb dann zu mehrer Sicherheit/wie gerathen/zuhandlen ist.

Fürs ander/wann kein Meldung beschicht der aufferlegten Buß/sonder der Ablaß/er seyn nun klein oder groß/10. oder 20. Tagen: oder ohn Limitation verliehen ist/werden dardurch alle Buß vnd zeitliche Straffen abgelegt/welche der Mensch/wan er ermeldte 10. oder 20. Tag/oder Jar nach laut deß Ablaß/gelöset/abzahlen/vnd vor Gottes Angesicht/in disem Leben hätte entrichten können. Erstrecket sich auch solcher Ablaß/sowol auff die Buß/welche vom Ampt der Schlüssel aufferlegt/als auff die jenige/so billich hätte können oder sollen aufferlegt werden/die zeitliche der Sünd gebürende Straff zuuerbüssen. Ist also diser Form Ablaß vil fürträglicher/als vorbemeldte.

Die

Die ander Frag: Was durch den Ablaß Quadragenæ, oder wie jhn etlich vor Zeiten genennet haben/ Carenæ verstanden/ vnd für Verzeyhung gewonnen werde?

Antwort: Indulgentia Quadragenæ, zu Teutsch/ der viertzigtägig Ablaß/ bedeutet ein Nachlassung der Buß/ welche in der ersten Kirchen/ vermög Canonum pœnitentialium, vnd offtbenambster Bußregeln/ für manche Sünd 40. gantze Tag/ in Fasten/ Wachen/ härinn Kleid tragen/ Betten vnnd andern dergleichen peenlichen Wercken/ verrichtet werden mußt: welche wann sie fast geschärpffet wurd/ das die Pœnitenten/ nur mit Wasser vnnd Brot 40. gantze Tag für gut nemmen mußten/ wurd sie Carenæ genandt/ souil als zu Latein Carentia, das ist/ ein Mangel/ damit anzudeuten/ das solche Büsser fast aller leiblichen Nahrung gerathen vnnd manglen müssen. Derowegen durch den Ablaß der Quadragen oder Caren/ souil zeitlicher Straff abgelöset wirdt/ als durch angeregte viertzigtägige/ mit rechtem Fleiß/ Andacht vnd Ernst verrichte Buß/ hätte können verbüsset werden.

Die dritte Frag: Wie vnd was ist zuuerstehen durch den H. Ablaß/ deßhalben dritten oder vierdten Theyls/ zeitlicher Straff?

Antwort: Daß solcher Ablaß die Buß/ Satisfaction/ vnd Genugthuung nachlaß/ welche für solchen halben dritten oder vierdten Theyl/ inn disem Leben hätte verrichtet oder aber dort im Fegfewer verbüsset werden müssen.

Die vierdte Frag: Was ist zuuerstehen durch den Ablaß/

Das 31. Capitel.

Antwort: Der zeitlich Ablaß ist/ wann gewisse Zeit/ als etwa 24. Stund/ein Wochen/ ein Monat/ ein Jar/ wie in Jubileis geschicht/innerhalb welcher Zeit allein/ er mit Frucht empfangen werden kan/ bestimmet vnnd bezilet ist. Der jmmewerend Ablaß ist/ der einer Kirchen oder Altar/ oder auch den beweglichen Dingen/als Rosenkrätzen/Coroni/ Granis, Agnus Dei, Medalien/ ec. ohn alle Benennung einer gewisen Zeit/ in massen Leo Papst der dritte/vnnd Sergius der ander/vor 800. Jaren gethan/ wie droben angezeigt/gegeben wirdt/ dessen alls so mit rewendem Hertzen/ vnnd mit gebürlicher Ehrerbietung deß Gewalts der Kirchen/ermeldte Kirchen besuchen/ vnnd benedicierte Sachen brauchen/ geniessig werden können.

Die sechste Frag: Wie ist zuuerstehen/ wann Indulgentia plenaria, das ist/ vollkommener Ablaß gegeben wirdet?

Antwort: Durch ein solchen vollkommenen Ablaß wirdt der Mensch/ der sich mit genugsamer Vorbereytung vnd Verrichtung alles dessen/ so darzu vnd darumb vom obristen Außspender gebotten ist/ in rechter Rew qualificiert vnnd fehig gemacht/ von aller zeitlicher/allen seinen/mit Worten/Wercken/ Sinnen/vnd Gedanckt/tödlich oder läßlich begangenen Sünden gebürender Straff/die eintweder hie/oder dort im Fegfewer mit strenger Execution Göttlicher Gerechtigkeit/ hätte verbüsset werden müssen/ gantz endtbunden/ absoluiert/ quit/ frey/ ledig vnd loß gemacht/ der massen/das wann ein solcher Mensch von stundan nach Eroberung vollkommenen Ablaß/ ehe dann er inn ein andere Sünd fiel/ vonn disem Leben abtrucket/ohne Hinderung vnd Auffschub/ in die ewige Frewd vnd Seligkeit gelangete. Vrsach: Nach disem Leben kan die vom Eingang deß ewigen Lebens/nichts anders abhalten/als die Sünd. Nun hat ein solcher Mensch die Schuld vnnd ewige Straff/ schon durch Buß vnd Beicht hinderlegt/ oder können hinwegk legen/ die zeitliche Straff aber/ so noch verblieben/ist im vollkommenen

Ein grosse von Gott durch den Ablaß erzeigete Wolthat.

G g Ablaß

Bericht vom Ablaß/

Ablaß/mit dem Verdienſt deß Leidens Chriſti/auß dem Schatz der Kirchen bezahlet vnnd entrichtet worden: Was wolte dann ein ſolche Seel an jhrer Cron vnd Glori verhindern?

^{Vide S. Thom. in 4. diſt. 20. quæſt. 1. ar. 3.}

Mögen derowegen die jenige/ſo in Bruderſchafften ſeynd/ als in der H. Bruderſchafft vnſer lieben Frawen/ vnnd deß H. Vatters Franciſci/ in Annemmung ſelbigen Ordens Gürtel oder andern dergleichen/ darinnen ſie nit allein durch das gantze Leben offtermals/wann ſie beichten vnd communicieren/ſonder auch in letzten Zügen/waū ſie nur mit rewigem Hertzen/den Namen Jeſus nennen/waū ſie reden könden/ wo diß nicht/daran gedencken/ ſolchen vollkommenen Ablaß für alle jhre Sünd erlangen/ ein ſolche vnermeßliche/hochſchätzliche Wolthat zu erwegen/ vnd Gott dem Allmächtigen in ſeinen Heyligen fleiſſig darumb zudancken/ vnnd ſein Göttliche Miltigkeit zupreyſen vnd zuloben.

Die ſibende Frag: Ob die Buß diſes Leben vnnd der Ablaß etlicher Tag/welcher andachte Buß hinweg nimmet/ſouil Tag oder Jar deß Fegfewers/auch abthue/vnd nichtig mache?

Antwort: Ob gleichwol vnlaugbar vnnd gewiß/ daß die Straffen deß Fegfewers/ohne Maß vnd Vergleichung gröſſer ſeynd/als die gröſten Straffen diſes Lebens/ wie die H. Vätter Auguſtinus/Gregorius/Beda/Anſelmus/vnd Bernhardus lehren/ jedoch die zeitliche Straffſchuld Gott dem Allmächtigen zubezahlen/ iſt die freywilkührliche Bußſtraff diſes Lebens/ waū ſie gleich in ſich nit ſo hochpeenlich iſt/ vil kräfftiger/als die ſcharpffe Straff deß anderen Lebens. Vrſach: Hie ſitzet Gott auff dem Richterſtul der Barmhertzigkeit/ dorten der Gerechtigkeit. Derowegen iſt kein zeitliche Straff diſes Lebens ſo groß welche nicht an einem Tag/ ja inn einer Stund diſes Lebens durch die Marterkron/ wegen Chriſtlichen Namens gantz vnd gar köndte getilget werden/ welche doch im Fegfewer zubezalen vil lange Jar erfordert wurden. Dann es ſagt der H. Cyprianus:

<sup>a In Pſalm. 37.
b In Pſalm. 3.
 pœniten.
c In eund. Pſal.
d In cap. 3. ad Corinth.
e Serm. de obitu Humberti Monachi.</sup>

Das 31. Capitel.

mus: Aliud est longo dolore pro peccatis cruciatum emun- *Lib. 4. Epist. 1*
dari & purgari diu igne: Aliud peccata omnia passione pur-
gasse. Das ist: Ein anders ist/ daß einer mit langem
Schmertzen für seine Sünd gepeiniget/ vnnd lange Zeit
im Fegfewer purgiert/ vnnd geseubert werde: Ein an-
ders ist/ alle Sünd durch das Leyden vnnd Marter-
kron abgeleget haben. Ja nicht allein ist diß gewiß/ von der
Marterkron/sonder von gröster innigklicher Rew vn Leyd vber
die Sünd/ die ein Mensch haben kan/ wann er guten Fleiß an-
wendet: Diß erweisen vnns vnzählich vil Exempla, so in den *Lib. de scal.*
Historien hin vnd wider auffstossen/ mit einem wöllen wir vns
benügen lassen/ welches Johannes Climachus schreibe/ in sei- *Lib. de scal.*
ner Gegenwärth geschehen sey/ da ein Mörder/ der biß an das *Parad. grad. 4*
Sterbstündlein/in allerley Sünd vnd Laster gesteckt war/ mit
so hertzlicher Rew vnd eyfferigem Gemüth wider sein Boßheit/
mit welcher er Gottes Zorn bewegt/ alle seine Sünd vnd Miß-
sethaten vor allen Anwesenden offentlich bekennet hab/ das her-
nacher etlichen heiligen Männern geoffenbaret worden/ er hab
durch solche Rew vnd Satisfaction/ alle Schuld vnnd Straff
zugleich abgetilget.

Widerumb ist gewiß auß dem H. Priester Beda/vnd vil an- *Lib. 5. Histor.*
deren bewerten Scribenten/das vil Seelen im Fegfewer biß an *Angl. cap. 3.*
den jüngsten Tag/ durch vilhundert Jar/ bleiben müssen/ da
doch kein Mänge vnnd Größ der Sünd hie auff Erden/ gantz
vnd gar/ auch der zeitlichen Straff nach/ wie offt gesagt/ nicht
köndte verbüsset werden. Also lesen wir auch/ daß etliche heilige
Männer/ wegen einer geringen Sünd lange Zeit im Fegfewer *Lib. 4. dialog.*
leyden müssen/ welches vom Paschasio Römischen Cardinal *cap. 40.*
der H. Vatter Gregorius Magnus schreibet/ vom H. Seuerino *In Epist. de Mi-*
Ertzbischoffen zu Cöln der H. Petrus Damianus, vnnd von ei- *rac. sui tempo.*
ner H. Jungfrawen/ der H. Gregorius Turonensis. In di- *ad Desid.*
sem Leben aber hätten solche schlechte Sünd/ mit einer schlech- *Lib de Gloria*
Gg ij ten *Conf. cap. 2.*

Bericht vom Ablaß/

sen Buß auch hinweg genomen werden mögen. Laß ihm derowegen ein jeder Christ/ der solcher Straff entfliehen wil/die Bußwerck/als Betten/Fasten/Allmosen/ Casteyung deß Leibs vnd den H.Ablaß/als einige Mittel solche Schärpff zuuerweyden/ gantz ernstlich angelegen vnd befohlen seyn.

Die letzte Frag: Wie ist zuuerstehen/ daß man vor Jaren/auch etlicher tausendt Jaren Ablaß geben? Lebet doch kein Mensch vber hundert/geschweig dann in die tausendt Jar?

Antwort: Es treiben die Lutheraner ein groß gespött mit solchem Ablaß der tausendt Jaren/ haben vil Maulberens vnd Lesterns ohne. Vrsach Aber bey vns Orthodoxischen vnd Catholischen Christen/ ist glaubhafft vnd gewiß/ es könden Menschen gefunden werden/ die etliche tausendt Jar Buß vber ihre Sünd verdienet hätten. Dann so einer jeden Todsünd/ nach Ordnung der Canonum pœnitentialium, vnd Bußsatzungen/ 1. 2. 3. 5. 10. oder mehr Jar Buß aufferlegt wurden/ wer wirdt die Bußjar erzehlen/ so vermög ermelten Bußregeln/ denen aufferlegt werden solten/ die im Gebrauch haben/ fast alle Augenblick zu schwören/zu sacramentieren/ vnd Gottslästern/ die vilfältige Todschläg /Diebstäl/ Sacrilegia, Vollsauffen/ Hurerey vnd Ehebruch begangen: Vnd wie Job sagt/die Boßheit vnd Sünd/ wie das Wasser biß Dato trincken? Kan derowegen durch vnd durch/nicht vnbillig werden/ was die Ablaßfeind auß grimmhässigem Hertzen geiffern vnd plodern/ wann schon etliche Päpst zwey/drey/oder mehr tausendte Jar/ daß die Sünd bemeldter massen gehäuffet werdt könden/verlihet hetten.

Iob 15.

Aber wie deme allem: Gleich wie in disem Leben die Buß viler Jar in einer Stund mit grosser Rew vnnd Genugthuung kan abgetilget werden: Also kan auch auß Gottes Schickung geschehen/ das im Fegfewer die Straffschuld / drey oder mehr tausendt Jarn/ in hundert oder wenigern Jarn verbüsset werde/ wann die Schärpff der Pein/ die Länge der Zeit erwidert/ herein bringt/vnd erstattet.

Das

Das 32. Capitel.

Das kein Abgötterey sey/ wann Päpstliche Heyligkeit denen/ so etwan von deroselben Benedicierte Rosaria, Bilder/ Grana, Medalia, wie man es pflegt zunennen/ ꝛc. gebrauchen: Item denen/ so sich in vnser Frawen/ deß H. Francisci/ vnnd anderer H. Bruderschafften einpflicht/ Ablaß gibt.

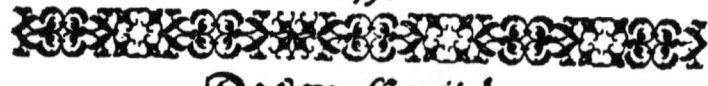Lso vnnd dermassen ist der Ablaß bey jetziger Zeit Ketzern grimgierig verhaßt/ vnnd angefeindet/ daß auch das geringste Wort/ so nach dem Ablaß klingt/ von ihren Hundsrachen/ nicht mag vnangetastet bleiben.

Ist nicht grewliche/ Gottslästerliche Abgötterey/ sprechen sie/ daß wan ihn der Papst ein Creutz vber ein Rosenkrantz/ vber ein kupfferinnen Pfenning/ oder Agnus DEI, &c. macht/ wer an gedachtem Rosenkrantz/ so vnd souil Vatter vnser/ vnd Aue Maria bettet/ muß souil Jar Ablaß haben/ müssen ihm so vnnd souil Sünd verziehen seyn: Der aber solches nit acht/ muß der Verzeyhung der Sünden beraubet seyn? Wo stehet in der H. Schrifft geschriben/ das Kupffer/ Holtz/ Bein/ vnd weiß Wax/ die Sünd verzeyhe? Wo hat GOtt solche Mittel geordnet? Item wo hat Gott befohlen/ man soll der Mariæ/ Francisco/ vnd andern verstorbenen Heiligen ein Bruderschafft zu Ehren anrichten vnd einsetzen? Was ist für ein Lappenwerck glauben/ daß wer solche der Mariæ Bruderschafft an sich nimbt/ oder

Der Ketzer Lesterung.

Gg iij   der

Bericht vom Ablaß/

der Franciscaner Mönchen Strick/ vmb sich binden läßt/ aller jhres Ordens guter Werck theylhafftig seyn/ vnnd weiß nicht wieuil Ablaß/ schier Monatlich alle Fäst vnnd Feyertäg erlangen soll? Ist diß nicht ein Lästerung deß Herrn Christi/ vnnd seines Leydens/ durch welches allein vns die Sünd verziehen werden.

Mit solchen vnnd dergleichen Ketzerischen Spott vnnd Hohnreden/ vnd vnbegründter Zanbrecherischer Gegenschreyerey/ so schier nicht der Antwort werth ist/ meynen sie/ es sey schon gewonnen/ Oberhand sey bey jhnen/ sie haben dem Ablaß/ ermelter Bruderschafften/ vnnd benedicierten Sachen/ schön das Requiem gehalten/ man werd jhrem falschen Fürgeben/ aller dings Glauben geben/ vnnd den Ablaß gantz vnnd gar inn Abgang bringen: Aber vil weiter Fehl geschossen/ als Himmel vnd Erd von einander seynd.

Dan Vnwahr/ vnd mit Ehrerbietung zumelden die Warheit gespart/ hett schier ein ander Wort/ so sich besser reimbt/ gebraucht/ daß wir Papisten darfür halten/ dise Rosenkräntz/ kupfferinne Pfenning/ Bilder/ Agnus Dei, vnd dergleichen/ verzeihen die Sünd. Ist nicht also/ kein recht Catholischer/ hat es je gesagt/ vil weniger geschriben. Was seynd dann solche Sachen nutz? Warumm soll der jenig Ablaß haben/ der sie brauchet/ ein anderer aber/ der sie auß Mangel nicht brauchen kan/ oder Fürsetzlich nicht brauchen wil/ soll ermeldter Nutzung beraubt seyn?

Antwort: Gott verzeyhet erstlich allein/ der Sünden Schuld/ vnnd ewige Straff/ durch das Verdienst seines lieben Sohns/ in den heiligen Sacramenten. Aber die zeitliche noch verbleibende Straff abzulegen/ hat er seiner Kirchen vil verfänglich Mittel/ vnter welchen die Außspendung deß Kirchenschatzes/ der Genugthuungen Christi/ vnnd seiner lieben Heyligen/ nicht das wenigste hinterlassen: Beneben auch seinem
Statthal-

Das 32. Capitel.

Statthalter der sichtbarlichen Kirchen Haupt/ hie auff Erden Vollmacht geben/ als droben genugsam auß dem Euangelio Außführlich gemacht/ denselben außzuspenden/ wie unnd wann er wil. Ist nun unrecht/ wann er/ damit der Kirchen Gewalt deß Ampts der Himmlischen Schlüssel geehret/ deß Leydens Christi Frucht/ so inn disem Schatz verborgen/ gemehrt/ die Christen zu guten Wercken angereitzet/ vnnd zum heiligen Gebett fürnemblich gewehnt/ etliche Sachen weyhet/ vnnd zugibt/ wer dieselbige mit Ehrerbietung/ gegen dem Gewalt der Christlichen Kirchen/ mit rewendem Hertzen/ nach gethaner Beicht/ mit Andacht vnnd Betrachtung deß Leydens Christi braucht/ daran vnnd darbey sein innbrünstig/ eyfferig Gebett/ für alles Anligen/ vnglückliche Zustand vnnd zufäll der Christenheit/ für seine eigene oder anderer Leuth Sünd vnnd Missethat/ für der Verstorbenen Seelen/ oder aber die heiligen Tryfaltigkeit vmb erzeygte Wolthaten/ vnnd Gott in seinen Heyligen zuloben außgießt/ soll vmb diß gute/ Gott annembliche Werck/ Erlassung zeitlicher Straff für seine Sünd erlangen? Kanst du nun diß/ du Ablaßfeind/ billiges Rechtens/ für ein Abgötterey wie du thust/ also bößlich versagen vnnd außschreyen? Sagen wir dann/ das Holtz/ Kupffer/ weiß Wax/ vnd weiß nicht was mehr die Sünd verzeyhe? Mit nichten/ du thust vnns vnrecht/ wir sagens nit: Gott verzeyhet der Sünden Schuld vnd ewige/ sampt einem Theil der zeitlichen Straff im Sacrament/ durch das Verdienst seines lieben Sohn: Ja auch der Rest verbleibender zeitlicher Straff/ wirdt durch nichts anders/ als durch deß Leydens Christi Frucht/ so im Ablaß würcket/ verzihen. Wie kanst du dann also vnuerschampter Massen veriehen/ daß wir hierdurch das Leyden Christi lestern.

Was nutzet dann/ der Franciscaner Mönchen Gürtel vmb sich nemmten/ was nutzen die geweyhte Rosenkräntz/ Grana, Medalia, vnd dergleichen?

Sihe allhie was von denen Sachen so von Päpstlicher Heiligkeit der Gestalt benediciert seynd zuhalten.

Antwort:

Antwort: Ihr Brauch ist nichts anders/ als ein Condition vnnd Beding/ mit welchem der oberste Außspender deß Kirchenschatzes/ deß heiligen Ablaß/ damit solcher von Christo hinterlassener Gewalt geehret werde/ die Genugthuungen deß HErren Christi/ vnnd seiner lieben Heyligen außgetheylt: Nit anderst/ als wann ein Fürst/ der Gewalt hätte vber den gemeynen Schatz/ außruffen ließ/ wer diß oder jenes Zeichen/ zu benandter Zeit/ Maß vnnd Weiß brauchen würd vnnd antragen/ solt ein benandte Summa Gelts/ auß dem gemeynen Schatz empfangen.

Vrtheil nur der Warheit liebhabend Leser/ ob der Brauch angeregter/ vom obristen Haupt der Kirchen benedicierter Sachen/ ein Gaucklerey/ ob er ein Abgötter Fundt/ oder Gottes Gebott/ Satzung vnd Ordnung zuwider/ vnd nicht mehr ein heylsames Gott hochgefelliges/ den rechtglaubigen Christen hochnutzliches Werck zuschätzen sey.

Was von den zu Ehren der lieben Heyligen angestelten Bruderschafften zuhalten. Psalm. 150.

Ebnermassen/ ob gleich Gott niergendts außtrucklich befohlen/ der hochwürdigsten Mutter Gottes/ dem H. Francisco oder andern Heyligen zu Ehren ein Bruderschafft anzustellen/ ist doch sein Göttlicher/ durch den H. Dauid entflossener Befelch/ man soll jhn loben inn seinen Heyligen: Lobet GOTT (spricht er) in seinen Heyligen: Beneben ist auch sein Göttlicher Will/ wir sollen im Betten/ vnnd allerley guten Wercken vns vben. Kanst du nun Vnrecht heissen/ wann Gott zum förderſten/ vnnd nachmals seinen Heyligen zu Ehren/ ein solche Bruderschafft durch Confirmation vñ Bestättigung deß Apostolischen Stuls angestellet wirdt/ darinn man Täglich oder Wöchentlich etliche gewisse Gebett verrichten/ zu bestimbter Zeit die Sünd beichten/ vnnd daß hochwürdige Sacrament zu empfangen schuldig/ vnnd ein jeder/ aller guter Werck/ so vonn ermeldter Bruderschafft in der gantzen Welt geschehen/ nicht allein wie alle Christen/ durch Gemeynschafft der Heyligen/ welches

Das 32. Capitel.

welches vnsers Glaubens Articln einer ist/ sonder auch/ durch ein Special Priuilegium, vnnd mit sonderlicher Würckung Theylhafftig werde/ wie jetztgemelter Königkliche Prophet Das vnd selbsten sagt: Er sey Theylhafftig der guten Werck/ aller deren/ die Gott förchten vnd seine Gebott halten.

Nutzbarkeiten ermelter Bruderschaften.

Hierauß/ andere Nutzbarkeiten zugeschweigen/ folgt/ das andächte Bruderschafften/ wie auch andere alle/ so eintweder dem heiligen Sacrament/ dem Leyden Christi/ oder etlichen besondern Heyligen/ mit Authoritet vnd Gutheissen deß Apostolischen Stuls angestellet seynd/ nicht geringschädzig zuachten vnd zuuerwerffen/ dann alles Ablaß/ so sich auch in etlichen Fraterniteten/ als vnser Frawen/ vnnd deß heiligen Francisci/ auch anderen mehr/ biß ins Sterbstündlein erstrecket/ der Participation vnd Theylwerdung der gantzen Bruderschafft guter Werck/ ıc. Der Gelegenheit vilmals etwas Guts zuthun/ das sonsten etwa verbliebe/ vnd vilmehr zugeschweigen/ geschehen auch sid die Verstorbene/ so deroselben einuerleibt gewesen/ vil mals groß Gebett vnnd das Opffer der heiligen Meß/ vnnd andere/ denen im Fegfewer verhafften Seelen ersprießliche Werck/ das billig ein jeder/ so von seiner Seelen Heyl sorgsamb vnd bemühet seyn wil/ allein hierauß/ wann kein andere Vrsach anhändig/ darzu sich erwegen lassen solt.

Eins möcht allhie zum Beschluß gefragt werden: Droben ist gesagt/ der Ablaß sey niemals gültig/ dann er werde wegen einer erheblichen Vrsach auffgetheylt: Ich laß mich bedüncken es sey ein geringe Vrsach/ daß wan einer an einem geweyhten Rosenkrantz/ diß oder jenes bettet/ oder der benedicierten Sachen eine bey sich tragen thut/ so vnd souil Jar/ vnnd bißweilen wie in Todtsnöthen sonderlich vollkommenen Ablaß empfangen soll.

Außlösung einer Frag.

Antwort: Der Brauch scheinet wol ein geringe Vrsach seyn/ aber groß vñ hoch ist zuschätzen/ daß der solche benedicierte

Hh   Sachen

Sachen braucht / ein sehr Christliche Andacht vnd Ehrerbietung gegen dem Gewalt der Kirchen / vnnd Schlüsselampt deß Himmels / auch gegen dem Apostolischen Stul / dessen Besitzern Christus / als seinem Statthalter hie auff Erden / Gewalt zubinden vnd zulösen geben hat. Kan also billicher Massen / dieser Reuerentz vnnd Andacht / als erhebliche / vnnd solcher Außspendung deß H. Ablaß / würdige Vrsach / auff vnd angenommen werden / jetzo vnangesehen / daß der Ablaß solcher benedicierter Sachen / nicht leichtlich erlangen werde / man verrichte dann etliche gewisse Gebett / GOtt zu Ehren / vnnd der gantzen Christenheit zum Besten.

Matth. 16.

Das 33. vnd letzte Capitel.
Erzehlung etlicher wenig Nutzbarkeiten deß Ablaß.

Es wäre gleichwol ohne Noth / von deß heiligen Ablaß Früchten vnd Nutzbarkeiten vil schreiben / vnnd damit den gedultigen Leser / auch im Beschluß also lang auffhaltend molestieren / dieweil ohne weitter Nachsinnen / auß deme / was bißhero gesagt ist / solches alles sich krässtig genugsam ereignet. Jedoch zu mehrer Confusion der Ketzer / bey denen der hochheylsame Brauch deß Ablaß / mehr als das Creutz inn der Hölle verhasset wirdt / ist erstlich bekandt / vnd jetzo offtermalen zum vberfluß widerholt vnd repetiert wordt / daß der Ablaß der zeitlichen Straffschuld eintweder gantz vnd gar / oder aber zum Theyl hinweg! nemme demnach er groß oder klein / vil oder wenig / vnd die Sünd dessen so ihn empfanget / sich erstrecken thut. Vnd was diß für ein vnterschd

Die erste Nutzbarkeit deß Ablaß.

Das 33. Capitel.

erschätzliche Wolthat sey/ solche Straff in disem zeitlichen Leben ablegen könden/ daß Gott der Allmächtig seiner Barmherzigkeit das Regiment vnd oberhandt lassen thut/ ist vnmöglich mit Menschen Zungen außsprechen: Darumb der heilige Dauid so fleissig gebettet/ GOtt soll jhm seine Sünd in disem Leben verzeihen/ daß er wol gewust/ daß der althiesigen Barmherzigkeit Gottes/ die strenge/ vnerbittliche Gerechtigkeit/ im andern Leben succedier/ deren vnuermeydliche Schärpff/ so im Fegfewer sich ereignete/ vnnoth tringlich ist/ allhie mit vilen Worten außzuführen. *Psalm. 38.*

Fürs ander ist auch vnuermeynlich/ das durch Außspendung vnnd empfahung deß heiligen Ablaß/ Erwachsung der Genad Gottes hie auff Erden/ nicht wenig befördert vnnd vermehret werde: Dann dieweil der Ablaß supponiert vnd gehabt haben wil/ daß der Mensch/ so seiner Frucht sich theylhafftig zu machen entschlossen/ ohne Todsünd in der Genad Gottes sey vnd darneben Vermög der Concession vnd Außspendung/ bette/ faste/ Almosen gebe/ den Leib casteye/ oder andere gute Werck verrichte/ die alle mit einander/ sampt vnnd sondern/ durch das bitter Leyden Christi/ nicht allein der Himmlischen Ergötzung/ sonder auch fernerer Genad/ vnnd Himmlischer Gaben Verdienstlich seyn: Wer kan dann nicht Augenscheinlich spüren/ das durch Beförderung solcher guten Werck/ so auß Empfahung deß Ablaß entstehen/ die Genad GOttes vnnd Christliche Liebe zu grossem Auffnemmen gerhate? *Die ander.*

Beneben disem/ weil die Genad Gottes/ vnnd die Liebe in dem Menschen hie auff Erden/ nach disem Leben mit ewiger Belohnung ersetzet wirdt/ so der Ablaß/ wie vnlaugbar/ die Genad Gottes also erbreytet/ muß er nicht minder/ die grosse vnaußsprechliche Cron der ewigen vnauffhörlich wehrender Seligkeit/ auch höchlich ersteigern vnd vermehren. Vnd ist solche Wolthat für desto würdiger zuschätzen/ je mehr ohn einige Ver- *Die dritte.*

Hh ij gleich

gleichung / die Seligkeit vnd ewige Cron / welche zuempfahen wir von Gott erschaffen / alle andere Ding auff disem Erdboden vbertreffen thut.

Die vierdte. Vnnd damit wir dessen geschweygen / das durch den Ablaß / nicht allein vil hundert auß jhren Sünden gerissen werden / die sonsten Beicht vnnd Buß auff Jar vnd Tag verschubeten / wann sie nicht auß Gelegenheit / solche Wolthat zuerlangen / durch Beicht / Buß / Communion / vnd andere gute / bey Gott verdienstliche / vnnd vor den Menschen löbliche Werck / jhren vnbußfärtigen Wandel zubessern / die Gewonheit der Sünd / Ephes. 4, sampt dem alten fleischlichen Adam abzulegen / vnd ein newen / Collos. 3. nach Gottes Willen geschaffenen Menschen / an sich zunemmen / verursacht zuwerden.

Die fünffte. Nicht weniger ist diß hochschätzlich zuhalten / das durch ermeldte deß heiligen Ablaß empfahung / bey den lebendigen bißweilen der Gewalt der Schlüssel / welchen Christus seiner Kirchen im Apostel Petro hinterlassen / in seiner Authoritet vnnd Ansehen / mercklich erhöhet wirdt / welches endtlichen auff Gottes Ehr gelanget.

Vnd was gehet Noth an / von deme vil Wort zuuertreiben welches ohne ferrnern Entschied gewiß / Vnlaugbar / Land vnd Weltkündig / daß den Verstorbenen im Fegfewer / biß zu deß letzten Hallers verdienter zeitlicher Straff Erstattung / eingekerckerten Seelen / mit Zulassung deß Obristen Außspenders / hochgenehme Hülff / durch den Ablaß erzeiget vnnd geleystet werden kan / jetzo benandten lieben Seelen / welche in der Gnad GOttes auß disem sterblichen Madensack gefahren seynd / wie mit Gebett / Allmosen vnd anderen guten Wercken / also auch vnnd zwar nicht weniger / durch den heiligen Ablaß beyzuspringen / dann der / so diß Werck der Barmhertzigkeit auff sich genommen / vnnd inn Hülffreichung / gegen den Verstorbenen embsig gewesen / gewißlich ohne Zweyffel / wann er etwan auch

inn

Das 33. Capitel.

inn das Fegfewer kommen solt / solche vonn anderen haben/ vnnd die Maß/ so er anderen außgemessen/ widerumb empfangen wirdt. *Lucæ 6.*

Beschluß vnd Vermahnung zum heiligen Ablaß.

JSt also schließlichen / auß disem allem wol zuermessen/ daß der jenige nicht wenig sündige/ der einen also fürtrefflichen Schatz/ so vilfältiger Nutzbarkeiten im heiligen Ablaß erlangen kan/ vnnd etwan auß Verachtung / etwan auß Fahrlässigkeit / denselben verlaßt/ vnnd dahinden laßt/ der Kirchen Gewalt also Verächtlich halt/ vnd das jenige/ was vmb solcher Frucht Erlangung/ vonn Päpstlicher Heiligkeit gebotten wirdt/ nicht vollzeucht. Billich solt ich also kalten Christen fürwerffen/ was *4. Reg. 4.* deß außsätzigen Naamans Diener/ zu jhme/ jhrem Herren sagten/ da jhme der heilige Prophetet Eliseus/ vmb Erlangung der gesunden Reinigkeit/ sibenmal in dem Jordan sich zuwaschen/ vnnd zubaden gebotten hätte. Wann dir / sprachen sie/ der Priester ein grosses Ding befohlen hätte/ solltest du es thun: Wieuil mehr/ do er spricht/ wasche dich so wirdst du rein werden? Also auch/ wann dir gebotten wäre/ du solltest etwas viel grössers/ vmb Eroberung einer so mächtigen Wolthat/ vmb Erlassung einer so grossen/ mit deiner Sünd verdienten Straff verrichten/ du solltest vierzig Tag in Wasser vnd Brot fasten/ solltest vierzig Tag ein härin Kleid antragen/ solltest dich geißlen biß auff das Blut/ vnd weißt nicht was mehr/ wäre billich/ daß du dem Statthalter Christi/ dem obristen Hirten

ten der Schäflein Christi gehorcheſt / vnnd Gehorſam leyſteſt/ wievil mehr/ do dir nur Beicht vnd Buß/ ein geringes Gebett/ ein ſchlechtes Allmoſen/ zu welchem allem/ du als ein Chriſt/ vorhin verpflichtet biſt/ was haſt du für Vrſach dich deß Gehorſambs zucuſſern/ vnnd zuentſchütten. Warumb wilt du

Lucæ 10.

den nicht hören/ durch welchen du GOtt höreſt/ vnnd ſo du es nicht thuſt/ GOtt ſelbſten verachteſt? Förchteſt du den Richterſtul GOttes nicht? Scheuheſt du die Gerechtigkeit GOttes nicht? Meynſt du/ er werde dein tägliche Boßheit hie oder dort vngeſtrafft laſſen? Iſt nicht GOTT ein eyffriger/ ein erſchröcklicher Recher vnnd Heimſucher der Sünd? Fürchteſt du den nicht/ der dich mit Seel vnnd Leib/ in einem Augenblick in Abgrundt der Höllen ſtürtzen kan?

Deutero. 32.
Pſalm. 7.
Iſa 1. & 33.
Matth. 3. & 21.
Roman. 2.

Ableynung der ſchädlichē Vermeſſenheit auff die Barmhertzigkeit Gottes.

O was frag ich hienach/ GOtt iſt Barmhertzig/ GOtt iſt mildt vnd gutig/ alle ſeine Weg vnd Steg ſeynd Barmhertzigkeit.

Epiſto. 31. ad Prsbō. & Diac.

Iſt wahr/ GOtt iſt barmhertzig/ aber darneben auch gerecht. Dann wie er mildt iſt vnnd gütig/ ſagt Cyprianus/ alſo iſt er auch vber ſeinen Gebotten zuhalten gantz eyferig/ vnnd wie er als ein Vatter zulieben/ alſo auch wie ein Richter zuförchten. Laß dich nicht vberreden/ wann du nur in das Fegfewer kommeſt/ ſey es dir genug/ du wölleſt daſelbſt gern abbüſſen/ ſo lang GOtt wil: Ein groſſe Thorheit iſt es/ ſagen die heiligen Vätter/ welche theyls darzu lehren/ daß vnſer Fewer/ ſampt ſeiner peinlichen Würckung/ nur ein gemaltes Fewer ſey. Wann du kranck biſt/ verachteſt du die Artzney? Der Ablaß iſt ein ſehr heylſame Artzney deiner Sünd/ vnnd breſthafften Seelen. Wann du nackend biſt/ ſcheuheſt du dich vorm Kleyd? Der heilige Ablaß iſt ein hochzeitlich Kleid deiner Seelen/ auß der Wollen deß vnbefleckten Lämbleins/ an dem Rocken deß heiligen Creützes geſpunnen. Wann du hungerig vnnd durſtig biſt/ verachteſt du die Speiß vnnd Tranck? Der heilige

Das 33. Capitel.

heilige Ablaß ist ein heilsame Speiß / deiner durstigen vnnd hungerigen Seelen. Wann du Arm vnnd vil schuldig bist / verschmähest du / dir frey angebottens Gelt vnd Gut? Der heilige Ablaß ist der fürtreffliche Schatz / der Verdiensten CHRISTI / mit welchem du alle / deiner Sünden Schuld / entrichten kanst.

Ich warne dich vor dem Zorn GOttes / ich vermahne dich mit dem heiligen Apostel Paulo / laß solche Genad GOttes nicht vergebens fürüber rauschen / jetzunder ist die angeneme Zeit / jetzunder ist der Tag deß Heyls / jetzunder ist die Zeit vnsere Schulden zubezahlen. Jetzunder sitzt GOtt noch auff dem Richterstul der Genad. Laß dir disen Gnadenthron deß heiligen Ablaß / als einem recht Catholischen / recht eyfferigen / vnnd recht andächtigen Christen angelegen seyn / trit mit zuuersichtlichem / getröstem Hertzen vnnd Gemüt zu disem Thron der Genaden Gottes / daß du Barmhertzigkeit hie erlangest / vnd dorten ststerwehrende Seligkeit: Wünsche dir solches auß Grund meines Hertzens / A
M E N.

2. Corin. 6
Hebr. 4.

Ende deß Tractätleins von dem heiligen Ablaß.

230.

Vonn deß Jubeljars
Namen / Vrsprung / Nutzbarkeiten vnnd Bereitung / mit welcher dieselbigen zuempfangen seyen.

Emnach durch GOttes Genad / was vonn dem Artickel vnsers Christlichen Glaubens / den Ablaß betreffend / Catholischer Weiß zuhalten vnnd zuglauben / für schlechte / einfeltige Leuth genugsam deutlich vnnd außführlich / in Massen ich getröster Zuuersicht vnd Hoffnung bin / auffs Papier gebracht. Ist jetzo vnserm ersten Fürsatz gemäß / das Iubileum oder H. Güldinjar / wie es die alte / fromme / Catholische Teutschen vor Zeiten zu nennen pflegten / welches nichts anders ist / als ein Jar / inn deme der Schatz der Kirchen vom Statthalter Christi gantz Mildtreich außgetheilet wirdt / vnnd den Christglaubigen / so mit rechter Rew vnnd Leyd jhre Sünd beichten vnd büssen / vil vnnd hohe Christliche Wolthaten erzeiget werden / auff daß kürtziste auch für die Hand nemmen / vnnd was daruon zuhalten / ob vnd welcher Gestalt man seiner zugeniessen / mit wenig Worten auch erklären.

Was der H. Iubileum bedeute.

Vnd dieweil eines jeden Ding Außlegung vnd Beschreibung / vom Namen billich anzufangen: Ist erstlich der Name deß Iubilei, oder Jubeljars / inn heiliger Schrifft alten Testaments / im dritten Buch Moysis zufinden / allda er allwegen bedeutet das 50. Jar / in welchem auß Befelch GOttes deß Allmächti-

Leuit. 25.

Bericht vom Jubeljar.

mächtigen/ wie allda weitleuffig zulesen/ alle Arbeit deß Feldbaws/ ackern/ säen vnd ernden auffhören/ vnnd die Erd ruhen müßte (dann GOtt schencket die vorgehende Jar desto reichlicher eyn/ damit sie sich im Jubeljar erhalten köndten) die Leibeigene verkauffte Juden/ widerumb ledig wurden/ vnnd wer etwan seine Güter Hypotheciert vnnd verpfendt/ oder verkaufft hätte/ dem müsten sie in disem 50. Jar widerumb eingeantwort werden. Sanctificabisque Annum quinquagesimum, sagt der HErr/ & vocabis remissionem cunctis habitatoribus terræ tuæ: ipse enim est Iubileus. Das ist: Vnnd du wirdst mir das fünfftzigst Jar heiligen/ vnd ein Jar der Entlassung nennen/ allen Jnwohnern deines Landes/ das es ist das Jubeljar.

Wöllen derowegen etliche disen Namen Iubileus, vom hebraischen Wort יבל Iobel her deriuiren/ das erstlich bedeutet einen Anfang/ als anzudeuten/ das im selben Jar aller Freyheit Anfang sey. *Vide Frä. Corduben. Tract. de Indulgen. art. 1. quæst. 9.*

Widerumb soll es bedeuten nach etlicher Meynung/ denen Beyfall geb wer wil/ eines Widers oder Bocks Horn/ darauff man zu Zeiten blasen pfleget/ im alten Testament/ den Eingang deß Jubileumbs damit anzumelden/ daher es dann auch/ wie in allegierter Stell der heiligen Schrifft verordnet ist/ mit dem Schall deß Horns vnnd der Posaunen mit Frewden vnd Jubiliren verkündigt vnd angefangen wirdt. *Münster. dict. Hebræ. radice incipiente à י Iod.*

Hierauß nemmen etliche lateinische Scribenten gelegenheit/ das Wort Iubileum, vom lateinischen Wort Iubilo, das ist/ Frolockung/ zudeducieren/ dieweil es jederman/ fürnemblich den Betrübten/ allerley Vrsach zu frolocken vnd zu jubilieren mit sich brächte. *Vide Cordub. loco citato.*

Andere aber vermeynen/ es komme vom Wort יבל Iabal, das auß hebraischer Sprach gedeutet/ Blüen oder Frücht bringen: Damit zuerklären/ das Jubeljar sey ein frewdenreiches *Münster. loco præalleg.*

Ji   nutzbares

nützbars Jar/ welches Frucht ohn Arbeit trägt/ restituiert einem jeden das Seinig widerumb/ ohn allen Entgelt/ gebiert Freyheit ohne Gewalt.

Wirdt deroweegen/ weil alles im alten Testament/ in der Figur/ vnnd das newe Gesätz zubedeuten geschach/ der Nam deß Jubileumbs billich gebrauchet/ das Gnadenjar zubenambsen/ inn welchem/ was in dem alten Testament leiblicher/ jetzo im Jubeljar deß Gesätzes der Genaden/ geistlicher Weiß geschicht/ bey denen/ so ihre Sünd beichten/ die heiligen Sacramenta empfangen/ nit souil zeitlichen Gütern/ als jhrer Seelen Heyl abwarten/ vonn der höllischen Dienstbarkeit sich entledigen/ vnnd inn der Gerechtigkeit verbleibend/ zu Besitzung deß Himmlischen Vatterlandts/ vnd ewiger Güter gelangen. Zu disem allem/ hat vnns Christus der HErr den Schatz der Verdiensten vnnd Genugthuungen seines bitteren Leydens in der Christlichen Kirchen hinterlassen/ auß deme auch der heilige Ablaß entfliessen thut/ dessen vollmächtiger Außspender deß heiligen Petri Successor, der Römische Bischoff ist/ auß/ jhme von Christo gegebenen Gewalt.

Vrsach vnd Vrsprung der Einsatzung deß Jubeljars. Dieweil aber ermeldte der sichtbarlichen Kirchen Christi auff Erden höchste Häupter/ vnnd von jhme vnserm Heyland bestellte Hirten der gantzen Christenheit vermercketen/ das jetzo fast zu disen letzten kümmerlichen Zeiten/ in welchen die Christliche Lieb schier gantz vnnd gar erloschen/ vnnd die Boßheit der Welt/ fast den höchsten Grad erstigen/ also das wol zuuermuten/ der jüngste Tag könde nicht fern vonn hinnen seyn/ dieweil je mehr die Sünd von Stund zu Stund gehäuffet/ je weniger sich die Menschen der Buß vnd Besserung/ Theylwerdung deß Leydens Christi Verdiensten (so inn den heiligen Sacramenten/ in dem heiligen Ablaß/ wie auch in andern mehr Mitteln/ krafftig würcken thut) sich schier gantz vnnd gar eussern/ vnnd entschlagen wöllen/ als hat GOtt der Allmächtig/ vnnd sein

geliebs

Bericht vom Jubeljar/

geliebter Sohn Christus Jesus/ der bey seiner Kirchen bleibt/ biß zum End der Welt/ vnnd dieselbige mit seinem Geist in alle Warheit führet/vnnd beleytet. Hochernandten Oberhäuptern vnnd Regenten der Christenheit/ jhre Sinn vnnd Gedancken gerürt vnnd bewegt/ in alle Weg/ auff fügliche Mittel bedacht zuseyn/ durch welche solch Vbel vorkommen/ vnnd wo nicht gantz/doch theyls nur abgetriben werden möchten.

Hierauff hat Papst Bonifacius der achte/ so beynahend vmb das Jar deß HErrn 1283. der Römischen Kirchen löblich vorgestanden/ nach zeitiger/ mit allen Prelaten der Römischen Kirchen geübter Berathschlagung/ alle Zeit das hundertiste Jar/ zu einem Jubeljar eingesetz/ darinnen alle Christen zu der Buß vnnd Besserung/ zu der Beicht vnd Communion/ vnnd fürnemblichen die jenige/ so sich gen Rom verfügeten/vnnd die Gräber der heiligen Aposteln Petri vnnd Pauli/ beneben die fürnembste heilige Oerter/der heiligen Statt Rom/welche vn= zehlich vil tausend Märtirer vnnd Blutzeugen deß Christlichen Glaubens/ mit jhrem heiligen Blut besprengt vnnd geheiliget haben/ mit Andacht besucheten/ durch reichliche Außspenduug deß geistlichen Schatzes/ der Christlichen Kirchen/ vonn aller jhrer Sünden Last vnnd Straff völligklich entlediget wurden: Jedoch der Gestalt/ daß andere/ die auß ehehafften Vrsachen/ ein so weite Reiß nicht vollbringen köndten/nicht gantz vnd gar/ in massen die folgende Bull vnnd Diploma außfündig macht/ solten außgeschlossen seyn. *Vide, Extrau. Antiquorum. de Pœnitent. & Remission.*

Dieweil aber vnter etlich tausendt Menschen/ kaum einer das hundertiste Jar erzeichet/ der solcher Wolthat geniessen köndte/ hat Papst Clemens der sechste (so vmb das Jar nach Christi Geburt 1334. auff dem Stul deß heiligen Petri gesessen für gut vnnd räthlich angesehen/ solches Jubeljar biß auff 50. Jar zuuerlegen. Endtlichen befanden die folgende Päpst/ vn= ter welchen die fürnembsten Paulus diß Namens der ander/vnd

Ji ij Sixtus

Bericht vom Jubeljar /

Sixtus der vierte / das 50. Jar biß auff das Iubileum / wegen Kürtze Menschlichen Lebens / vil zulang / wurden derowegen zurath die halbe Zeit beseits zuschaffen / vnnd das Jubelsar jeder Zeit im 25. Jar zuhalten / einzusetzen vnd zustatuieren / bey welcher Zahl es noch biß Dato bleibt / gestaltsam / das nechste vnter Papst Gregorio dem 13. diß Namens Anno 1575. verflossen / vnd künfftiges Jar ein anders gehalten werden soll.

Der Lutheraner vnnd Caluinisten Hirnwütigs rasen wider die Einsetzung deß Jubeljars.

Hie werden die Kirchenfeind vnser Gegentheyl / greülich wüten vnd toben / vnnd grißgrammen / die köttenhündische Goschen auffreissen / vnnd schreyen: Auß mit dem Jubelsar / es ist ein new Papisten Gedicht / vnnd kaum vor 300. Jaren von den Päpsten betrüglicher Weiß erpracticiertes Fabelwerck / Christus hat es in seinem Euangelio nicht gebotten / wir wöllen es weder wissen noch hören.

Ableinung.

Ein erschröcklich Ding zuuernemmen ist / daß dise Leuth / wo nur eines Papsts Meldung geschicht / alles ohne Discretion vnnd Bescheydenheit / wöllen Tod vnd Ab haben / darvon weder wissen noch hören: Aber was jhre Wortschreyer auß eigenem ketzersichtigen Hirn erfabulieren vn erdencken / es sey wahr oder mit ehren zumelden erlogen / muß ohn alle Einred / lauter Euangelium seyn / Grün muß ohn allen Widerspruch Roth / Tag muß Nacht geheissen werden: Ja was vonn der Apostel Zeit hero / von 1500. Jar / in stätem Brauch vnnd Schwang getriben worden / daß wöllen sie auß selbst / weiß nicht wie vnnd woher angemaßten Gewalt niderlegen / abthun / vnd Cassiern / vnnd hergegen in der Kirchen einsetzen / auffbringen vnnd Ordinieren / was einem jeden in seinem eignen Eselskopff gewachsen.

Daß jre Predige von vnderschydlichen Zeiten vñ personen wirdstu Kaud vnd Hayen gezert vnter jhnen sehen.

Seynd wenig Wort hieran zuzerbrechen / gehe nur in jhren Kirchen ein Wenig hin vnnd wider / wirdst du sehen / was sich faßt ein jeder Wortsknecht verfangen hab / einer machts halb Caluinisch / der ander gantz / der dritte kaum ein wenig Lutherisch / der vierdte schier gar Atheysch / wil einem jeden nach Erfahrung

Bericht vom Jubeljar/

fahrung vrtheylen lassen/ ob ich wahr geredt oder nicht: Also grossen Gewalts/ vnsers Glaubens Artickl selbst betreffend/ vnternemmen sich dise vnuerständige Fräueler. Wann aber ein Papst nur ein Tag/Monat oder Jar/ vnnd zwar zu nichte Bösen/ sondern zu allem Guten/ ermahnt vnd bestimmet hat/ muß es doch jhnen Fabelwerck seyn / muß ein pur Menschentandt/vnd Gottslästerliche Abgötterey geheissen werden.

Aber vnangesehen/ was jhr schreyet/ murret vnnd gäuket/ werdet jhr doch in Ewigkeit nimmermehr/ mit einigem Grund der Warheit/der Christlichen Kirchen Gewalt also einzwengen vnd behawen könden/ daß sie nicht Macht habe/ etwan ein Fest zuordnen/oder Zeit zuernennen/ darinnen man disen oder jenen Artickl vnsers Glaubens ehre vnnd begehe/ oder aber/ diß oder jenes gute/löbliche/Gott annembliche Werck vollbringe.

Ist vnrecht gewesen/ daß die erste Christen/ zu vnnd nach der Apostel Zeit/ den Geburts Tag deß HErren/ das heilige Osterfest/ den Tag der Himmelfahrt Mariæ/ vnnd vnzehlich vil dergleichen / Vermög der Kirchenhäupter Satzungen/ welche solches approbiert/ Feyertäglich begonnen zu heiligen/ vnnd zu celebrieren? Wo wirdt solches in der heiligen Schrifft gebotten? Ist vnrecht gewesen/ das bald von der Apostel Zeit hero/ das hochwürdige Sacrament ausserhalb deß Nothfals/ denen allein / so nüchtern/ vnnd selbigen Tags kein Speiß genossen/ auß Satzung der Kirchen gereichet worden? Wo hat solches Christus/oder die Apostel in der Schrifft gebotten? Ist die kleinen Kinder tauffen vnrecht? Wo hat es Christus im Euangelio gebotten? Solches vnnd dergleichen vnzehlich vil mehr/ hat die Kirch vil hundert Jar/ ehe Luther vnnd Caluin auff die Welt kommen/ auß Anregung deß heiligen Geists Gewaltsamb eingesetzt/ warumb dan (ob es gleich in der Schrifft nicht außtrucklich verfaßt/ wañ es nur derselben nicht widerig) muß euch vnrecht seyn/ wann die Kirch vnnd der Papst ein ge-

wisse

Bericht vom Jubeljar/
wisse Zeit benennet/ darinn man freundlich sich zu GOtt bekehren/ die Sünd berewen/ beichten vnnd büssen/ die heilige Sacramenta empfangen/ die heilige Oerter besuchen/ der Verdiensten Christi durch den heiligen Theylhafftig werden/ vnd endtlichen ein Christlichen Wandel an sich nemmen soll? Was widerstrebet vnter disem allem der Schrifft? Was ist wider gute Sitten? Was streittet mit GOttes Gebott? Was Rechtens könden solche vonn den Aposteln entflossene Werck ein Abgötterey vonn euch gescholten seyn/ wann schon gewisse Zeit darzu ernennet wirdt? Leget vmb GOttes Willen den Teuflischen Neyd vnnd Grollen wider den Päpstischen Stul hinwegk/ so wirdt euch das Liecht diser Warheit/ in ewere mit stockblinder Irrsal verfinsterte Hertzen scheinen. Welches damit Verursacht werde/hab ich die Päpstliche Bullen/vnd Außschreibung deß künfftigen Jubileumbs/ vonn Wort zu Wort/ Lateinisch vnnd Teutsch/ wie sie lautet/ hieher setzen wöllen.

Folgt die Lateinische Bulln.

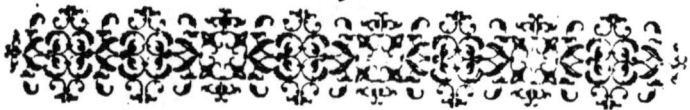

SANCTISSIMI DOMINI NOSTRI CLE-MENTIS DIVINA PROVIDENTIA PAPÆ VIII.

Indictio sancti Iubilei piè Visitantibus Basilicas beatorum Petri & Pauli, nec non Ecclesias sancti Ioannis Lateranensis, & Beatæ Mariæ Maioris de vrbe, proximo Anno Millesimo, Sexcentesimo.

CLEMENS EPISCOPVS, *Seruus Seruorum DEI, vniuersis Christi fidelibus, præsentes Literas inspecturis, salutem & Apostolicam Benedictionem.*

ANNVS DOMINI placabilis, annus remissionis & veniæ, filij in Christo dilectissimi, iam Dei munere appropinquat, iam tempus acceptabile, & dies æternæ salutis adueniunt, ad redimenda peccata, ad saluandas animas.

Annus Christiano populo in primis optabilis & iucundus sanctissimi Iubilei iam prope adest, qui à salutifero partu Beatæ Dei genitricis, & semper Virginis Mariæ sexcentesimus supra millesimum numeratur, tanto maiori fidelium gaudio & frequentia in alma hac vrbe de more celebrandus, quanto expressiùs, atque efficaciùs suam primariam originem repræsentat. Nam quemadmodum veteri traditione, & maiorū monimentis testatum est antiquissimo Romanæ Ecclesiæ instituto, per decurrentes sæculorum ætates, hoc est, singulis centenis annjs à Christi Domini & Saluatoris nostri natali, amplissimæ peccatorum Indulgentiæ, & remissiones propositæ erant iis, qui sacra Beatorum Apostorū limina piè ac deuotè visitarent.

Quàm

Quam sanè vetuſtam inſtitutionem Anni centeſimi non vana gentilium ſuperſtitione, ſed religioſo cultu, & Chriſtianorum concurſu Romæ celebrandi Fel. Rec. Bonifacius Papa VIII Prædecessor noſter ſuo Apoſtolico decreto, ad certitudinem præſentium, & memoriam futurorum confirmauit. Ac licet alij Summi Pontifices, Prædecessores item noſtri, qui poſteà ſunt conſecuti, intra anguſtiores Annorum limites, propter vitæ humanæ breuitatem, Iubilei celebrandi ſpatium contraxerint, ipſa tamen centenarij celebratio ob antiquæ traditionis primordia in primis inſignis non immeritò exiſtimatur. Et reuera diuino conſilio factum videtur, vt poſtremo cuiuſuis ſæculi anno, quod longiſsimum etiam humanæ vitæ ſpacium cenſetur, in ipſa arce & domicilio Chriſtianæ Religionis, tanti beneficij memoria à cunctis fidelibus recolatur; quod ſcilicet ad homines omnes illuminandos Sol iuſtitiæ Chriſtus Deus noſter, qui humano generi ſalutem attulit, ex vtero Virginis egreſſus eſt; ex eo etiam, quod Chriſtiani vniuerſi ad Petri Sedem, & ad fidei Petram, tanquam filij ad patrem, & oues ad Paſtorem ſummũ ſimul confluunt, tantò magis vnius Ouilis, & vnius Paſtoris vnitas appareat, & vnius fidei ſplendor latius elucescat, quæ nullo ſæculorum decurſu, nulla temporũ varietate immutata eſt, ſed ſemper eadem, à fidelibus populis incorrupta, atque inuiolata profeſsione retinetur; membra quoque cum ſuo viſibili capite, tantò arctius charitatis glutino connexa, mundus agnoſcat; & denique idem ille ſpiritus vnitatis, quo ſola Eccleſia Catholica, eiusty corpus admirabiliter compactum & coagmentatum eſt, tantò illuſtrius declaretur, dum veluti ab vniuerſitate populi Chriſtiani, in ipſa vnitatis parente Romana Eccleſia, ſtatis temporibus Annus vnus ſanctus, iure optimo, nominatus, ſumma religione, rituque ſolemni celebratur. Hunc autem annum verè ſanctum, Annum Domini acceptum & placabilem, quo homines pœnitentiam agerent, & ad Deum & Patrem miſericordiarum, in corde perfecto conuerterentur; primus mundo annunciauit ipſe, vitæ & ſalutis noſtræ Auctor Iesvs Christvs Filivs Dei; quem pater vnxit Spiritu ſancto, & omni ſuper eum gratiæ plenitudine effuſa, miſit illum euangelizare pauperibus & manſuetis, mederi & ſanare contritos corde, prædicare captiuis Indulgentiam & remiſsionem, clauſis apertionem, & cæcis viſum. Et nos etiam, qui licet humiles & indigni, vices tamen Chriſti Domini In terris ipſo ita diſponente gerimus & tenemus, ex hac ſublimi Apoſtolicæ vigiliæ ſpecula vobis vniuerſis Chriſti fidelibus annunciamus, indicimus, & euangelizamus, hunc eundem Annũ Iubilæi veræ pœnitentiæ, & ſpiritualis lætitiæ. Et quia charitas Chriſti, pro qua, legatione fungimur, ad omnes gentes, vrget nos, & zelus ſalutis animarum comedit cor noſtrum, hortamur, & obſecramus omnes

mnes per aspersionem sanguinis IESV CHRISTI, per aduentum eius, & diem tremendi Iudicij, vt sacro potissimum Iubilei tempore conuertatur vnusquisque à via sua mala, & reuertatur ad Dominum in corde puro, & conscientia bona, & fide non ficta: quia clemens & misericors est Deus noster, & multæ miserationis & præstabilis super malitia. Dum verò ex nostro pastoralis officij munere charissimos in Christo filios nostros, Imperatorem electum, Reges & Principes Catholicos, & omnes Christi fideles, toto terrarum orbe, in remotissimis etiam Prouincijs, & Regionibus commorantes ad Iubilei huius sanctam & iucundissimam in Domino celebritatem summo cum gaudio vocamus, atq; inuitamus, eodem plane tempore acerbissimi doloris sensu vehementissimè commouemur, mente atque animo recogitantes, quam multæ nationes & populi seipsos miserabiliter absciderint ab vnitate & communione Catholicæ & Apostolicæ Ecclesiæ, qui proximo superiori centenario in ipsa vna Catholica & Apostolica Ecclesia Romana nobiscum vnanimes, & cum consensu in domo Domini ambulantes sanctum illius Iubilei Annũ multa cum lætitia & spirituali exultatione celebrarunt; pro quorum æterna animarum salute, vitam nostram, ac sanguinem, si opus esset, libentissimè effunderemus. At vos interea filij obedientes & Catholici, à Deo & à nobis benedicti, venite, ascendite ad locum, quem elegit Dominus, ad spiritualem Sion, & Hierusalem sanctam, non literæ sed spiritu, vnde ab exordio nascentis Ecclesiæ, lex Domini, & lux Euangelicæ veritatis, in omnes gentes & nationes deriuata est. Hæc est illa fœlix ciuitas, cuius fides Apostolico ore laudata annunciatur in vniuerso mundo, cui ipsi Beatissimi Apostolorum Principes, Petrus & Paulus totam doctrinam cum sanguine profuderunt, vt per sacram Beati Petri Sedem caput orbis terræ effecta, Mater esset cunctorum credentium, & Magistra omnium Ecclesiarum. Hic fidei petra, hic fons sacerdotalis vnitatis, hìc incorruptæ veritatis doctrinæ, claues Regni cœlorum, & summa ligandi atq; soluendi potestas, hic deniq; thesaurus ille Ecclesiæ, inexhaustusq; sacrarum Indulgentiarum, cuius custos & dispensator est Romanus Pontifex, qui eas omni quidem tempore distribuit, prout salubriter in Domino intelligit expedire; sed Anno potissimùm S. Iubilei pia & larga profundit manu, quando & portæ sanctæ in antiquissimis & religiosissimis huius almæ vrbis Basilicis & Ecclesiis aperiuntur, more solemni & fideles à peccatorum labe expurgati, intrant in conspectum Domini iu exultatione, vt non iam ex veteris legis instituto, quæ vmbram tantùm habebat futurorum bonorum, neq; ex Hebræorum consuetudine, quibus omnia contingebant, in figura, aut serui humanæ seruitutis iugo constricti, liberi euadant, aut in carceribus vincti dimittantur, aut graui ære alieno oppressi liberentur, quin etiam ad paterno-

INDICTIO SAN-

rum bonorum poſſeſsionem redeant; terrena enim hæc, funt fluxa & caduca, ſed fructus Anni ſancti & ſpiritualis noſtri Iubilei illi ſunt yberrimi, quod animæ Chriſti ſanguine redemptæ è iugo ferreo diabolicæ tyrannidis, atque ex tetro carcere & vinculis peccatorũ, diuina Sacramentorum efficacia abſoluuntur, & dimiſsis delictis ac pœnis in adoptionem filiorum Dei, atq̃ cæleſtis Regni hæreditatem, paradiſi poſſeſſionem admittuntur, & ad alia quam plurima Dei beneficia accipiunt. Nos igitur SVMMORVM PONTIFICVM PRAEDECESSORVM NOSTRO-RVM veſtigiis inhærentes, & eorum pium ac ſaluberrimum inſtitutum retinentes, de venerabiliũ Fratrum noſtrorum S. R. E. CARDINALIVM aſſenſu Iubilei celebrationem in Annum proximum Milleſimum ſexcenteſimum à primis Veſperis vigiliæ Natiuitatis Domini noſtri IESV CHRISTI, eiuſdem anni Milleſimi Sexcenteſimi inchoandã, & per totum annum ipſum finiendam, auctoritate Dei Omnipotentis, & Beatorum Apoſtoloru Petri & Pauli, ac noſtra, quanto maximo poſſumus animi noſtri gaudio, ad ipſius Dei gloriam, & Catholicæ Eccleſiæ exaltationem indicimus & promulgamus. Quo ipſo Iubilei anno durante omnibus vtriuſque Sextus Chriſti fidelibus verè pœnitentibus & confeſsis, qui Beatorum Petri & Pauli Apoſtolorum Baſilicas, & ſancti Ioannis Lateranenſis, ac ſanctæ Mariæ Maioris de vrbe Eccleſias, ſemel ſaltem in die per triginta continuos aut intermiſſos dies, ſi Romani, vel incolæ vrbis fuerint; ſeu per quindecim dies, ſi fuerint Peregrini, aut alias externi, deuotè viſitauerint, & pro ipſorum fidelium, ac totius Chriſtiani populi ſalute, pias ad Deum preces effuderint, pleniſsimam omnium peccatorum ſuorum Indulgentiam, remiſsionem ac veniam miſericorditer in Domino concedimus, & impartimur. Et quoniam euenire poteſt, vt ex iis, qui hac de cauſa iter aggreſsi fuerint, vel ad vrbem ſe contulerint, aliqui in via, aut etiam ipſa in vrbe morbo, vel alia legitima cauſa impediti, aut morte præuenti; præfinitoq̃ dierum numero non completo, ac ne quidem fortaſſe inchoato, præmiſſa, & dictas vrbis Baſilicas, & Eccleſias obire nequeant; nos piæ promptæq̃ illorum voluntati, quantum in Domino poſſumus, benignè fauere cupientes, eoſdem verè pœnitentes & confeſſos prædictæ Indulgentiæ, & remiſsionis participes perinde fieri volumus, ac ſi dictas vrbis Baſilicas & Eccleſias diebus à nobis præſcriptis re ipſa viſitaſſent. Vos autem venerabiles Fratres noſtri, Patriarchæ, Primates, Archiepiſcopi, & Epiſcopi in partem ſollicitudinis noſtræ vocati, Duces & Paſtores Populorum, lux mundi, & ſal terræ, capite tubas argenteas, quarum vſus eſt in Iubileo, id eſt, adhibete prædicationem verbi Dei, & anunciate populis hoc gaudium, vt ſanctificentur, & iuuante gratia, parati ſint ad ea cœleſtia dona capienda, quæ bonorum omnium largitor Deus, filiis dilectionis ſuæ, per mi-

niſterium

CRI IVBILEI. 141

nisterium humilitatis nostræ præparauit, adducite fratres verbo, & exemplo paruulos, ad huius charissimæ matris vbera, quæ eos per Euangelium in Christo genuit, adducite filios ad patrem, oues ad pastorem summum, membra ad caput, fideles ad fidei petram, in quam omnis ædificatio Catholicæ Ecclesiæ constructa consurgit, adducite populum ad sanctam Romanam Ecclesiam, & ad gloriosos Principes eius Petrum & Paulum, qui vniuersum mundum legem Domini docuerunt, & quorum fides, dignitas, & authoritas, indigno etiam in hærede non deficit. Ad sacras igitur Indulgentias, earumq́ salutares fructus ipso Iubilei Anno Romæ percipiendos, vocate cætum, congregate populum, sanctificate Ecclesiam, docete oues fidei vestræ creditas, quia aduenæ & peregrini sumus in hac vita, & ciuitatem hic permanentem non habemus, sed futuram inquirimus. Ideo quia breues dies sunt huius nostræ ærumnosæ peregrinationis, & nescimus, qua hora Paterfamilias & Sponsus Christus venturus sit; idcirco vigilent, & lampades ardentes, & plenas oleo charitatis & misericordiæ gestent in manibus, & festinent ingredi in illam reguli. Nam si vnquam alias nunc potissimum iræ, rixæ, & contentiones, & inueterata odia dimittenda propter Christum, nunc maxime seruos decet misereri conseruorū suorum, vt Dominus Clementissimus omne debitum dimittat eis. Nunc præcipuè omnes carnis impuritates abluendæ, vt templum Dei mundum sit, vnusquisq́ vas suum possideat in honore, in sanctificatione, portet Deum in corpore suo. Postremò furta, rapinæ, homicidia & adulteria, & omnia peccata exterminanda, vt placetur ira Dei, & eos, qui Christiano nomine gloriantur, agnoscat verè Christianos, & imitatores Christi, & sectatores bonorum operum. Docete autem eos, quemadmodum ad salutares Indulgentias consequendas, in animo contrito, & in spiritu humilitatis, assiduis orationibus & ieiuniis, cæterisq́ pietatis operibus seipsos præparare & exercere debeant, & qui substantiam huius mundi habent, aperiant viscera sua, & fratrum suorum, & pauperum inopiam subleuent, præcipuè verò erga peregrinos Romam venientes misericordes sint, & sanctam hospitalitatem Deo gratissimam, & quam vetustissimi illi Christiani, etiam inter persecutionum fluctus diligentissimè coluerunt, ipsi quoq́ multa cum hilaritate spiritus renouent, atque obseruent. Admonete etiam eos, vt orent pro Regibus & Principibus Christianis, vt quietam & tranquillā vitam agamus, & pax & concordia conseruetur. Postremò docete illos, cum sanctam peregrinationem susceperint, qua modestia, qua deuotione, qua fraternæ pacis obseruantia lucere eos oporteat, vt sint Christi bonus odor, in omni loco. Præbete autem vos ipsos Fratres venerabiles, & omnem Clerum, exemplum in primis bonorum operum, & formam gregis, vt vestræ vir-

Kk ij tutis

tutis & religionis veluti sale, cæteri condiantur, & omnē peccati pravitatem abhorreant, & denique omnes vnanimes in vno spiritu Christianæ charitatis, atq́ in omni sanctitate, & iustitia Deo seruiamus. Hortamur quoq́, & rogamus in Domino carissimos in Christo filios nostros, Imperatorē electum, ac Reges & Principes, omnes Catholicos, vt quò plura & magis illustria beneficia ab eo, per quem Reges regnant, acceperunt, tantò ardentius, vt par est, ad Dei gloriam procurandam pio zelo excitentur, præcipuè verò Fratrum nostrorum EPISCOPORVM, & SVPERIORVM ANTISTITVM pastoralem sedulitatem & vigilantiam adiuuent, & à suis Magistratibus, & Ministris adiuuari mandent, vt improborum licentia coerceatur, & bonorum studia eorum Regia ope,& gratia foueantur, maximè autem erga peregrinos beneficentiam & liberalitatem exerceant, curentque, vt tutis incedant itineribus, & nulla hominum perditorum vexatione perturbentur, sed hospitalibus domibus & publicis hospitiis amanter excepti, & commeatu, & rebus ad vitam necessariis recreati, sine vlla concussione & iniuria, institutū iter læti peragant, & cum gaudio in patriam reuertantur. His enim hostiis, Reges potissimùm & Principes Deum sibi placabilem reddent,vt diu in terris fælices viuant, & demum in æterna tabernacula recipiantur ab illis ipsis pauperibus, erga quos misericordiam exercuerunt, in quibus Christus pascitur & nutritur. Vt verò præsentes literæ,ad omniū fidelium, in quibuscunq́ locis existent, notitiā faciliùs perueniant, volumus earum exemplis etiā impressis, manu Notarij Publici subscriptis ac personæ in dignitate Ecclesiastica constitutæ Sigillo munitis, eandē prorsus fidem haberi,quę haberetur ipsis presentib⁹, si exhibitę forent & ostensæ. Nulli ergo omnino hominū liceat hanc paginam nostrę indictionis, promulgationis, concessionis, impartitionis, hortationis, rogationis,& voluntatis infringere, vel ei ausu temerario contraire, si quis autem hoc attentare præsumpserit, indignationē omnipotentis Dei ac BB. Petri & Pauli Apostolorum eius se nouerit incursurū: Dat. Romę apud S.Petrum, Anno Incarnationis Dominicæ Millesimo Quingētesimo Nonagesimo Nono, XIV. Cal. Iunij Pon. nostri Anno octauo. B. Dat.

REGISTRATA APVD MARCELLVM. MARCELLVS
Vestrius Barbianus A. de Alexiis.

ANNO à Natiuitate D. N. IESV CHRISTI, Millesimo, Quingētesimo, Nonagesimo nono, Indictione XII. die verò Veneris, XXI. Mensis Maij, Pontificatus sanctiss. in Christo Patris, & D. N. D. CLEMENTIS PAPÆ VIII. Anno eius VIII. retroscriptæ Literæ affixæ etiā & publicatæ fuerunt, in Valuis Basilicarū SS. Petri & Pauli Principū Apostolorū ac Ecclesiarū S. Ioan. Lateran. ac B.Mariæ Maioris de Vrbe, nec non Cancellariæ Apostol. & aciei Campi. Flore, demissis copiis in iisdem locis impressis, vt moris est, per nos Ioan. Baptistam Bagni & Catherinum Menandi Apost. Curso.

Dominicus Gugnetus Mag. Curs.

Romæ apud Impressores Camerales. M. D. XCIX.

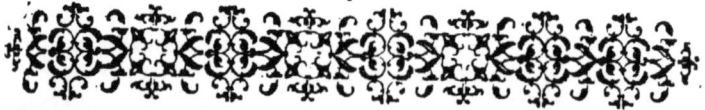

Unsers allerheiligstē

Vatters CLEMENTIS, auß Göttlicher Vorsehung Papsts deß achtē diß Namens/Außschreibung deß H. Jubileumbs/ allen denen/ so Anddächtig besuchen/ die Kirchen der H. Aposteln Petri vnd Pauli/ vnd S. Joannis im Lateran/ vnd der H. Mutter Gottes/ Mariæ Maioris genandt/allhie in der Statt Rom/ künfftiges tausendt vnnd sechshundertisten Jars.

CLEMENS, ein Bischoff vnud Diener der Diener Gottes/ wünschet allen Christglaubigen/ so disen Brieff sehen/ seinen Gruß vnnd Apostolischen Segen.

JHR geliebten Kinder in Christo/ das Jar deß Herrn/ so ein Jar der Versöhnung/ Nachlassung/ vnnd Verzeyhung ist/ nahet sich jetzo/ durch die Genad GOttes/ herbey: Jetzo kombt die angenäme Zeit/ vnnd die Täg deß einigen Heyls / die Sünd zuerlösen/ vnnd die Seelen selig zumachen. Es ist jetzunder nun mehr nahend vorhanden das allerheiligste Jubel oder gulde Jar/ so zum forderesten/ dem Volck gewünscht vnd angenäm seyn solle: Welches Jubeliar/ von der heylsamen Geburt/ der heiligen Gebererin Gottes/ vnnd allzeit Jungkfrawen Marie/ an zurechnen/ das Sechzehenhundertiste gezehlet wirdt / so desto mit grösserer Frewd/ vnd grösserer Anzahl der Glaubigen/ nach gewonheit/ inn diser heiligen Statt Rom/ zucelebrieren/ desto außtrucklicher/ vnnd kräfftiger / es seinen ersten Vrsprung representiert vnnd beweiset. Dann gleich wie auß alter Tradition/ vnnd vnserer Voreltter hincer-

Kk iij lasnen

Außschreibung deß
lassnen Schrifften Bekundschafft wirdt/ das auß uralter Satzung der
Römischen Kirchen/durch die verloffene hundertjärige Zeit/ das ist/ alle
hundert Jar nach der Geburt deß HErren Christi/ vnsers Seligma-
chers/ grosser Ablaß der Sünden/ den jenigen verliehen wurde/ so der
heiligen Aposteln Limina, oder Hauptkirchen/ Gottsförchtig vnnd An-
dächtiglich besucheten/ welche zwar sehr alte Institution vnnd Satzung
der hundert Jar/ hat Papst Bonifacius der achte diß Namens/ Gott-
seliger Gedächtnuß/ vnser Vorfahrer/ nicht mit eyfelem Heydnischen
Aberglauben/sondern geistlicher Ehrerbietung/ Religion/ Andacht/vnd
Zulauff der Christenmenschen/ zu Gewißheit der Gegenwärtigen/ vnd
Gedächtnuß der Zukünfftigen/ in der Statt Rom zucelebrieren/ mit sei-
nem Apostolischen Decret bestätiget. Vnd wiewol andere Päpst gleich-
fals vnsere Vorfahrer/die hernach gefolget/die Zeit deß Jubileumbs/ in
weniger Jar/wegen Kürtze Menschlichen Lebens/eingezogen: Ist doch die
Celebrierung der hundertjärigen Zeit/wegen der ersten Tradition vnnd
Einsatzung/ nit vnbillich für hoch vnd fürtrefflich zuhalten. Beneben ist
gewißlich nit ohne Göttliche Vorsehung vnd Rath geschehen/ in dem letz-
sten Jar der hundertjärigen Zeit/welche für den lengsten Termin Menschli-
chen Lebens gehalten wirdt/in der Fronburck vñ Wohnung der Christ-
lichen Religion/solcher grossen Wolthaten Gedächtnuß/von allē Christ-
glaubigern begangen/ vnd geheiliget werde. Daß nemblichen die Sonn
der Gerechtigkeit Christus vnser GOtt/ welcher dem Menschlichen Ge-
schlecht das Heyl gebracht/alle Menschen zuerleuchten/ auß dem Leib der
Jungkfrawen ist auffgangen/ auch derentwegen/ daß alle Christen sampt
vnd sonderlich/ zu dem Stul Petri/ vnnd zu dem Felsen deß Glaubens/
gleichsam als die Kinder zum Vatter/ vnd die Schaf zum obersten Hir-
ten/zusammen komen. Desto mehr erscheinet die Eynigkeit eines Schaf-
stals/vnnd eines Hirtens/ vnd leuchtet der Glantz eines Glaubens desto
heller herfür/welcher durch Ablauffung der Jaren/ durch kein Verende-
rung der Zeit jemals ist verendert wordē/ sonder wirdt jmerzu/ebenderse-
bige Glaub/ durch vnuerfälschte vñ vnbefleckte Bekantnuß erhalten. Die
Welt erkennt auch daher/daß die Glider jhrem sichtbarlichen Haupt/desto
fester mit der Liebe seynd angehefft. Vnnd wirdt letzlich eben diser Geist
der Eynigkeit/von welchem alleinig die Catholisch Kirch/vnnd ihr Leib/
wunderbarlicher Weiß zusammen gefügt/ desto deutlicher erkläret/ wañ
ein Jar/ so billich das heilige genennet wirdt/ vonn allem Christlichen
Volck/in der Römischen Kirchen/der Mutter der Eynigkeit/ zubestim-
pter Zeit/

heiligen Jubileumbs.

prer Zeit/ mit höchster Religion/ vnnd heiligster Sollennitet/ celebriert vnnd gehalten wirdt. Es hat aber diß heilige Jar/ das angeneme vnnd versöhnliche Jar deß HErren/ damit die Menschen Buß thäten/ vnnd zu Gott dem Vatter der Barmhertzigkeit in vollkommenem Hertzen bekehret wurden/ erstlich der Welt verkündiget/ Jesus Christus der Sohn Gotes selbsten/ ein Anfänger deß Lebens/ vnd vnsers Heyls/ welchen der Vatter mit dem H. Geist gesalbet/ vnnd mit aller Vollkommenheit der Genaden vber jhn außgossen/ gesandt den Armen vnnd Sanfftmütigen das Euangelium zuuerkündigen/ die eines zertnirschten Hertzens seynd/ zuheylen vnd gesundt zumachē/ den Gefangnen Ablaß vnd Verzeyhung/ den Eingekercketten Eröffnung/ vnd den Blinden das Gesicht zupredigen. Vnd wie auch/ so/ wiewol als gering vnd vnwürdig/ aber doch die Statt deß Herrn Christi auff Erden/ dieweil ers also geordnet/ verwalten/ fügen euch allen Christglaubigen zuwissen/ verkündigen/ euangelisieren auß disem hohen Thurn der Apostolischen Wacht/ eben dises Jubel vnd gulden Jar/ der wahren Buß vnd geistlicher Frölligkeit.

Vnd dieweil vns die Liebe Christi/ an welches Statt wir dise Legation verrichten/ dahin treibt/ vnd der Eyffer der Seelen Seligkeit/ vnser Hertz verzehrt/ vermahnen vnnd ersuchen wir jedermenigklich durch die Vergiessung deß Bluts Jesu Christi/ vnd durch seyn Zukunfft/ vnd letzten Tag deß erschröcklichen Gerichts/ daß sich fürnemlich zu diser Zeit deß Jubileumbs/ ein jeder von seinem bösen Weg bekehre/ vnd sich widerumb zu dem HErrn/ in reinem Hertzen/ guten Gewissen/ vnnd rechtgischaffenem Glauben wende: Dann vnser Gott ist gnädig vnnd barmhertzig/ vnd hat ein grosses Mitleyden ob der gebüßten Boßheit/ alßdann beruffen wir mit höchster Freud/ vnnd laden auß habendem Gewalt/ vnsers Hirtenampts/ zu diser heiligen vnnd frewdenreichen Begängnuß deß Jubelfests/ vnsere/ geliebte in dem Herrn/ Söhne/ den erwählten Keyser/ Catholische König vnnd Fürsten/ vnnd alle Christglaubige inn der gantzen Welt/ auch die in fernnsten vnnd weitgelegnen Prouincien vnd Ländern wohnhafft. Vnd wir werdē zwar eben zu diser Zeit/ mit grössten Schmertzen bewegt/ wann wir zu Erwegnuß ziehen/ wieuil Landschafften vnd Völcker sich selbsten/ vonn der Eynigkeit vñ Gemeynschafft der Catholischen vnd Apostolischen Kirchen haben jämerlicher Weiß abgeschnittē/ welche dz nechstvergangne hundertjärige Jubelfest/ eben in diser einigē Catholischen vnd Apostolischen Römischen Kirchen sampt vns einhelligklich/ vñ mit Consens, im Hauß deß Herrn wandlende/ mit grosser

Frewd

Frewd vnnd geistlicher Frolockung/ celebriert vnd begangen haben: Für welcher in Jrrsall steckenden Seelen ewiges Heyl vnd Seligkeit/ wolten wir vnser Leben vnd Blut/ wo es von nöthen/ vonn Hertzen willig vnnd gern vergiessen. Vnter dessen aber/ ihr gehorsame vnd Catholische Kinder/ von Gott vnnd vns gebenedeyet/ kommet vnd steiget hinauff zu disem Ort/ welchen der HErr auserwehlet hat/ in die herrliche Statt Sion/ vnd heilig Ort Hierusalem/ nit dem Buchstaben/ sondern dem Geist nach/ daher von Anfang der wachsenden Kirchen/ das Gesatz deß HErren/ vnnd das Liecht der Euangelischen Warheit/ in alle Völcker vnnd Länder ist geleyret worden. Diß ist die heillige Statt/ welcher vom Apostolischen Mund gelobte Glaub/ in aller Welt verkündigt wirdt/ dessen wegen die zween heillige Fürsten der Aposteln/ Petrus vnd Paulus ihr Blut vergossen haben/ auff daß sie ermeldte Statt Rom durch den heilligen Stul deß heiligen Petri ein Haupt der gantzen Welt gemacht/ ein Mutter aller Glaubigen/ vnnd Meisterin aller Kirchen erwürdige wurde. Alhie ist der Felß deß Glaubens: Da ist der Priesterliche Brunn der Einigkeit: Hie ist die Lehr der vnuerfälschten Warheit. Der Schlüssel deß Himmelreichs/ vnnd höchster Gewalt zubinden vnd auffzulösen: Hie ist letzlich diser vnauß schöpffliche Kirchenschatz der heilligen Indulgentien vnnd Ablaß/ dessen obrister Schaffner vnnd Außspender/ ist der Römische Bischoff/ welcher denselbigen zwar alle Zeit außtheylet/ nach dem ers heylsam vnd nutzlich/ in dem HErrn zuseyn/ erachtet/ fürnemblich aber reichet er denselbigen mit trewer vnnd mildtreicher Hand in dem Jubeljar/ wan die heilige Porten/ nach löblichem hergebrachtem Brauch in den ältisten vnnd heilligsten Hauptkirchen diser heilligen Statt Rom eröffnet/ vnd die Christglaubigen von dem Vnflat der Sünden gereiniget/ mit Frolockung eingehen für deß HErren Angesicht/ damit sie nicht jetzo auß Ordnung deß alten Gesatzes/ welches nur ein Schatten der zukünfftigen Güter representierte/ auch nicht auß der Hebreer Gewonheit/ welche alle Ding nur in der Figur vnd Vorbedeutung hetten/ eintweder leibeigene Knecht/ welche vnter dem Joch Menschlicher Dienstbarkeit gebunden/ quit/ frey/ vnd ledig gezehlet/ oder in den Gefencknussen angeschlossen/ widerumb erlassen/ oder die mit Geltschulden beladen/ redimiert vnd erlöset/ vnd endtlichen einer oder der ander zu seinem Vätterlichen Erb zugelassen wurde: Dann disse irrdische Güter seynd zergänglich vnd vnbeständig/ aber die Frucht deß heiligen Jars/ vnnd vnsers geistlichen *Iubilei*/ seynd vberflüssig: daß die Seelen/ so durch das rosen-

farbe

Außschreibung deß

farbe Blut Christi auß deß höllischen Tyrannens Dienstbarkeit/ vnnd grausamen Kercker vnnd Fässeln der Sünden erlöset/ durch Göttliche Krafft der heiligen Sacramenten absoluiert/ vnd nach Verzeyhung der Schuld vnnd Straff zu adoptierten vnnd angewünschten Kindern/ zu dem Erb deß Himmelreichs/ vnnd Besitzung deß Paradeyß admittiert/ vnd angewisen werden/ auch andere Wolthat Gottes vnzehlich vilmehr empfangen. Derohalben wir/ so den Fußstapffen der obristen Bischoffen/ vnserer lieben Vorfahren nachfolgen/vnd ir heylsame Ordnung bewahren/ mit Bewilligung der würdigen/ vnserer Brüder/ der heiligen Römischen Kirchen Cardinäln/ verkündigen/ ordnen/ vnd thun Kund jedermäniglich/ die Begängknuß deß *Iubilei*, auff daß nechste tausende sechshundertiste Jar/ anzufangen von der ersten Vesper an der Vigillen der Geburt vnsers Herren Jesu Christi/ eben desselbigen tausendt sechshundertisten Jars/ vnnd durch dasselbige gantze Jar zuuollenden/ auß Gewalt deß Allmächtigen Gottes/ vnd der heiligen Aposteln Petri vnd Pauli/ sambt vnserer/ zwar mit so grosser vnsers Hertzens Frewd/ als wir immermehr vermögen/ vnd diß alles zu der Ehr GOttes/ vnnd der Catholischen Kirchen Erhöhung: Zu welchem Jubeljar/ so lang es wehret/ geben vnnd ertheylen wir Barmhertzigklich in den Herren/ vollkommenlichen aller jhrer Sünden Ablaß/ Nachlassung/ vnd Verzeyhung allen beydes Geschlechts Christglaubigen/ so warhafftigklich gebüsset vnnd gebeichtet/ die Hauptkirchen inn der Statt Rom der heiligen Aposteln Petri vnd Pauli/ vnd deß heiligen Joannis im Lateran/ vnnd der heiligen *Mariæ* genendt *Maioris* einmal den Tag/ dreyssig Tag nacheinander/ vnd vnnachläßlich/ wann sie Römer oder Inwohner der Statt Rom seynd: Oder aber fünffzehen Tag/ da sie Pilgram oder Außlendische wären/ Andächtigklich besuchen/ vnnd für die Christglaubigen/ vnnd das Heyl der gantzen Christlichen Gemeyn GOtt innigklich vnnd andächtig bitten. Vnnd sintemal es sich zutragen kan/ daß auß denen/ welche sich auß gemelter Vrsach halber auff den Weg begeben/ oder allbereit in die Statt Rom ankommen seynd/ ettliche auch der Reyß/ oder aber in der Statt Rom selbsten durch Kranckheit/ oder andere erhebliche Vrsach verhindert werden/ oder zuuor Todts verfahren solten/ also/ daß sie die fürgeschribene Zahl der Täge nit vollendeten/ oder villeicht noch nit angefangen hätten/ das jenige/ wie gemeldt worden/ zuuerrichten/ vnnd berürte Hauptkirchen zuuisitieren nit vermöchten: Wir derowegen/ so da begeren deroselben Andächtigen beginnen/ souil vnns in dem Herren

Ll immer-

Außschreibung deß

jmmer möglich ist/ gönstigen zuwillfahren/ machen dieselbigen/ wofern sie rechtgeschaffene Beicht vnd Buß gewürcket/ alles vorgedachten Ablaß vnnd Verzeyhung angeregter Massen theylhafftig/ als wann sie benandte Hauptkirchen an fürgeschribenen Tägen mit dem Werck besuchet hätten: Jhr aber würdige/ vnsere Brüder/ Patriarchen/ Primaten/ Ertzbischoffe/ vnnd Bischoffe/ welche zu einem Theyl vnd Beystand vnserer Sorgfältigkeit beruffen/ jhr Führer vnd Hirten der Völcker/ an Liecht der Welt/ vnd Schatz der Erden/ nemmet die silberinne Posaunen/ welche man im Jubelfest zubrauchen pflegt/ das ist/ prediget das Wort GOttes/ vnnd verkündiger dem Volck dise Frewd/ auff daß sie geheiliget werden/ vnd mit Hülff Göttlicher Genaden gefaßt/ bereyt/ vnd fähig erscheinen/ dise Himmlische Gaben zuempfahen/ welche GOtt/ der ein Mittheyler aller Güter ist/ dē Kindern seiner Liebe/ durch den Dienst vnserer Demut vorbereytet hat: Führet herzu/ jhr Brüder/ mit Worten vnnd Exemplis/ die Kleinen zu den Brüsten diser holdseligen Mutter/ welche sie durch das Euangelium in dem HErren Christo geboren hat. Führet herzu die Kinder zum Vatter/ die Schaf zum höchsten Hirten/ die Glider zum Haupt/ die Glaubigen zu dem Felsen deß Glaubens/ inn welchem der gantze Baw der Catholischen Kirchen auffgerichtet. Führet herzu das Volck zu der heiligen Römischen Kirchen/ vnnd zu den glorwürdigen Fürsten der Welt/ Petro vnnd Paulo/ welche den gantzen Erdboden das Gesatz deß HErren gelehret/ welcher Glaubensdignitet vnd Ansehen auch in vnwürdigen Erbnemmen nicht abnimbt. Beruffet derohalben die Gemeyn zu dem heiligen Ablaß/ vnd zu desselben heylsame Frucht/ inn disem Jubeljar zu Rom zuempfahen/ versamblet das Volck/ heiliget die Kirchen/ lehret die euch vertrawte Schäflein: Dann wir seynd Frembdling vnd Pilgram in disem Leben/ vnd haben kein bleibende Statt/ sonder suchen ein zukünfftige. Derohalben dieweil die Täg diser vnserer trübseligen Pilgerfahrt kurtz seynd/ vnnd wir nit wissen/ zu welcher Stund der Haußvatter vnnd Breutigam Christus zukommen gewillt/ lasset sie munder seyn/ wachen/ vnnd brennende Ampeln voller Oel der Lieb vnnd Barmhertzigkeit in Händen tragen/ vnnd lasset sie eylen inn dise Ruhe einzugehen. Dann so jemals sonsten/ sol man fürnemblich jetzunder Zorn/ Hader/ Zanck/ alten Neyd vnnd Haß vnterlassen: Jetzunder gezimpt es fürnemblich/ daß sich die Knecht vmb GOttes Willen jhrer Mitknecht erbarmen/ damit jhnen der gütigste GOTT alle Schuld vergebe. Jetzunder soll man fürnemblich alle Vnreinigkeit

deß

heiligen Jubileumbs.

deß Fleisches abwaschen/ auff daß der Tempel Gottes rein vnnd sauber sey/auff daß ein jedweder seyn Gefäß besitze inn der Ehr vnd Heyligkeit/ vnnd GOTT inn seinem Hertzen trage. Letzlich soll man außtreiben/ Diebstall/Rauberey/Todschlag/Ehebruch/vnnd alle Sünd/auff daß der Zorn GOttes versöhnet werde/ vnd er die jenige/ so sich deß Christlichen Namens rühmen/ als wahre Christen vnnd Nachfolger Christi/ vnd der guten Werck erkenne. Lehret sie aber/ wie sie sich mit embsigem Gebett vnnd Fasten/vnnd anderen Wercken der Liebe/ in zerknirschtem Hertzen/ vnnd Geist der Demut vnnd Gottsforcht vorbereyten/ vnnd alßden sollen disen heylsamen Ablaß zuerlangen. Vnd den Armen Notürfftigen Hülff thun/ fürnemblich aber den Peregrinen vnnd Pilgramen/ so gen Rom kommen: Sie sollen barmhertzig seyn/ vnnd mit aller Frölichkeit deß Geistes/ die Hospitalitet/ gutthätigen Willen vnd Freygebigkeit gegen den Frembden erzeigen/welche GOTT am allerangenemsten ist/ vnnd die vhralte Christen auch zu der Zeit der Verfolgung steyffigklich gehalten haben. Vermahnet sie auch/ daß sie für Christliche König vnnd Potentaten bitten/ damit wir in Ruhe leben mögen/ auch Frid vnnd Einigkeit/ inn Ewigkeit erhalten werde. Letzlich lehret sie/ wann sie nun auff der Pilgerfahrt vnd Reyß seynd/ mit was Erbarkeit/ Zucht/ Andacht/ vnnd Verehrung Brüderliches Fridens sie leuchten vnnd scheynen müssen/ auff daß sie allenthalben ein süsser Geruch CHRJSTJ seyen. Erzeiget euch aber selbsten/ ihr geliebten Brüder/ vnnd alle Geistliche/ vor allem ein Exempel der guten Werck/ vnnd Beyspiel der Herds/ auff daß die anderen gleichsam mit Saltz ewer Tugends vnd Religion besprenget/ ein Abscheuhen vor allem Wust der Sünden haben/ vnnd wir letzlich alle Einhelligklich inn einem Geist der Christlichen Liebe/ inn aller Heyligkeit vnnd Gerechtigkeit GOTT dem HERREN dienen. Wir vermahnen auch vnd bitten/ in dem HErren/ vnsere geliebte in Christo Söhne/ den Erwählten Römischen Keyser/ alle Catholische König vnd Fürsten/ auff daß sie bestomehr vnd herrlichere Wolthaten sie von dem/ durch welchen die König regieren/ empfangen haben/ desto innbrünstiger wie billich ist/ sie auß gottseligem Eyfer angereytzt werden/die Ehr GOttes zubefördern: Fürnemblich aber wöllen sie zuhilff kommen der Hirten Embsigkeit vnd Fleiß vnserer Brüder/ Bischoff vñ obersten Vorstehern vnd Befelchgebern/ damit ihnen von ihren Ampleuten vnd Dienern hülffliche Handreichung erzeigt werde/ damit der Boßhafftigen Mutwill nit verstattet

Jj ij   Herge-

Außschreib. deß H. Jubilei.

Hergegen der Frommen Fleiß durch Königliche Hülff vnd Genad Jnuiert vnd Handtgehabt werde: Vor allem aber/ sollen sie gegen den Pilgrammen Freygebig seyn/ vnnd jhnen guten Willen erzeygen vnnd verschaffen/ daß sie sicher auff dem Weg könden fortreysen/ vnnd durch kein böser Menschen Vexation oder Beleydigung betrübt werden/ sondern inn den Spitälen vnd offenlichen Würtshäusern/ freundtlich an vnnd auffgenommen/ mit Proviant vnd nothwendiger Nahrung versehen/ ohn alle Antastung/ vnnd vnbilligkeit jhr fürgenomene Reyß mit Frewden vollenden/ vnnd widerumb zu Hauß kehren. Dann mit disem Opffer werden die König vnnd Fürsten jhnen fürnämblich GOtt den Herren versöhnen/ auffdaß sie lang auff Erden leben/ vnnd letzlich inn den ewigen Tabernacul vonn den jenigen Armen/ gegen welchen sie barmhertzig gewesen/ inn welchen Christus gespeist vnnd ernehret/ auffgenommen werden. Damit aber gegenwärtiger Brieff allen Christglaubigen Menschen desto leichter Kundt vnnd Offenbar werden/ wöllen wir/ das desselben gedruckten *exemplu*, vonn einem offenlichen *Notario* vnterschriben/ vnnd mit eines Prelaten *sigillo* bekräfftigt/ geglaubet werde/ souil disem gegenwärtigen Briff/ da er publiciert wurde: Wölle sich derowegen niemandts vnterfangen disen Patentbrieff vnserer Verkündigung/ Promulgation/ Verleyhung/ Mittheylung/ Vermahnung/ Bitt/ vnnd Willens vmbzustossen/ oder verwegenlicher Weiß darwider zuhandlen/ so sich aber jemandts deß vermessentlich vnterstehen würde/ der solle wissen/ daß er bey GOtt dem Allmächtigen/ vnnd den heiligen Aposteln Petro vnd Paulo alle Vngenad/ Zorn/ vnd Straff zugewarten. Datum zu Rom bey S. Petro/ im Jar
der Menschwerdung deß HErrn 1599.
den 19. Maij/ vnsers Papsthumbs im achten
Jar.

Diß ist

Bericht vom Jubeljar/

Diß ist zukünfftigen Jubileumbs Außschreibung/ vnnd Publication. Soll nun Abgötterey seyn/ sich zu Gott bekehren/ die Sünd beichten vnnd büssen/ die Kirchen vnd heilige Oerter besuchen/ vnnd Allmosen geben/ damit man vollkommenen aller Sünden Ablaß erlange/ gib ich einem jeden/ der Vernunfft vnd Gewissen hat/ zuerkennen vnd zuiudicieren.

Villeicht werdet jhr Kirchenfeind/ euch mißfallen lassen/ daß man gen Rom lauffen/ vnnd der Todten heiligen Gräber besuchen soll. Ja wol diß ist nichts Newes: Es ist vor tausende Jaren mehr als jetzo im Brauch gewesen/ es habens vnzehlich vil/ hohes vnnd niders Standts Personen auch gethan: Ist auch der heiligen Schrifft nicht zuwider/ sondern gantz ähnlich vnd gleichstimmig. Dann im letzten Buch Moysis dem Israelitischen Volck ernstlich gebotten warde/ drey Mal im Jar sich an das Ort/welches GOtt der HErr zu einer Anbettung außerwählet hätte/ zustellen/ vnnd daselbsten sein Gebett vnnd Gottsdienst zuuerrichten/welchem Gebott Christus der HErr wie an vilen Orten/ deß heiligen Euangeliumbs zuspüren/ fleissig nachgesetzet hat vnnd gelebet. Diß aber nach einhelliger Lehr der heiligen Vätter/ hat GOtt darumb haben wöllen/ auff daß alle Jüdische Stammen in Einigkeit deß Glaubens/ der Ceremonien/ vnnd rechten Gottesdienst erhalten wurden/ vnnd nit etwan in Ab: Irr: vnnd Holtzweg deß falschen Götzendiensts geriethen. Ist nun diß recht/ warumb wolt vnbefügt vnnd vnrecht seyn/ wann wir Christglaubige doch vngezwungen/ auß freyer Willkühr/ auß lauter Andacht/ zwar nit alle Jar etlich/ sonder in vilen Jaren nur einmal auch das Ort besuchen/ inn welchem Christus der HErr seinem Statthalter auff Erden/ dem sichtbarlichen Haupt/ seiner streittenden sichtbarlichen Kirchen außerwählet hat/ auß welchem der Christlich Glaub inn die gantze Welt außgebreytet worden/ welchen der heilige

Ableinung einer andern Gegenred der Ketzer.

*Exod. 34.
Deutero. 17.*

Petrus

Bericht vom Jubeljar.

Petrus/ führ sich vnnd seine Successorn/ zu einem ewigen Sitz für sich vnnd seine Successorn außerwählet/ welchen er neben seinem Mitconsorten Paulo/ sampt vnzchlich vilen heiligen Märtyrern/ mit jhrem Blut gezieret/ vnnd geheiliget haben/ in welchem heutigs Tags noch viltausendt heilige Leiber ruhen bey welchen GOtt der Allmächtig offtermals vil vnnd grosse Wunderthaten gewürcket hat: Warumb/ sprich ich/ wolt vnrecht seyn/ diß Ort besuchen/ damit daß oberiste Haupt der gantzen Christenheit erkändt/ der Gewalt deß jhme anbefohlen Hirten Ampts geehrt/ die Vereinigung der gantzen Christenheit/ in rechtem Glauben gestecket/ die Andacht der Glaubigen vermehrt/ vnnd GOtt in seinen Heyligen gelobt vnnd gepryset werde? Was Vnrechts/ was Vnchristlichs/ was Aberglaubisch magst du mir hierinn Namhafft machen? Wäre es nicht Zimlich/ nicht Christlich/ dem wahren Glauben nicht gemäß/ wurde gewiß der heilige Vatter Chrysostomus/ so mehr als vor tausendt Jaren/ zugleich mit seiner Lehr vnnd Heiligkeit die Christliche Kirch fürtrefflich erleuchtet hat/ mit so jnnbrünstigen Verlangen/ die heilige Statt Rom zusehen/ vnnd der heiligen Aposteln Gräber zubesuchen/ begehret haben? Ich liebe die Statt Rom/ spricht er in einer Homilien vber deß heiligen Apostels Pauli Epistel zu den Römern/ nit wegen jhres Alters/ nicht wegen jhrer Antiquiteten/ nicht wegen jhres Geschmucks/ nicht wegen der wunderschönen Gebäw vnnd Paläst/ sondern wegen deß heiligen Apostels Pauli/ der allda sein Blut vergossen. Vnd angemeldtem Ort widerumb: Wer wirdt mir geben/ daß ich den Leib deß heiligen Pauli vmbfangen/ bey seinem Grab stättigs verharren/ vnnd die Aschen deß heiligen Leibs küssen vnd ehren könde/ der dasjenige/ was in Christo manglete/ erfüllet hat/ der die Wunden Christi getragen hat/ der das Evangelium allenthaben verkündigt

Homil. 13. in Epist. ad Rom.

Bericht vom Jubeljar/   253

kündigt hat: Den Aschen deß Mundes vnnd der Leffs
tzen/ durch welche Christus so offt vnd vil geredt hat:
Vnnd widerumb nach etlich Worten: O wie gern wolt ich
das Grab sehen/ in welchem verborgen ligen die Waf-
fen der Gerechtigkeit/ die Waffen deß Liechts/ die
Glider/ die jetzund leben/ aber in disem Leben anwe-
send gestorben waren: Vnd an einem andern Ort: Wann   Homil. 8. in
mir/ spricht er/ nicht so grosse Sorg der Kirchen vnnd   Epist. ad Ephe.
meiner Schäflein auff dem Halß läge/ vnnd wann ich
nicht stättigs so Kranck/ Schwach vnnd Bethrisig/ solt
mich gewißlich nichts abgehalten vnnd verhindert ha-
ben/ damit ich nur zum wenigsten/ die Ketten vnnd den
Kercker/ darinn er inn der Statt Rom gefangen gele-
gen/ hätte sehen mögen.

Ist kein wunder/ daß er dises schreibt/ vonn dem Grab deß
heiligen Apostels Pauli/ dieweil/ er inn einer Predig zum An-   Homil. 5. ad
tiochenischen Volck vermeldet/ das vnzehlich vil Christen ein   Pop. Antioch.
schwäre Pilgerschafft zu Wasser vnnd zu Land biß in Arabien
auff sich genommen/ allein den Mist/ darauff der heilige Job
in seiner Anfechtung gelegen/ zusehen/ zukussen vnnd zuehren.   Vide Homil. 8.
Wil geschweigen/ was er anderstwo für Verlangen/ vnd inn-   post redi. prio-
brünstig eyfferig Affect/ die heilige gräber diser beyder Haupt-   ris exilij.
aposteln zuuisitieren erzeiget.   Homil. de pa-
                                                               tientia Iob.
Vnzehlich vil seynd der Exempla deren/ die solches würck-   Homil. in SS.
lich vollzogen/ wie Kirchische Histori/ von Mario, Martha, Au-   Iuuentinum &
diface, vnnd Abachum, so vom Adel auß Persia bürtig/ vnnd   Maximum de-
vonn dannen gen Rom/ die heilige Gräber der Aposteln zube-   monstrat. Cōt.
suchen/ gewandert/ allda sie auch die Marterkron erlanget/ vnd   Gent. Quod
ihre heilige Leiber/ inn der Dieber Insel gegen S. Bartholo-   Christus sit
mei Kirchen vber/ noch ruhen. Ist diß vernichtet worden/ da   Deus.
die Christenheit noch vonn den Feinden Christlichen Namens
mit scheulicher Pein vnnd Marter verfolget wurde. Was muß
                                                           dann

Bericht vom Jubeljar/

*Serm. de S. Paulo. Et Epistola 42.
b Homil. 66. ad Pop. Antio. & Homil. 26. In 2. ad Corin. Et in Demost. Quod Christus sit Deus.

Habetur hæc Epist. in Præamb. Concil. Chalced. Lib. 5. Hist. cap. 7.
Lib. 4. cap. 60.

Lib. 6. de Gest. Longobardorum. cap. 44.
In Hist. Relig. in vita S. Philoromi.
In Episto. ad Michaelem.
Caluin. lib. 4.

Iustit. cap. 13. Sect. 7.
Cent. Magdement. 5. cap. 6.

dann nachmals geschehen seyn/ da die Verfolgung auffgehört/ vnnd die Christenheit die Erwünschte Ruhe einmal vberkommen. Wer dessen ein guten Bericht haben wil/ lese den heiligen ᵃ Augustinum/ den heiligen ᵇ Chrysostomum/ vnnd andere vil mehr heilige Vätter. Ja auch die Keyserinnen haben sich dessen nicht geweygert/ wie auß einem Schreiben der Keyserin/ Pulcheriæ Augustæ gethan/ zuerlernen ist/ vil weniger König vnnd Fürsten. Der heilige Beda schreibt von dem Engellendischen König Cedualla, daß er auß Engelland gen Rom gereyßt/ die Gräber der heiligen Aposteln Petri vnnd Pauli zubesuchen/ welches er mit grossem Christlichem Eyffer auch inn das Werck gezogen hab. Es bezeuget Ammonius/ das Carolomannus Pipini deß Königs auß Franckreich/ wie auch Carolus der Groß/ Pipini Sohn/ weit mehr/ als vor achthundert Jaren gen Rom verreyßt/ vnnd allda mit innigklicher Andacht der heiligen Aposteln Gräber visitiert haben. Paulus Diaconus, vermeldet/ das Theodo Hertzog inn Bayern/ fast eben vmb dieselbige Zeit solches gethan. Palladius bestätiget es auch mit dem lobsamen Exempel deß heiligen Priesters Philoromi, so diß Werck der recht Christlichen Andacht/ auch gewürcket. Vnnd Nicolaus der erste diß Namens Papst/ affirmiert es von anderen vil tausendt Menschen.

Lasse sich derowegen keiner von disem Christlöblichen heiligen Werck abwendig machen/ der Lust vnd Lieb darzu auß Anregung deß heiligen Geists bekommen/ vnnd sonsten auß wichtigen Vrsachen/ nicht verhindert wirdt. Dann alles andere zugeschweigen/ solte billich einem jeden starcke Anreytzung geben/ das inn disem heiligen Jar souil treffliche Reliquien vnnd Heylthumb/ welche in allen Kirchen der Statt Rom/ mit grosser Ehrerbietung auffbehalten seynd/ gezeiget werden. Keiner/ sprich ich/ laß sich der Ketzer/ vnnd fürnemblich Caluini/ vnd der Magdeburgischen Centuriatorn plodern/ hievon Abschrecken/

wann

Bericht vom Jubeljar/

wann sie sagen/ was es Nutz sey/ so weit lauffen/ damit man
Gott anbette/ damit man Verzeyhung der Sünd erlange. Es
sey ein Päpstisch Lappenwerck/ ꝛc. GOtt sey allenthalben/ er
künde die Sünd allenthalben verzeyhen vnd nachlassen/ warzu
man dann so grosse Müh vnd Kosten anwenden soll?

Jsts aber gefroren/ wann Eyß ist? Vnd ist es tag/ wann *Ableinung*
die Sonn scheynet? GOtt ist allenthalen/ Gott kan die Sünd *der Wyder-*
allenthalten verzeyhen. Wer laugnet es? Jst aber hergegen diß *vnthättigen*
nicht auch gewiß/ daß er etliche Oerter außerwehlet/ denen er *Gegenred*
mehr Heyligkeit verliehen/ inn welchen er mehr als anderstwo
geheiligt/ glorificiert vnd geehret zusein begehret/ vnnd da er der
sehenden anlangend Gebett/ vil eher vnd leichtlicher erhört/
als an einem andern Ort. Vnd warumb hat er den Kinder Jsra- *Deutero. 17.*
el gebotten/ daß alle Mans Personen Järlich dreymal im für-
nembsten Tempel zu Jerusalem/ oder anderstwo/ wie oben ver-
meldet/ erscheinen solten? Warumb hat Abraham zwo Tag *Gen. 22.*
reyß von seiner Wohnung auff dem Berg Moriah vnnd nicht
in einem nehern Orth seinen Sohn Jsaac auffopffern sollen?
Warumb hat Jacob an dem Ort geschlaffen/ die Leiter biß an *Gen. 32.*
den Himmel reichend vnd nicht anderstwo gesehen? Warumb
hat Gott zu Moyse gesagt/ da er sich zum fewrigen Dornbusch
nähern wolte/ es wäre ein heiliger Ort/ darauff er stunde/ er solt
die Schuch von seinen Füssen lösen? Vnd hat GOtt ein Ort *Exod. 3.*
mit natürlichen Gaben mehr geziert/ als das andern/ warumb
nit auch mit vbernatürlichen? Seiner Allmacht kan diß nicht
vschwer/ seinē Willen/ dessen gnugsame Anzeigung auß hei-
liger Schrifft zuersehen/ kan diß nicht zuwider seyn.

Derowegen ich nochmals zum Beschluß vnnd Vberfluß
erinnert haben wil/ welche Christglaubige Menschen auß An-
riß Göttlicher Genad dise Reyß/ das heilige Iubileum inn der
Statt Rom zubsuchen/ die wahre gristliche Freyheit der Kinder
Gottes Endtledigung der schweren Bürde jhrer Missethaten/

M m   Berühi-

Bericht vom Jubeljar/

Beruhigung ihres etwan beschwerdten Gewissens/ vnd vollkommene/ aller jhrer Sünd/ Verzeyhung erlangen/ sonderlichen Trost von Gott empfangen/ vnd ewigen Lohn gewarten wöllen/ lassen jhnen die Stimm deß rechten Hirtens vber den wahren Schafstall Christi zu Hertzen gehen/ geben GOtt zum fördersten/ vnd nachmals dem Stul deß H. Apostels Petri die Ehr/ verrichten solche Reyß mit Andacht/ ohn alle Leichtfertigkeit/ mit täglichem Gebett/ vnd heylsamen Betrachtungen/ ein jeder nach Vermögen: Gott wirde angewandte Müh vnnd Kosten nicht allein jetzo Zeitlich mit freygebiger Außtheylung/ deß vberreichen Schatz der Christlichen Kirchen/ das ist/ der vnermeßlichen Verdiensten Jesu Christi/ vnd Satisfactionen seiner lieben Heyligen/ durch Genad vnd Ablaß/ auff daß wir hie auff Erden allerley Abtrag zeitlicher Straff erlangen: Ja auch endtlich/ in dem rechten vollkommenen Iubileo der Himmelischen Frewden/ da kein Schmertz/ kein Trawrigkeit/ kein Mühseligkeit/ kein Verdruß mehr/ sondern wunsame Frewd ohn Betrübnuß/ vollkommenlicher Wollust ohn Maß/ ewige Seligkeit ohn End/ ergötzen vnd begnaden/ Amen.

Christo JEsu vnserm Heyland/ zum fördersten/ dessen bitter Leyden vnnd Sterben/ vnns den H. Schatz deß Ablaß erworben/ vnd nachmals seiner hochgebenedeyten Mutter/ beneben den heiligen Aposteln Petro vnnd Paulo/ vnd allen Außerwählten vnd Heyligen Gottes/ sey jmmerwehrende Ehr vnd Glori/
AMEN.

Permissu Superiorum.